Nigg Heilige ohne Heiligenschein

W

Walter Nigg

HEILIGE OHNE HEILIGENSCHEIN

Walter-Verlag Olten und Freiburg im Breisgau

Gesamtherstellung in den grafischen Betrieben des Walter-Verlags
Printed in Switzerland

ISBN 3-530-61208-1

«Ihr täuschtet euch sehr, wenn ihr glaubtet, ich redete hier nur von den Heiligen, die im Kalender stehen! Es gibt Millionen Heilige in der Welt, die Gott allein kennt und die keineswegs verdienen, auf die Altäre erhoben zu werden, eine sehr untergeordnete, sehr primitive Art von Heiligen, Heilige von ganz niederer Herkunft, die nur einen Tropfen Heiligkeit in ihren Adern haben und den wahren Heiligen gleichen wie die Dachkatzen den preisgekrönten Perser- oder Siameserkatzen. Sie unterscheiden sich gewöhnlich nicht von der Masse der braven Leute und machen übrigens selbst keinen Unterschied zwischen sich und ihnen, sie sind in ihren eigenen Augen wie die andern.»

Georges Bernanos

Inhalt

Der Heilige von heute

«Gott bewahre uns auch vor den Heiligen», sagte nach Bernanos der Herr Dekan unwillig zum ärmlichen, heiligmäßigen Landpfarrer[1]. Was der selbstgefällige Geistliche so unvorsichtig ausplaudert, das denken auch viele würdige Kirchenmänner, die wissen, daß mehr als ein Heiliger das ganze Gebäude der Hierarchie zum Erzittern gebracht hat. Aber nicht nur klerikale Vertreter hegen derartige Empfindungen, sondern auch viele bourgeoise Laien, für die das Religiöse keine weitere Bedeutung hat, als bei gewissen Anlässen für eine feierliche Stimmung zu sorgen. Zahlreiche, sogenannte mündige Christen fühlen sich in ihrem rein diesseitigen Interesse durch die Heiligen empfindlich gestört und wünschen daher keine nähere Berührung mit ihnen. Es ist denn auch der modernen Christenheit weitgehend gelungen, die Heiligen der Vergessenheit anheimfallen zu lassen. «Gott bewahre uns auch vor den Heiligen!» Diesem beschämenden Seufzer stimmen heimlicherweise mehr Leute zu, als sie es öffentlich zugeben. Diese abwehrende Gebärde ist deshalb verständlich, weil Heilige in der Tat oft unbequeme Störenfriede für unser auf Erleichterung bedachtes Christentum sind. Unser selbstbewußter Verstand stößt sich an ihrem Wesen und weiß es auch nicht zu verarbeiten.

Aber, so werden etliche Leser spontan einwenden, unsere braven Kirchenchristen lieben doch die Heiligen. Seit den Tagen des Frühchristentums bis hin zur Gegenwart huldigen sie der Heiligenverehrung, die im Leben der Kirche

stets einen breiten Raum eingenommen hat. Darauf möchte man einwenden, daß es ein zurechtgerücktes Heiligenbild gewesen ist, ein Bild, über das die Heiligen selbst geurteilt hätten: «Du gleichst dem Geist, den du begreifst, nicht mir!» Die Menschen sargen die Gebeine der verstorbenen Heiligen in goldene Schreine ein, die zu ihrem in Armut verbrachten Leben gar nicht passen; sie drucken von ihnen süßliche Bildchen und schreiben salbungsvolle Bücher über sie, kurz, sie machen sie gerade dadurch unwirksam. Die Heiligenverehrung ist oft eine harmlose Sache, die keinem Menschen nur das kleinste Härchen krümmt. Man gedenkt der Namen der Heiligen mit einem frommen Augenaufschlag und tut im eigenen Leben ungefähr das Gegenteil von dem, was sie getan haben. Christus redet einmal davon, daß man den Gerechten schöne Grabmale errichte, aber die lebenden Propheten töte. So verhält sich tatsächlich die Welt, doch wir beschäftigen uns nicht mit verdorrten Kränzen und auch nicht mit Schnittmustern veralteter Heiligenschilderungen. Ganz unmißverständlich möchte ich sagen, daß ich mich nicht in der Rolle eines ältlichen Kindermädchens fühle, das brave Heiligengeschichtlein zum besten gibt, damit der Leser wohlgestimmt einschläft, und ich streiche ihm auch keine geistliche Marmelade aufs Brot, damit es ihm etwas besser schmeckt. Im Gegenteil, ich berichte etwas vom Drama der Heiligkeit, das vielleicht den Leser beunruhigt und ihn aus dem sanften Schlummer eines allzu gemächlichen Christentums aufschreckt.
In den nachfolgenden Blättern geht es um das, was ich den «lebendigen Heiligen» nennen möchte. «Geh zu Antonius, lege ihm deine Seelennot zur Beurteilung vor und handle seinem Bescheid gemäß, denn er lebt ja noch», pflegten die Christen um die dritte Jahrhundertwende vom Einsiedler zu sagen. Die Menschen jener Tage pilgerten zu einem Heiligen in die Wüste hinaus, weil sie Antonius als den Seelen-

arzt betrachteten, den Gott Ägypten gegeben habe. Ähnlich verhielt es sich mit Nikolaus von Flüe, dessen Weggang von der Familie so viele Gattinnen in Harnisch bringt, weil sie nicht bedenken, daß er durch seine Vermittlertätigkeit im Stanserverkommnis unzählige Männer vor dem Tod auf dem Schlachtfeld bewahrt hat. Die Eidgenossen betrachteten ihn zu Lebzeiten als einen Heiligen, der ohne Speise lebte und in dem das lebendige Wort Gottes wohnte. Als Heiliger war er nicht nur in seiner engeren Heimat bekannt, auch in Deutschland, Österreich und Italien verehrte man ihn. Die Menschen hatten das Bedürfnis, einen Heiligen zu sehen, weil sie von ihm ein richtungweisendes Wort, eine Hilfe erhofften. Dieses Verlangen veranlaßte zahlreiche Christen, den holperigen Weg nach dem Ranft hinunterzusteigen. Dies ist genau auch unser Anliegen: wir suchen einen Heiligen unserer Zeit, an dem wir uns orientieren können, und wissen dabei zum voraus, daß wir entweder empor oder in das Tal der Demut hinabsteigen müssen, jedenfalls dürfen wir ihm nicht in einem bequemen Klubsessel begegnen. Der Heilige von heute, der sichtliche Heilkräfte ausströmt, ist das große Thema, das uns in Atem hält. Simone Weil schrieb in einem Brief an Pater Perrin: «Es genügt heute noch nicht, ein Heiliger zu sein: es bedarf der Heiligkeit, die der gegenwärtige Augenblick fordert, einer neuen Heiligkeit, wie es sie früher ebenfalls niemals gegeben hat.»[2] Die Worte vom neuen Typus der Heiligkeit faszinieren uns, fühlen wir uns doch von ihnen unmittelbar angesprochen und aufgerufen. Wenn von einer neuen Heiligkeit die Rede ist, die um eine Antwort auf die Not der heutigen Zeit weiß, dann spüren wir uns im Innersten aufgewühlt. Doch dürfen wir die Worte der außergewöhnlichen Randchristin nicht einfach nachplappern, sondern sind aufgerufen, sie viel präziser auszuführen, als sie es getan hat.

Eines steht fest, und daran darf nicht gerüttelt werden: Es ist nicht geboten, bei den anonymen Heiligen nur die Attribute der früheren Heiligen aufzuzählen. Der Heilige von heute ist nicht einfach ein Abklatsch der mittelalterlichen Heiligen. Es geht nicht an, ihn in das überlieferte Modell hineinzupressen, damit er das Aussehen der Heiligen früherer Jahrhunderte gewinne. Damit bringt man ihn zum voraus um seine Wirkung. Er ist bestimmt anders als eine Magdalena von Pazzi oder ein Pfarrer von Ars. Die Bedeutung der früheren Heiligen bleibt unangetastet, aber die Schilderungen über sie sind in den meisten Fällen nicht nur überholt, sondern sie werden auch deren Sein nicht gerecht. Die unbekannten Heiligen von heute besitzen nicht alle Tugenden und sind auch nicht fehlerlos. Die Auffassung von der Vollkommenheit der Heiligen ist konstruiert und entspricht nicht der Wirklichkeit. Nach unserem Verständnis ist der Heilige der positive Mensch, der den Kampf mit den negativen Tendenzen seines Zeitalters aufnimmt. Wir sind für einen sparsamen Gebrauch des Wortes «heilig». Nicht jeder eifrige Christ ist schon ein Heiliger. Wohl redete Paulus die Empfänger seiner Briefe mit «Heilige» an, aber damals bedeutete der Anschluß an die christliche Gemeinde einen Bruch mit dem Heidentum. Seither hat der Begriff «Heilige» eine weitgehende Entwicklung erfahren, blieb aber eine eigene Kategorie wie Prophet, Apostel, Reformator. Heiligkeit ist etwas qualitativ und nicht bloß quantitativ anderes als Frömmigkeit; Heiligkeit ist dem außerordentlichen Menschen vorbehalten. Doch wehren wir uns gegen eine Inflation der Heiligenvorstellung. Der neue Heilige ist der Einzelne, der den nivellierenden Massentrend entschlossen abgeschüttelt hat und den man weder in eine Arbeitsgruppe einordnen noch bei einer Wochenendveranstaltung antreffen kann. Alle diese modischen Versuche überschreitet er lautlos; der große Einzelne zeigt uns ein

ganz anderes Antlitz, weil er es wagt, sein Dasein allein vor Gott zu leben.
In vielen Hauptstädten Europas befindet sich ein Grab des Unbekannten Soldaten. Es ist ein stellvertretendes Zeichen für die zahlreichen Menschen, die ihr Leben für ihre Heimat geopfert haben. Ein analoges Verhalten liegt dem Thema der unkanonisierten Heiligen zugrunde. Dies sind nicht zweitklassige Heilige, sondern Menschen, die inmitten unserer Zeit eine neue Form der Heiligkeit gefunden haben, ein Selbstverständnis, das bis dahin unbekannt war. Es geht um den abermaligen Versuch, das gewaltige Thema der Heiligen von einer neuen Seite anzugehen, ihm einen ungewohnten Aspekt abzugewinnen in der Erkenntnis, daß es nie als gelöst betrachtet werden darf, weil der Heilige letztlich immer undefinierbar bleibt. Keineswegs entwickeln wir dabei eine neue Heiligenideologie, denn eine solche würde sich sofort als unfruchtbar erweisen. Ideologisches Denken ist ein moderner Aberglaube, der besonders in der Politik wie Unkraut wuchert, unter dem die Menschen ersticken, ohne es zu merken. Alle Ideologie ist ein doktrinäres Denken, das weder dem Menschen noch der Wirklichkeit gerecht wird. Der kluge Theologe Henri de Lubac sprach einmal über das Thema «Der Heilige der Zukunft»[3]. Natürlich ist dies eine zügige Formulierung, die aber, nüchtern betrachtet, doch nicht zum Ziel führt. Lubac gab ehrlich zu, er wisse darüber nicht viel zu sagen, weil er kein Prophet sei. Nun, wir sind es ebensowenig, und darum postulieren wir keine Heiligenideologie. Dies alles vollzieht sich im luftleeren Raum und verebbt nur zu bald in bloß wunschbetonten Gedankengängen. Es geht um eine Heiligensicht, die gleichzeitig einen unerbittlichen Realismus mit einer mystischen Schau verbindet, weil nur diese doppelte Bemühung dem mächtigen Wahrheitsanspruch einigermaßen genügt.

Im Mittelpunkt unserer Überlegungen steht der Heilige des letzten und des gegenwärtigen Jahrhunderts. Wir leben weder in der fernen Vergangenheit noch in einer unbestimmten Zukunft, von der wir nicht einmal sicher wissen, ob wir sie persönlich noch erleben. «Heute wirst du mit mir im Paradiese sein», sprach Christus zum Schächer am Kreuz, und ebenso ermahnt der Hebräerbrief seine Leser: «Heute, so ihr seine Stimme höret, so verstocket eure Herzen nicht.» Das Evangelium hat es mit dem unmittelbaren Heute zu tun, und auch wir brennen dem Heiligen von heute entgegen. Wie aber sieht dieser von Strahlen der inneren Stille erfüllte zeitgenössische Heilige aus? Das ist die Frage, die wir zu beantworten versuchen.
Der Heilige von heute ist aufgebrochen, um dem an ihn ergangenen Ruf Gottes zu folgen. Er ist nicht aus eigener Tatenlust losgezogen, sondern hat die stumpfe Gewohnheit nicht mehr länger ertragen und hat deshalb das versklavende Modedenken entschlossen abgeschüttelt. Er hat die Alltäglichkeit hinter sich gelassen und hat sich auf den Weg gemacht, und damit ist er unsern Blicken auch schon entschwunden. Auf den Aufbruch, auf den geistigen Aufbruch kommt es an. Man muß eines Tages losziehen, denn Heiligkeit ist ein kühnes Abenteuer, dem man nicht in Filzpantoffeln langsam nachschlürfen kann. Der echte Heilige ist ein Draufgänger, der sich vom Absoluten angerufen weiß, der dem Unbedingten verpflichtet ist und der nur eine Parole kennt: Aufsteigen oder zugrunde gehen. Mit dem geistigen Aufbruch gehört er nie zu jenen müden Gesellen, die am warmen Ofen sitzen bleiben, Blümleintee trinken und vor allen Gefahren warnen, die dem widerfahren könnten, der die Bürgerlichkeit von sich weist. Nein, der Heilige von heute bricht mutig auf, nimmt das Wagnis auf sich und schreitet tapfer ins Dunkel Gottes hinein. Deswegen gehört er der Vorhut der Christenheit an, die davonstürmt und kein Zu-

rück kennt. Und wir, wir verharren bieder im Flachland, lassen die Heiligen allein den unermeßlichen Höhenweg ziehen, und gerade darin besteht die Schmach unseres Lebens. Wir sind aus keinem anderen Grunde so leer, so langweilig und unglücklich, weil wir nie den kleinsten Versuch unternommen haben, uns selbst zu übersteigen.

Ein anderes Merkmal des unkanonisierten Heiligen ist seine Unscheinbarkeit. Er entzieht sich hartnäckig der Publizität, läßt sich nicht interviewen, und man sieht ihn weder in einer illustrierten Zeitung noch im Fernsehen. Der anonyme Heilige lebt in der Verborgenheit, er versteckt sich und freut sich, wenn man ihn übersieht. Werbetrommel und Reklame passen nicht zu ihm, und deshalb ist er äußerlich kaum zu erkennen. Die Verhülltheit gehört zu ihm. Man ahnt meistens nicht, daß man einen heimlichen Heiligen vor sich hat. Er ist oft verkleidet als Clown, als Fabrikarbeiter oder als altmodische Klosterfrau, jedenfalls ist alles ganz anders, als es äußerlich zu sein scheint, anders als man es in frommen Büchern zu lesen gewohnt ist. Nur ein hellsichtiger Blick ist überhaupt fähig, diese unscheinbaren Gestalten zu sehen. Die Heiligen im Stande der Erniedrigung[4] weisen einige arg verbeulte Stellen auf und sind dank dieser Andersartigkeit fähig, das erstarrte Heiligen-Klischee wieder in Bewegung zu bringen.

Ferner lebt in den Heiligen von heute vor allem die Kraft Christi. Das ist ihr Geheimnis. Es ist nicht so, wie oft aus einer verständnislosen Voreingenommenheit blindlings behauptet wird, daß die Heiligen das Bild Christi verdecken oder gar von ihm ablenken. Das Gegenteil ist der Fall. Alle Heiligen, die früheren so gut wie die zeitgenössischen, sind die besten Illustrationen zum Evangelium, denn in ihnen ist die Macht Christi gegenwärtig, sind sie doch, tiefer gesehen, ein einzigartiger Widerschein Christi. In ihnen wohnt das Mysterium Christi, aus dem heraus sie Taten vollbringen, vor denen der gewöhnliche Mensch stumm wird vor Staunen. Die Kraft Christi wirkt durch sie hindurch und schafft das eigentümliche und unwiderstehliche Fluidum. Diese Ausstrahlung läßt sich nicht definieren, aber sie ist unzweideutig da, und man spürt sie ganz unerklärlicherweise, wenn man sich eingehender mit den Heiligen beschäftigt. Die in ihnen wirkende Kraft Christi gehört zu ihren entscheidenden Merkmalen, denn mit ihr vollbringen sie das Menschenunmögliche, und ohne sie vermögen sie nichts. Alles verdanken sie der unergründlichen und doch fühlbaren Kraft Christi, die sich in ihnen eindrücklich manifestiert, was etwas grundsätzlich anderes ist, als was die Theoretiker des Christentums in ihren gelehrten, ach, so trockenen Abhandlungen ausführen.

Schließlich ist noch ein letztes Kennzeichen zu nennen: der Heilige von heute lebt, aber er diskutiert nicht. Der moderne Mensch leidet an einer ansteckenden Krankheit: der Diskussionssucht. Am grünen Tisch zu diskutieren, an einem Podiumsgespräch teilzunehmen, im Echo der Zeit zu plaudern – das alles löst in ihm offenbar höchste Wonnegefühle aus. Man müßte sich doch einmal unerbittlich ernst fragen, was dabei herausschaut. Nicht viel oder überhaupt nichts? Die Fragen werden oft zerredet, oder es melden sich Leute zu Worte, die selbst unklar sind und sich gerne reden hören. Mit diesem manchmal wirren Wortgeklingel haben die Heiligen nichts, aber auch gar nichts zu tun, weil sie zuerst und zuletzt dem Schweigen verpflichtet sind, vom Schweigen getragen werden und auch im Schweigen Gott begegnen. Ohne viele Worte zu machen, leben und verwirklichen sie das Heilige in ihrem Dasein. Sie drücken es mit ihrem Leben aus, ohne auch nur ein Argument darüber zu verlieren. Auf die Realisierung aber kommt es an; sie schließt dem Gegner den Mund, so daß er seine Kritik gar nicht mehr vorzubringen wagt. Leben ist etwas anderes als reden, und das Tiefste läßt sich mit Worten überhaupt nicht sagen, weil es unsagbar ist. Das existentielle Verhalten ist entscheidend. Die neue Heiligkeit zeigt sich in Gebärden und Taten, die mit noch so gewandten Begriffen nicht zu erfassen sind. Der russische Dichter Nikolai Lesskow formulierte einmal die wesentlichsten Fragen, die den heutigen Christen bedrängen, dahin: «Welche Stunde ist die dringendste? Welcher Mensch ist der wichtigste? Welche Aufgabe ist die wesentlichste?» [5] Auf diese bedeutsamen Fragen geben die Heiligen von heute die einzig richtige Antwort: Die dringendste Stunde ist die jetzige. Der wichtigste Mensch ist der, mit dem du im Augenblick zu tun hast. Die wesentlichste Aufgabe ist das Gute, das du sogleich für diesen Menschen tun kannst. Dies ist deutlich geantwortet und entspricht der Wahrheit. Diese Evidenz verdichtet sich ungemein stark im unkanonisierten Heiligen, weil Gott im Kleinen, im Gegenständlichen und im Unscheinbaren wohnt.

Die skizzenhaften Andeutungen umschreiben das Wesen des unbekannten Heiligen nicht erschöpfend genug, denn mit diesem Thema kommt man nie zu Ende. Doch möchten wir anschaulich und nicht abstrakt von ihm zeugen, weshalb es notwendig ist, einige Beispiele anzuführen. Der Leser will Gestalten anschauen, die den Namen «Heilige ohne Heiligenschein» auch verdienen. Gibt es sie denn wirklich im Jahrhundert der Mondfahrt? Kein Zweifel, denn sonst wäre unser Thema gegenstandslos. Einige Namen greife ich heraus, nicht aus der Belletristik, um nicht in den Verdacht zu kommen, sie gehörten allein der Dichtung an, sondern aus dem Dunkel der neuzeitlichen Wirklichkeit, Menschen, die die moderne Finsternis für einige Augenblicke erhellen.

In Kiew kam eine französische Studentin, die als Touristin Rußland bereiste, unerwartet mit einer Pilgerin ins Gespräch, in dessen Verlauf die anonyme Heilige sagte: «Ich bin noch durchnäßt von der letzten Nacht. Daher trage ich auch immer alle meine Kleider; so bleibe ich das ganze Jahr über, auch im Winter. Ich schlafe draußen und lebe von dem, was die Leute mir geben. Ich war ganz klein und gelähmt. Da hatte ich im Schlaf eine Erscheinung der Jungfrau Maria. Und als mich am anderen Morgen der Arzt fragte, wer mich denn plötzlich gehen gelehrt habe, da habe ich ihm geantwortet: Maria. Da haben sie mich aus dem Krankenhaus gejagt. Ich stamme aus Odessa, aber ich lebe hier im Schatten der Kirche schon seit acht Jahren. Die Jungfrau Maria hat mir gesagt, was ich tun sollte. Sie hatte mir auch gesagt, wie lange Zeit ich meine Krankheit tragen müßte, und so ist es auch eingetreten. Die Anordnungen der Gottesmutter sind einem Gebet ähnlich: ‹Halt aus, halt aus, vom Anfang bis ans Ende. Du wirst nicht in einem Kloster leben. Du wirst kein Geld bei dir tragen. Du sollst von dem leben, was du bekommst. Du wirst kein Dach über dem Kopf haben.›» Das sind ungewöhnliche Worte in einem Lande mit einer christentumfeindlichen Regierung. Doch ist das Gespräch noch nicht zu Ende. Die Pilgerin fuhr fort: «Ich bin so glücklich, daß ich gar nicht weiß, wie sehr ich dem Herrn danken soll für diese Lebensweise, die er für mich bestimmt hat. Es gibt überhaupt nichts Lieberes und nichts Stärkeres als meinen vielgeliebten Herrn. Selbst ein Klosterleben ist für mich noch zu komfortabel. Da drinnen gibt es Betten und alle möglichen bequemen Dinge; aber was soll ich mit einem Bett? Ich lege meinen kleinen Sack unter den Kopf, und dann Gott befohlen! Niemand, niemand ist so glücklich wie ich. Kein Mensch lebt so gut wie ich. Doch heutzutage müssen die, die an Gott glauben, leiden, weil Christus leidet; viele glauben nicht, doch eben darum müssen wir aushalten, aushalten bis zum Ende. Ich will euch eins sagen: Die Zeit der Wiederkehr Christi kommt näher. Nur etwas Geduld, es dauert nicht mehr lange. Ich lebe nicht in einem Kloster, aber ich bin Nonne und eine Umherziehende, und es gibt viele, die leben wie ich. Nun, liebe Kinder, geht in die Kirche. Sagt mir eure Vornamen. Dann will ich daran denken und für euch beten.» Es ist nicht leicht, diese Worte aus dem kommunistischen Land zu kommentieren, schlagen sie doch allzu stark all dem, was wir denken und tun, ins Gesicht. Eines aber muß man doch bemerken: es war keine Mitternachtschristin, wie man in Rußland die Nikodemus-Naturen nennt, die so gesprochen hat. Wir denken von diesen Menschen nicht gering; durch die erwähnten Worte glaubt man eine namenlose Heilige von heute mit den Händen berühren zu können. Es ist, als würde der Herr durch verschlossene Türen in unser Gemach eintreten; wir schrecken zurück ob dem unerwarteten Anblick. Dann verschwindet die Pilgerin wieder in der Unendlichkeit des russischen Raumes[6].

Ein zweites Beispiel ist der Baptistenprediger Martin Luther King in Amerika. Der begabte Pfarrer suchte sich eine hübsche, kluge Frau, und Coretta schilderte auch später ihr Leben mit Martin Luther King in einer ansprechenden Biographie. Schon die Tatsache, daß es eine leicht geschminkte Frau sein mußte, scheint zunächst nicht für einen Heiligen zu sprechen, besonders nicht, wenn man das übliche Klischee im Kopf hat. Er war ein beliebter Kanzelredner, der in seinen religiös-sozialen Predigten aufgeschlossen auf die zeitgemäßen Probleme einging. Die Zeit des düsteren Sklavenhandels war vorbei, den die Neger unvorstellbar duldsam über sich ergehen ließen, endgültig vorbei waren die Tage von «Onkel Toms Hütte». Die Neger waren erwacht, aber nicht in die amerikanische Gesellschaft eingegliedert; sie lebten in einer demütigenden Stellung. Bei einem Bus-Streik der Neger erlebte Martin Luther King zuhause «die Gegenwart Gottes und vernahm dabei die Aufforderung, für Gerechtigkeit und Wahrheit einzustehen»[7]. Dies war die entscheidende Stunde seines Lebens, und nicht etwa die Nobelpreisübergabe in Stockholm. Nun übernahm er die Führung der Bewegung und tat dies nicht aus Ehrgeiz. Er wurde von Gott auf die Sache gestoßen und erlangte im Gebet die Klarheit, daß er für die Bürgerrechtsbewegung sich einzusetzen habe, weil es sich um eine Frage der Gerechtigkeit handle und ihr Vorgehen unbedingt von den Grundsätzen des christlichen Glaubens bestimmt sein müsse. Bedeutsam an seiner Arbeit war, daß er leidenschaftlich für die Erkenntnis eintrat, die Rechte der Neger müßten auf dem Weg der Gewaltlosigkeit erkämpft werden, wie er dies von seinem Vorbild Gandhi gelernt hatte. Mit Mut und Einsatzbereitschaft trat er für das Gerechtigkeitsideal ein. Ein Traum lebte in ihm, nach dem die kranke amerikanische Gesellschaft vom schändlichen Rassismus und vom noch verderblicheren Mammonismus befreit werden müsse. Allen Gewalttätigkeiten der Polizei gegenüber schlug er nie mit gleicher Waffe zurück, sondern glaubte fest an «die erlösende Macht des Leidens»[8]. Immer wieder organisierte er großangelegte Negeraufmärsche in verschiedenen Städten, und mehrfach wurde er für seine unerschütterliche Überzeugung ins Gefängnis geworfen. Sein Glaube an die Gewaltlosigkeit unterscheidet sich strahlend von den heimtückischen Bombenanschlägen der gewissenlosen Terroristen, die stets auch unschuldige Menschen morden. Martin Luther King spürte das ihm bevorstehende Schicksal, aber, um den Willen Gottes zu erfüllen, entzog er sich trotz seiner deutlichen Todesahnungen keiner Gefahr. Zuletzt traf ihn aus einem Hinterhalt die Kugel eines feigen Mörders, die seinem Leben ein vorzeitiges Ende bereitete. Der Baptistenpfarrer hat in seinem Kampf für den christlichen Menschen den Märtyrertod erlitten, und von jeher hat die Christenheit ihre Märtyrer als Heilige verehrt. Martin Luther King war trotz seinen organisatorischen Plänen kein politisierender Pfarrer, sondern ein religiöser Mensch, der von der Gewalt der Gewaltlosen durchdrungen war. Es ist eine tiefempfundene Freude, daß uns unter den Heiligen von heute die dunklen Augen eines Schwarzen anblicken, der als Mensch das Gewissen seiner Nation war.

Das dritte Beispiel ist Mutter Teresa. Die Albanerin trat früh in ein Kloster ein und wurde als Nonne nach Indien in das Lorettohaus abgeordnet, um dort eine Lehrtätigkeit bei indischen Mädchen auszuüben. Bei gelegentlichen Ausgängen sah sie in den dichtgedrängten Straßen von Kalkutta das namenlose Elend, das nicht mit europäischen Maßstäben gemessen werden kann und all unsere Vorstellungen übersteigt. In diesem Moment fühlte sie eine zweite Berufung, oder wie sie sich selbst ausdrückte, «es war die Berufung in der Berufung». Da sie die ewigen Gelübde schon abgelegt hatte, bat sie in Rom um Dispens, ein Gesuch, dem entsprochen wurde. Nun durfte sie als freie Schwester, nur der Autorität des Erzbischofs von Kalkutta unterstellt, ihrer selbstgewählten Arbeit in dieser Großstadt nachgehen. Sie verfügte weder über Geld noch über ein Haus, stand völlig mittellos dem Riesenelend gegenüber und war in ihrem Herzen allein erfüllt von der Gewißheit, Gott habe sie zu dieser Arbeit berufen. In diesem Augenblick wurde sie eins mit dem menschlichen Leid. Mutter Teresa begann die Sterbenden in den Straßen von Kalkutta aufzulesen und sie an einen ruhigen Ort zu tragen, wo sie unter ihrem tröstenden Beistand in die Ewigkeit eingehen konnten. Sie sammelte neugeborene Kindlein aus den Abfallkübeln, errichtete ein Heim für sie und nannte sie lachend «meine jüngsten Mitarbeiter». Auch nahm sie sich der Aussätzigen an, jener Armen, die von ihren Familien ausgestoßen worden waren und nun das Nötigste für ihren Lebensunterhalt erbetteln mußten. Mit einem Wort, Mutter Teresa ging zu den Ärmsten aller Armen. Nach ihrer Auffassung war nichts so schwer zu ertragen als das Gefühl, unerwünscht zu sein. Bald gesellten sich junge, gebildete Mädchen zu ihr, meist ehemalige Schülerinnen aus dem Lorettohaus, und erklärten sich bereit, mitzuhelfen. Mit ihnen gründete sie eine Kongregation, die von Rom anerkannt wurde. Sie beginnen ihre tägliche Arbeit mit der Feier der Messe, ohne die Mutter Teresa ihre Arbeit gar nicht verrichten könnte. Dann stellen sie sich dem Dienst Christi. «Wahre Heiligkeit besteht darin, Gottes Willen lächelnd zu tun», sagt sie[9]. Das geistige Lächeln triumphiert immer wieder über den oft bitteren Zug um ihren Mund. Ihren außergewöhnlich großen Händen sieht man es an, daß sie gewohnt sind zuzupakken. Ohne viele Organisationspläne vergrößerte sich ihre Gemeinschaft, und ihre Kongregation arbeitet heute in Indien, Afrika, Südamerika und in Rom. Mutter Teresa beschäftigt sich nicht mit kirchlichen Kontroversfragen, sie redet auch nicht geschwätzig über die Probleme der Dritten Welt, sondern sie hilft mit ihren Schwestern täglich und erweist sich darin als eine Heilige von heute. Sie sagte einmal: «In der Eucharistie haben wir Christus in der Gestalt von Brot. Aber hier in den Slums, im zerstörten Leib, in den Kindern sehen wir Jesus und berühren ihn.» Sie legt großes Gewicht auf das Gelübde der Armut, denn um die Armen zu lieben, muß man selbst arm sein. Mutter Teresa hat Christus in der Verkleidung des Elendes gesehen, und deshalb hat sie sich entschlossen, nach der Überzeugung zu leben: «Jetzt wollen wir etwas Schönes für Gott tun», ein Wort, das nicht ästhetisch gemeint ist, sondern als Abbild des Göttlichen[10]. Sie ist eine Gestalt, der gegenüber auch alle Kritik des Unglaubens zu verstummen pflegt. Warum auch nur? Wohl deshalb, weil die Menschen ein Christentum im Vollzug vor sich sehen, gegen das sich einfach nichts einwenden läßt.

Gibt es in unserer ratlosen und bedrohten Zeit nur diese drei Heiligen? Gewiß nicht, gibt es doch unzählige andere. Man denke nur an alle jene Männer zur Zeit des Dritten Reiches, die um ihres Glaubens willen hingerichtet worden sind. Auch müßte man sich der schauerlichen Christenverfolgung erinnern, die unzählige Opfer forderte, von denen heute, zur Zeit der verlogenen Koexistenz, zu reden nicht mehr salonfähig ist, weil man mit Sowjetrußland seine Geschäfte machen will. Es gibt in unserer Zeit die anonymen Heiligen, die in aller Stille für Gott und die Mitmenschen leben. Ihrer sind viel mehr, als wir ahnen; die Menschen achten ihrer gewöhnlich nicht, aber Gott, der ins Verborgene sieht, kennt ihre Namen. Vielleicht bekommt man einige von ihnen zu sehen, wenn man sich aufmacht, um sie zu suchen. Es kann geschehen, daß man sie beispielsweise plötzlich unter den kleinen Brüdern und Schwestern von Charles de Foucauld entdeckt. Es sind lauter kleine Menschen, solche, die sich durch das stumme, willige Tragen ihrer oft überschweren Lebensbürde auszeichnen. Von außen gesehen sind es unbedeutende, uninteressante Leute, von innen betrachtet, zählen sie zu den exemplarischen Menschen. Die Spannung zwischen dem göttlichen Willen, nach dem alle Christen zur Heiligkeit berufen sind, und der Erfahrung, wonach nur wenige außerordentliche Menschen dazu auserwählt werden, gehört zum Geheimnis der überrationalen Thematik der Heiligkeit.

Aber, werden einige Leser ungeduldig fragen: Werden diese namenlosen Heiligen von heute auch von der Kirche heiliggesprochen? Ich weiß es nicht. Der Heiligsprechungsprozeß in Rom ist eine hochinteressante Angelegenheit und verdient nicht jenes mitleidige Achselzucken, das ihm gegenwärtig oft zuteil wird. Natürlich mag man gegen ihn einwenden, er sei eine überaus kostspielige Sache mit juristischem Zuschnitt und habe seine Tücken. Er will unwiderleglich bewiesen haben, daß nach antikem Vorbild die Tugenden in heroischem Maße praktiziert worden sind. Nach der neuen Reform ist der Nachweis von zwei ärztlich beglaubigten, einwandfreien Wunderheilungen nicht mehr unbedingt notwendig. Da der Heiligsprechungsprozeß mit großer Umsicht geführt wird, bleiben manchmal gute Anwärter in seinem Räderwerk kläglich hängen. Kolping, der Gründer der Gesellenvereine, vermochte bis heute nicht durchzukommen, weil er nicht öffentlich bekannte, daß er die Anregung zu seinem Werk einem anderen Menschen verdankte. Von Dr. Sonnenschein, der sich in Berlin im Dienste seiner Mitmenschen buchstäblich verzehrte, wurde ruchbar, er habe manchmal am Abend wegen allzu großer Müdigkeit das Beten des Breviers unterlassen, was allein schon genügte, um die Sache sanft einschlafen zu lassen. Der Einwand, die Ritenkongregation habe nicht das Recht, einen Menschen heiligzusprechen, weil dies Gott allein vorbehalten sei, ist nicht stichhaltig. Als Kirchenhistoriker ist es mir klar, daß es einen offiziellen Apparat in der institutionellen Kirche geben muß, wenn auch sein Ablauf die Antragsteller manchmal auf eine harte Nervenprobe stellt. Statt mit einer negativen Kritik vorzuprellen, müßte man darüber nachdenken, welche Menschen nicht kanonisiert wurden. Man hielt gewaltige Persönlichkeiten nicht für würdig, wie beispielsweise den imposanten Papst Innozenz III., dem doch niemand Größe absprechen wird. Bei solchen Überlegungen wird einem bewußt, welch schweigende Selbstkorrektur, ja Selbstkritik die Kirche doch ausgeübt hat. Zudem darf man nachdrücklich betonen, daß die Kirche selbst nie der Meinung war, nur jene Menschen seien heilig, die durch diese langwierige Prozedur mit Erfolg hindurchgegangen sind. Es gibt auch ungenannte, unbekannte Heilige, um deren Existenz nur Gott allein weiß. Wir nennen sie die unkanonisierten Heiligen, die uns be-

deutsam sind und mit denen wir uns viel mehr beschäftigen sollten, als es bisher geschehen ist.
Im übrigen gibt es eine Heiligsprechung, die ganz anders verläuft als die amtliche in Rom. Sie wird vom christlichen Volk vollzogen und ergreift uns deshalb ganz besonders. Immer wieder pilgert das gläubige Gottesvolk zu gewissen Grabstätten von unkanonisierten Heiligen, zündet dort Kerzen an und verrichtet seine Gebete. Niemand hat es dazu aufgefordert, und niemand hat ihm die Erlaubnis dafür gegeben; es tut es einfach aus einem inneren, unerklärlichen Drang heraus. Nachdem Benedikt Labre, der Heilige der Heimatlosen, in Rom gestorben war, versammelten sich die Kinder auf der Straße und riefen in voller Lautstärke: «Der Heilige ist tot!»[11] Kein Mensch hatte sie dazu ermuntert, ganz von sich aus haben die Kinder dieses Geschrei erhoben, das die Wahrheit über den in Lumpen gehüllten Bettler aussagte. Unwillkürlich denkt man dabei an das Wort Christi: «Den Unmündigen hast du es geoffenbart.» Das Volk verehrt seine Heiligen gewöhnlich lange bevor die Kirche ihre offizielle Bestätigung dazu gegeben hat. Diese spontane Heiligenverehrung durch das Volk ist durchaus legitim; sie wird vor allem den Heiligen von heute zugute kommen. Dies hat nichts mit Subjektivismus zu tun. Wir maßen uns nicht an, eine persönliche Heiligsprechung vorzunehmen – das käme einer Überheblichkeit gleich –, aber wir glauben an die unmittelbare, sichere Gläubigkeit des einfachen Volkes, das weiß, ohne es durch gelehrte Worte begründen zu können, vor welchen Männern und Frauen es niederkniet und welchen es vertraut. Ohne diese Verehrung durch das Volk wäre es nie zum amtlichen Heiligsprechungsprozeß gekommen; sie ist durchaus die unersetzliche Vorbereitung dazu.
Zum Abschluß der einleitenden Worte gilt es, eine zweifache Wahrheit festzuhalten: Zunächst begannen die Aus-

führungen mit den abwehrenden Worten «Gott bewahre uns auch vor den Heiligen». Der gleiche Bernanos schrieb in seiner temperamentvollen Studie über die heilige Johanna den Satz: «Der Heiligen Erbe ist in unsere Hand gegeben.»[12] Das ist ein wahrer Peitschenknall, mit dem er unsere gemächliche Gangart ein wenig in Trab versetzen wollte. In der Tat, der unkanonisierte Heilige ist kein Thema, das man ruhig lesen kann, um zuletzt selbstgenügsam zu sagen: Es hat nicht ganz meinen Erwartungen entsprochen. Ein derart phlegmatisches Verhalten taugt zu nichts. Die Heiligen haben ein Erbe hinterlassen, das uns verpflichtet, uns ihres Vermächtnisses anzunehmen. Dem Heiligen lediglich Beifall zu klatschen ist unwürdig, zu billig und zu bequem. Sein Erbe steht in flammender Zeichensprache vor uns. Es darf nicht verkümmern oder gar vergessen werden. Der rapide Schwund an bloßer Kenntnis der Heiligenleben ist mitschuldig am verhängnisvollen Verfall des geistigen Lebens. Das Denken an die Heiligen muß wachgehalten werden, weil sie das Beste, das Tiefste und das Substantiellste sind, was die belastete Kirchengeschichte aufzuweisen hat. Wir dürften nicht aufhören, sie zu verehren, ihre Wirkungsstätten zu besuchen und uns namentlich intensiv mit ihrem eigenen Schrifttum zu beschäftigen. Man denkt nie genug an die Heiligen, haben sie doch unbezahlbare Worte hinterlassen. «Der Heiligen Erbe ist in unsere Hand gegeben», ein Gedanke, der sich auf unser Gewissen legt, uns eine große Verantwortung aufbürdet und Anruf und Aufruf zugleich ist.

Dann aber muß man bedenken, daß man früher in den Heiligen vorwiegend Fürbitter sah, eine Anschauung, die gegenwärtig beinahe verschwunden ist. Ein älterer Kapuziner-Guardian sagte mir einmal: «Man muß die Heiligen nicht so sehr als Fürbitter auffassen, ich habe mich in meinem Gebet immer direkt an den himmlischen Vater gewandt, sondern sie sind unsere Vorbilder, auf die wir nicht verzichten können.» Die Aussage des besonnenen Paters ist nachdenkenswert, und trotzdem genügt sie nicht vollständig. Betrachtet man die Heiligen nur als Leitbilder, besteht die Gefahr, in das Fahrwasser einer moralistischen Bewertung zu geraten, die sich zuletzt, wie aller Moralismus, nachteilig auswirkt. Stellt man aber einem Menschen nur Richtbilder vor Augen, womöglich mit der Bemerkung, «so solltest auch du sein», empfindet er dies schließlich als eine langweilige, anödende Predigt. Bloße Ideale ohne reale Kräfte genügen auf die Dauer nicht. Gewiß sind die Heiligen als zeitlose Vorbilder bedeutsam, aber diese Erkenntnis bedarf doch der Ergänzung, damit sie im tieferen Sinne in uns Wurzel schlägt. Hugo von Hofmannsthal, dem doch niemand Bigotterie vorwerfen wird, schloß seine rein weltliche Gedenkrede über Beethoven mit den Worten: «Wir gedenken seiner in dieser Stunde. Möge er in der gleichen Stunde unser gedenken.»[13] Ich weiß nicht, welche Überlegungen diesen wirklichen «Dichter in dürftiger Zeit» bei der Niederschrift geleitet haben. Aber dessen bin ich gewiß, daß man nicht der Heiligen gedenken kann, ohne daß auch sie unser gedenken. Wir denken an sie, und sie denken an uns, und gerade dieses wechselseitige Gedenken bringt die letzte Lebendigkeit in unsere Beziehung zu den Heiligen, eine Verbindung, die sich zu jener helfenden Kraft auswächst, mit der wir das Dasein zu bestehen fähig sind.

Abbé Stock am Hinrichtungspfahl

1904–1948

Man glaubt über Abbé Stocks äußeres Leben in wenigen Worten berichten zu können. Jedenfalls hätte ihm kein Mensch eine außergewöhnliche Laufbahn geweissagt. Er war der Sohn eines einfachen Arbeiters, und einfach ging es auch in der kinderreichen Familie zu. Der durchschnittliche Schüler lenkte keineswegs die Aufmerksamkeit auf sich. Als westfälischer Sauerländer war er ohnehin schwerfällig und öffnete sich nicht schnell. Daß er Priester zu werden wünschte, war nicht auffallend, denn dergleichen kommt immer wieder in frommen Familien vor. Selbst beim Theologiestudenten machte sich kein genialer Zug bemerkbar – er schaffte es lediglich durch Fleiß.

Franz Stock beteiligte sich an der katholischen Jugendbewegung. Er nahm in einer deutschen Gruppe an einem französischen Jugendtreffen teil, das sich um das Thema «Frieden durch die Jugend» scharte. Dieses Erlebnis veranlaßte ihn, sich der französischen Vereinigung «Gefährten des heiligen Franziskus» anzuschließen. Viele junge Menschen waren nach dem Ersten Weltkrieg von Friedensgedanken erfüllt, doch war die Begeisterung für den Völkerfrieden nicht sehr weittragend, denn je mehr über den Frieden geredet wurde, um so weiter entfernte er sich. Dies mußte auch Franz Stock in seinem Leben erfahren.

Für den jungen Franz Stock hatte die Teilnahme an jenem Friedenstreffen eine bedeutsame Folge: er entschloß sich, seine Studien am Katholischen Institut in Paris fortzusetzen. Dies haben die deutschen Theologiestudenten damals

nicht getan. Franz Stock atmete in Paris französische Luft ein, lernte die Mentalität der Franzosen kennen, und dies bedeutete Neuland für den blauäugigen Westfalen. Im Nu liebte er Frankreich, seine Kultur, seine Poesie und seine Spiritualität. Paris ist nicht nur die Stadt der Halbwelt, sondern vor allem eine Stadt voll geschichtlicher Tradition und unverkennbarem Zauber. Dies hat Peter Wust in seinem «Pariser Rechenschaftsbericht» ausgeführt, den man bewußt Thomas Manns «Pariser Rechenschaftsbericht» gegenüberstellen muß. Franz Stock besuchte wöchentlich den Louvre und trieb sich auch bei den Bouquinisten an der Seine herum. Seine Pariser Studienjahre sollten ihm später sehr zugute kommen.
Nach seiner Primiz arbeitete Stock zunächst als Vikar in Dortmund, gewann die ersten Eindrücke von der modernen Industriegesellschaft und entdeckte dabei, daß man ihr nicht mehr mit patriarchalischen Methoden begegnen konnte. Nun erwachte in ihm eine Vorliebe für die Seelsorge für Randchristen, für Menschen in Ausnahmesituationen, obschon er selbst gar nichts von diesem Typus an sich hatte.
Zwei Jahre später wurde ihm, dank einer Anregung von Kardinal Verdier, das Pfarramt der deutschen Gemeinde in Paris angetragen. Abbé Stock sagte mit Freuden zu, ohne zu ahnen, was alles in der französischen Metropole auf ihn zukommen würde. Zunächst hatte er einfach eine weitverzweigte Gemeinde zu betreuen, eine Gemeinde, die vorwiegend aus Beamten der Botschaft und aus Hausgehilfinnen bestand. Mit seinem gewohnten Pflichtbewußtsein und auf eine konventionelle Weise begann er zu arbeiten. In den dreißiger Jahren entstanden zuweilen heikle Situationen durch die deutschen Emigranten, denen Abbé Stock klug und vorsichtig begegnete. Trotz allem freute er sich, wieder in der Stadt zu sein, die ihm während seiner Studienzeit ans

Herz gewachsen war. Er liebte die Franzosen und schrieb auch ein Buch über die Bretagne. In seiner karg bemessenen Freizeit begann er als Autodidakt gelegentlich zu malen, dies zu seiner Entspannung und ohne alle Ambitionen. Man weiß nicht, wie weit er den Impressionismus gekannt hat. Jedenfalls war er van Gogh zugetan. Aber dies waren damals viele Menschen. Offenbar war ihm der musische Geist nicht fremd. Vom katholischen Schrifttum wurde ihm nur Francis Jammes zum Erlebnis. Einmal besuchte er auch Henry Bremond und übersetzte von ihm einen Artikel für eine deutsche Zeitung. Hello, Bloy, Bernanos, Julien Green blieben ihm wahrscheinlich unbekannt. Wenigstens erwähnt er sie nie. Trotzdem sagte ihm der französische Katholizismus zu, besaß er doch eine andere Note als der deutsche Katholizismus.

Im Sommer 1939 war Abbé Stock auf Urlaub in seiner Heimat, zu einer Zeit, da der Nationalsozialismus den Zweiten Weltkrieg vom Zaune riß. Es war ihm verwehrt, zu seiner Gemeinde zurückzukehren, weshalb er vorübergehend als Priester in Deutschland tätig war. Als 1940 die deutschen Truppen Frankreich überrannten und Paris besetzten, war für Abbé Stock der Rückweg zu seiner Gemeinde in Paris frei geworden, allerdings bestand sie nun aus deutschen Offizieren und Soldaten. Er besorgte sein Pfarramt und wurde daneben zum Gefängnisgeistlichen für die deutsche Wehrmacht bestellt. Trotzdem ging er nie in einer Wehrmachtsuniform einher, sondern trug stets, wie die französischen Geistlichen, seine Soutane und war nur durch eine Rotkreuz-Binde am Arm gekennzeichnet. Dieser Entscheid war instinktiv richtig. Die Kleidung des Geistlichen ist keine so nebensächliche Angelegenheit, wie viele Kleriker gegenwärtig es wahr haben möchten. Man braucht nicht gerade mit Erik Peterson von einer «Theologie des Kleides» zu reden, aber das Kleid hat mit dem Menschen, den es be-

kleidet, etwas zu tun. Abbé Stock hätte ohne Soutane niemals dermaßen helfen und wirken können, wie es ihm gelungen ist. Die Soutane flößte den Gefangenen ein gewisses Vertrauen ein, während Menschen in Wehrmachtsuniform sofort abgelehnt worden wären.
Gefängnisgeistlicher zu sein ist immer eine schwere Aufgabe, der nicht jeder Priester gewachsen ist. Auch Abbé Stock ahnte zunächst nicht, was der Auftrag der Militärbehörde alles in sich schloß. Mit ihm begann das Außerordentliche in seinem Leben. «Hier ist die Wende, hier beginnt der Weg der letzten Vollendung eines Christen- und Priesterlebens, der Weg des Kreuzes.»[1] Jetzt war die Zeit angebrochen, um derentwillen Abbé Stock geboren worden war. Er hat bei aller Schlichtheit seines Wesens diesen Moment erfaßt und hat nicht versagt. Ein durchaus durchschnittlicher Mensch hat eine überdurchschnittliche Leistung vollbracht. Warum? Gewiß nur deshalb, weil er an seinem Platz treu und unentwegt ausgeharrt hat. Ohne es zu wollen, war er in dieses Amt hineingewachsen. Mit einem schlichten, aber festen Glauben, der gar nichts Tiefsinniges an sich hatte, bewältigte er den ihm vorgezeichneten Passionsweg, zu dem er offensichtlich bestimmt war. Wenn Abbé Stock mit seinem Fahrrad von seiner Wohnung zu den fünfzehn Kilometer außerhalb Paris sich befindlichen Gefängnissen fuhr, begab er sich sozusagen auf neue Kreuzwegstationen. Die einzelnen Kreuzwegstationen Abbé Stocks lassen sich genau verfolgen, und alle zusammen ergeben sein wahres Bild, das die Nachwelt nicht vergessen darf. Bei ihm war die «Kirche im Kerker» zur Wirklichkeit geworden[2]. René Closset faßte diese grausige Realität in die Worte zusammen: «Er ging durch die Hölle», eine Haltung, die sich diametral zum enfant terrible auf literarischem Gebiet verhält. Die erste Station in seiner Arbeit zeigt Abbé Stock beim Betreten des Gefängnisses. Er hatte deren vier zu betreuen,

von denen Fresnes allein eintausendfünfhundert kahle Zellen besaß, die überbesetzt waren, indem jede einzelne Zelle mit fünf bis sechs Mann belegt war. Man nannte dieses Gefängnis «Vorzimmer des Todes» und «Die Filiale der Hölle». Diese Bezeichnungen bestehen durchaus zu Recht, sprechen doch die Wände der Zellen ihre eigene, beklemmende Sprache. Nicht ohne Erschütterung liest man die Inschriften: «Zwei Monate lang Tag und Nacht in Fesseln» – «Drei Unglückliche haben hier Hunger gelitten» – «Verhöre, geschlagen, am Abend alle Viertelstunden mit dem Ochsenziemer geschlagen» – «Zum Tode verurteilt»... stundenlang könnte man solche bedrückende Bemerkungen zitieren.

Jedes Gefängnis ist eine Welt für sich; dies bezeugen sowohl Silvio Pellicos «Meine Gefängnisse» als auch Dostojewskijs Schrift «Aus einem Totenhaus». Der russische Dichter umschreibt sie mit den ungewohnten Worten: «Hier war eine besondere Welt, die keiner einzigen anderen glich, hier gab es besondere Gesetze, besondere Tracht, besondere Sitten und Gebräuche, es war ein Totenhaus lebend Begrabener, darinnen ein Leben, wie es in der Welt nirgends ein ähnliches gibt, und auch die Menschen waren hier besonders.»[3] Ohne dies selbst erfahren zu haben, kann man sich nur schwer in die Situation des Gefangenen hineinfühlen.

Wenn Abbé Stock von seinem Fahrrad stieg, begegneten ihm zunächst die höhnischen Blicke der deutschen Gefängniswachen. Einst hatte der Nationalsozialismus zur Täuschung der Menschen die Worte in sein Programm aufgenommen: «Die Partei steht auf dem Boden des positiven Christentums.» Zu jener Zeit hatte er die verlogene Maske längst abgelegt, und zum Vorschein kam die teuflische Fratze eines Geistes, der das Christentum auszurotten beabsichtigte. Die Nationalsozialisten betrachteten die Juden und die Geistlichen als ihre besonderen Feinde, für die sie nur Worte der Verachtung übrig hatten. Abbé Stock wurde bei seinen Besuchen der Gefängnisse von den SS-Männern stets mit giftigen Bemerkungen empfangen; sie waren der Meinung, dieser «Himmelskomiker» habe hier nichts zu suchen, dies um so mehr als der «schwarze Rabe» doch nur auf Seelenfang ausgehe. Der Priester hatte bei seiner täglichen Pflichterfüllung nur Hohn und Spott zu ertragen, ließ sich aber dadurch keineswegs irre machen. Verachtung zu erfahren gehört zu einem ernsthaften Christenleben – wer es nicht kann, wird schwerlich bestehen.

Die zweite Station von Abbé Stocks Kreuzweg spielte sich in den Gefängniszellen ab. Der Gefangene ist nicht ein Mensch wie ein anderer. Er ist der Freiheit beraubt, er kann sich nur an Ort und Stelle bewegen, der Gedankenaustausch ist ihm verwehrt, weil er eingeschlossen in vier Kerkerwänden sitzt. Der Umgang mit Gefangenen erfordert ein einfühlendes Verständnis, eine empfindsame Zuneigung, die Abbé Stock besaß, obschon er für eine solche Tätigkeit nicht vorbereitet war. Zwar hatte er sich freiwillig für diesen schweren Dienst angeboten, und allezeit dachte er bei seinem Auftrag an Gott, ohne dessen Hilfe er seine schwere Arbeit nicht hätte tun können. In der Dienstanweisung des siebenunddreißigjährigen Priesters war auch noch «die Vorbereitung der zum Tode Verurteilten» enthalten[4], eine Bestimmung, die zu seiner vom Leid der Gefangenen durchtränkten Sendung werden sollte. Auch unkanonisierte Heilige haben einen Auftrag zu erfüllen, ohne den das Wort «Heilige» gar nicht angewendet werden dürfte.

Keineswegs hießen ihn alle Gefangenen willkommen. Zahlreiche Gefängnisinsassen lehnten seine seelsorgerliche Betreuung aus weltanschaulichen Gründen ab. In den Zellen saßen viele französische Kommunisten, die von dem Manne in der schwarzen Soutane nichts wissen wollten. Entsprechend der kommunistischen Lehre war für sie das Christentum nur Opium für das Volk. In ihrer materialistischen Denkweise waren sie gar nie auf die metaphysischen Fragen gestoßen. Was soll da ein Priester in ihrer Zelle? Sie sagten es ihm offen ins Gesicht: «Ich bin glaubenslos und brauche Sie nicht.»[5] Die Ablehnung schmerzte Abbé Stock, doch nahm er sie wortlos zur Kenntnis, ohne im geringsten beleidigt zu sein. Seine Maxime war: «Kein Aufsehen machen von einer übelwollenden Haltung, so tun, als wenn man sie nicht bemerkte, einfach darüber hinweggehen und mit Wohlwollen antworten.»[6] Er drängte sich den Kommunisten weder auf noch versuchte er, sie zu überreden. Abbé Stock respektierte eine andere Überzeugung, zumal er sein Amt mit Takt und einer höflichen Vornehmheit ausübte. Wenn einer ihn ablehnte, dachte er bei sich, «Gott stehe ihm bei!»[7] Dafür erlebte er mehrfach, daß jener sich nach einigen Tagen, oft in allerletzter Minute, eines andern besann und seine Hilfe begehrte. Er hat viele Kommunisten angesichts des Todes zum Glauben geführt, aus dem einfachen Grund, weil der Kommunismus mit seiner rein diesseitigen Weltanschauung den Menschen in seelisch schweren Situationen nichts zu geben imstande ist, sie in ihrer Verzweiflung allein läßt, während das Christentum gerade in düsteren Momenten seine Stärke beweist. Auch den gefangenen Juden gegenüber machte Abbé Stock keine Bekehrungsversuche. Er empfand dies als unangebracht nach allem, was in unserem Jahrhundert diesem Volk angetan worden war. Wenn sie damit einverstanden waren, betete er mit ihnen die starken Psalmen des Alten Testamentes, die ihnen Kraft gaben für das Schwere, das ihnen bevorstand.

Viele Gefangene nahmen seine Dienste dankbar entgegen, obwohl die Verbindung zwischen ihnen und dem Priester nicht leicht war. Er spürte stark das ihm entgegengebrachte Mißtrauen und begriff es: sie alle waren Franzosen, und er war ein deutscher Priester! Zwischen den beiden Völkern tobte ein haßerfüllter Krieg, und hier in den Gefängniszellen sollte es zu einer christlichen Verständigung kommen. Ein priesterliches Gespräch in einer solchen Umgebung ist beinahe von apokalyptischer Natur, nur mit den johanneischen Worten zu vergleichen: «Und das Licht scheint in die Finsternis.» Der einfache Priester, der ohne allen Argwohn war, fand den Zugang, gerade weil er sich keiner Beteuerungen bediente, die man ihm ohnehin nicht geglaubt hätte. Ganz sachlich, aber überaus bereitwillig machte er sein priesterliches Angebot und vertraute darauf, daß die meisten Gefangenen in ihm den Christen erkennen würden. Nie hätte er ihnen den priesterlichen Beistand aufgedrängt, er wußte zu warten, bis sie ihn wünschten, und war dann bereit, ihn zu spenden.

Die Seelsorge ist neben der würdigen Eucharistiefeier eine der wichtigsten Tätigkeiten des Priesters. Sie kann kaum erlernt werden, sondern ist weit eher eine Gabe des Herzens. Abbé Stock sorgte in allerschwersten Situationen für das Seelenheil der Gefangenen und drang ohne theoretische Vorbildung tief in deren psychische Verfassung ein. Die Eingekerkerten befanden sich in einer dunklen, ausweglosen Lage und schauten einer noch dunkleren Zukunft entgegen. In solchen Situationen ist es mit frommen Sprüchen nicht getan; sie lösen sich in Dunst auf und erreichen das «Du» nicht. Der Mensch aber bedarf in derart bedrückenden Augenblicken der seelischen Hilfe. Abbé Stock hat seine helfende Hand den verzweifelten Menschen dargeboten, den blutjungen Männern, die den Tod vor sich sahen und oft wochenlang im Ungewissen waren und auf die Erledigung ihres Falles harrten. Abbé Stock umging die naheliegende Frage, «warum gerade ich?» nicht etwa aus Feigheit, sondern weil er überzeugt davon war, daß dies eine unbeantwortbare Frage ist. Dieses Problem läßt sich nicht lösen.

Er rätselte mit den Betroffenen auch nicht über die Frage, ob einer schuldig oder unschuldig sei, vielmehr begann er mit ihnen ein Gespräch über die undiskutierbare Tatsache, daß sie vielleicht in wenigen Stunden schon dem Tod ins Auge schauen mußten. Er versuchte mit aller Hingabe die Gefangenen zu bewegen, das Urteil ohne innere Auflehnung anzunehmen, sich dem Willen Gottes zu ergeben und die letzten Anordnungen zu treffen. Abbé Stock forderte sie zur Beichte auf, die er überaus feinfühlig entgegennahm. «Sie brauchen mir nichts zu sagen. Denken Sie nur an das, was Sie mir sagen möchten, aber nicht sagen können. Ich bin überzeugt, daß Gott Sie hört und Ihnen Ihre Sünden vergibt»[8], pflegte er ihnen zu sagen, worauf er ihnen die Absolution erteilte und ihnen die Kommunion reichte. Man kann einwenden, Abbé Stock habe das schwere Problem eines unschuldig zum Tode verurteilten Menschen nicht bewältigt, aber, wer ist hiezu imstande? Es gibt unbeantwortbare Fragen und Situationen, die aller Worte spotten. Diese Feststellung hat nichts mit einem leichtfertigen Ausweichen zu tun, im Gegenteil, sie bedeutet letzte Ehrlichkeit, eine Wahrhaftigkeit, die um die Grenzen menschlichen Verstehens weiß. Zu viele Dinge gibt es im Leben, die wir Menschen beim besten Willen nicht begreifen können. Nicht theoretisch, wohl aber äußerst lebensnah hat Abbé Stock die unsagbar schweren Stunden durchgestanden und hat sie gemeistert, gerade weil er kein Intellektueller war.

Mit der Verschärfung der Kriegslage wurden immer mehr Saboteure, Spione, Geiseln und Widerstandskämpfer eingeliefert. Unheimlich füllten sich die Zellen, und nur selten machte die deutsche Besatzungsmacht einen längeren Prozeß. Sie verurteilte die Angeklagten schnell, zwar im amtlichen Verfahren, aber ohne eingehendere Untersuchungen. Als dann in den Straßen von Paris die deutschen Soldaten

oft aus dem Hinterhalt erschossen wurden, verhaftete die deutsche Militärbehörde aus Rache und als abschreckendes Beispiel viele Geiseln, die sie summarisch zum Tode verurteilte. Die Vollstreckung löste in den französischen Menschen eine unaussprechliche Erbitterung aus.
Der erste Mann, mit dem es Abbé Stock zu tun bekam, war ein bretonischer Ingenieur, der bei einem zufälligen Handgemenge zwischen einem deutschen Unteroffizier und einem Franzosen die Streitenden zu trennen versuchte. Er war an der Auseinandersetzung ganz unschuldig, war aber nicht bereit, den Namen des Franzosen, der entwich, bekanntzugeben. Um dieser Weigerung willen wurde er dem Tode überantwortet. Abbé Stock bereitete ihn darauf vor und stand ihm bis zum letzten Augenblick zur Seite. Er war sozusagen in das Todeserlebnis eingebettet, starb gleichsam mit ihm, denn in den letzten gemeinsamen Stunden vor dem Tod rang der Priester mit dem jungen Ingenieur, die innere Bereitschaft aufzubringen und mit der Absolution vor Gott zu treten. Begreiflicherweise setzte dies beim Bretonen einen schweren Kampf ab, denn die menschliche Natur bäumt sich dagegen auf. Der Ingenieur spürte jedoch die echte innere Anteilnahme Abbé Stocks und nahm seine religiöse Hilfe an, worauf er, unmittelbar vor Weihnachten, standhaft starb. Es war das erstemal, daß Abbé Stock dem Vollzug eines Todesurteils beiwohnte, und was das heißt, wissen die wenigsten Menschen. Man liest es und gleitet schnellflüchtig darüber hinweg, doch bedenke man, daß auch Don Bosco, dieser überaus herrliche Apostel der Jugend, einmal einer Hinrichtung beiwohnen mußte und dabei in Ohnmacht gefallen ist.
Es blieb nicht bei diesem Einzelfall. In der ersten Zeit wurde der gebildete Graf d'Estienne d'Orves mit zwei andern Franzosen zum Tode verurteilt. Abbé Stock hatte die nicht leichte Aufgabe, ihnen die furchtbare Nachricht zu über-

bringen. Die Gefangenen nahmen sie gefaßt entgegen, obwohl für sie nun das begann, was man das Drama der Nacht nannte. Die drei Verurteilten äußerten den Wunsch, die letzte Nacht gemeinsam in einer Zelle verbringen zu dürfen. Durch Abbé Stocks Vermittlung wurde ihnen der Wunsch gewährt, und er selbst erklärte sich bereit, mit ihnen zu wachen. Der Graf aber lehnte dies ab, weil er fand, der Priester müsse am Morgen für die Begleitung in den Tod frisch sein. «Wie soll ich schlafen können heute nacht!» erwiderte Abbé Stock, und bei diesen Worten wundern wir uns, daß so viele Christen selig schlafen können, ohne an das Leid in dieser Welt zu denken. In der Morgenfrühe begleitete Abbé Stock die drei Männer auf ihren letzten Gang und wich nicht von ihrer Seite.

Ein anderes Mal blieb er die ganze Nacht bei einem noch nicht achtzehnjährigen Franzosen, der es nicht fassen konnte, daß er sterben sollte. Abbé Stock sprach ihm Mut zu und hielt stundenlang seine Hand fest in der seinigen, da der Jüngling am ganzen Leib zitterte. Solche Stunden waren auch für Abbé Stock eine seelische Strapaze und forderten seine ganze Kraft.

Edmond Michelet, der spätere Justizminister, war zunächst von der Erscheinung Abbé Stocks befremdet, spürte aber hernach doch dessen Christlichkeit. Es kam zwischen den beiden Männern zu einem ernsthaften Gespräch. Darnach knieten sie nieder, drehten dem wachthabenden Feldwebel den Rücken und beteten zusammen ein Ave Maria. Mit monotoner Stimme begann Abbé Stock: «Ave Maria, gratia plena», und flüsterte dazwischen in französischer Sprache: «Ihre Frau hat mich gestern aufgesucht; es geht ihr sehr gut, und Ihren Kindern auch... dominus tecum... sie läßt Ihnen sagen, Sie sollen sich keine Sorgen machen... benedicta tu in mulieribus...» Mit solchen Zwischenbemerkungen betete Abbé Stock das Ave Maria zu Ende, oh-

ne daß der deutsche Feldwebel etwas bemerkt hätte[9]. Man darf darin nicht einen Mißbrauch des Gebetes sehen; es war eher eine echte Gebetsverbrüderung, wie sie christlicher nicht sein könnte: «Wo zwei oder drei in meinem Namen versammelt sind, bin ich mitten unter ihnen.» Zudem hatte Abbé Stock gar keine andere Möglichkeit, den Gefangenen von ihren Angehörigen zu berichten, als zu diesem Täuschungsmanöver zu greifen, weil es streng verboten war, Nachrichten in das Gefängnis zu tragen.
In der dritten Station fuhr Abbé Stock mit den zum Tode verurteilten Gefangenen zur Hinrichtungsstätte. Es dauerte jeweils fast eine Stunde, bis man auf dem Mont Valérien ankam, und es schien den Beteiligten, als wollte die Fahrt kein Ende nehmen. Abbé Stock wollte die Menschen, die einen schweren Weg vor sich haben, nicht alleine lassen und blieb deshalb dicht an ihrer Seite. So hat auch Sonja den Mörder Raskolnikoff begleitet, nachdem sie ihn dazu gebracht hatte, seine Untat einzugestehen und er auf dem Heumarkt in Petersburg sich in aller Öffentlichkeit zur Erde warf und seinen Mord bekannte. Man muß mitgehen und darf sich nicht feige drücken, wie Graf Warnach in Shaws «Heiliger Johanna», der bei der Verbrennung Jeanne d'Arcs sagte: «Wenn Euch Eure Nerven nicht erlauben, solche Dinge mitanzusehen, warum macht Ihr es nicht wie ich und bleibt ihnen ferne?»[10] Dies ist die Sprache der Feigheit, und ihrer darf sich ein priesterlicher Mensch unter keinen Umständen bedienen. Gewöhnlich fand die seelisch qualvolle Fahrt mit den Todeskandidaten im Morgengrauen statt, zu einem Zeitpunkt, da das schlafende Paris wieder zum Leben erwachte und eine seltsame Stimmung über der Stadt lag. Unheimlich ratterten die Räder des Lastwagens über das Pflaster; es war die letzte Fahrt im Leben der Gefangenen, die, die Hände auf dem Rücken gefesselt und von Soldaten mit Schnellfeuerwaffen bewacht, mit zusammen-

geschnürter Kehle dasaßen. Abbé Stock war mitten unter ihnen, saß meistens in tiefem Schweigen mit den zu Tode Verurteilten auf der gleichen Bank. Manchmal mußte er in dieser Situation noch die Beichte anhören, die sie bis dahin abgelehnt hatten, und ihnen die Kommunion spenden. Zuweilen betete er mit ihnen auch die Sterbegebete. Eine solche Fahrt mit dem Todeswagen läßt sich mit keiner anderen Fahrt vergleichen, erinnert sie doch in ihrer namenlosen Traurigkeit an den ersten Fall Jesu auf den Kreuzwegstationen. Zu gewissen Zeiten hatte Abbé Stock diesen Todesfahrten fast jede Woche beizuwohnen.
Am Bestimmungsort angekommen, erlebte Abbé Stock die vierte Station. Die Männer stiegen aus dem Wagen, mußten bei einer kleinen Kapelle warten, und hernach begleitete der Priester sie zur Hinrichtungsstätte. Was mochten diese zur Exekution geführten Menschen in ihren letzten Minuten gedacht haben? Mit welcher Intensität haben sie wohl zum letzten Male in das Morgenlicht geschaut? Wie viele Träume lagen begraben in ihrem Innern, und was für Gefühle durchzuckten ihre Herzen? Es übersteigt menschliches Fassungsvermögen, sich in ein solches Leiden einzufühlen. An der Richtstätte waren einige türhohe Pfähle in den Boden eingerammt, an die man die Opfer band. Abbé Stock legte ihnen eigenhändig die Binde um die Augen. Nicht alle zum Tode Verurteilten verhielten sich gleich. Einige schritten fest zum Pfahl und lehnten sogar die Augenbinde ab, andere wiederum sackten in sich zusammen und mußten am Pfahl hochgezogen werden. Etliche verlangten, daß Abbé Stock ihnen gegenüber stand, damit sie ihn bis zuletzt anblicken konnten. Sie suchten geradezu seinen Blick, und er fing gleichsam ihre letzten Gedanken auf. Andere wiederum beteten in den letzten Minuten unaufhörlich und richteten die Augen zum Himmel empor. Abbé Stock spendete allen immer wieder den priesterlichen

Segen. Die meisten Betroffenen gingen durch seinen Beistand gestärkt in den Tod; sie schauten dem Tod ins Auge, und einer nahm sich vor, «singend zu sterben». Die Erschießungen folgten Schlag auf Schlag, und stets war Abbé Stock zur Stelle. Seelsorger am Hinrichtungspfahl zu sein läßt sich kaum mit einer anderen kirchlichen Arbeit vergleichen. Man gewöhnt sich nie an eine solche Situation in extremis. Abbé Stock hat sie unzählige Male durchgestanden. Man kann kaum nachfühlen, was die Opfer und was er in diesen Augenblicken innerlich durchgemacht haben. Es geschah auch, daß er den aufgeregten deutschen Soldaten Mut zusprechen mußte, gut zu zielen, um den Opfern Qualen zu ersparen. Dabei pflegte er zu sagen: «Ihr trägt keine Schuld; denn ihr seid hieher befohlen worden. Die Verantwortung liegt anderswo.»[11]

Nach vollzogener Erschießung legte man die Leichen in Särge und fuhr sie auf einem Lastwagen zur Begräbnisstätte. Wieder war Abbé Stock zur Stelle, und das war die fünfte Station seines Kreuzweges. Auf dem Friedhof von Ivry waren nur wenige Helfer anwesend, Männer, die die Särge, durch die oft noch das Blut der Erschossenen tropfte, in die Erde versenkten. Darauf trat Abbé Stock an den Rand des Grabes und las ganz allein die Totengebete. Auch bei diesem Tun läuft es einem kalt über den Rücken. Jede Bestattung ist traurig und greift den Menschen an, diese einsamen Begräbnisse aber ohne die Teilnahme eines Nächsten waren in eine doppelte Traurigkeit eingehüllt. Abbé Stock stand beinahe jede Woche alleine an diesen Gräbern, mit Ausnahme, wenn die Leichen verbrannt wurden.

Erschöpft kehrte er abends in seine Wohnung zurück, in der gewöhnlich verschiedene Angehörige auf ihn warteten. Das war die letzte Station seines Tagesablaufes. Natürlich versuchte Abbé Stock die Angehörigen zu trösten, was ihm zuweilen gelang und angesichts des schrecklichen Geschehens zu oft auch mißlang. Manche verloren die Fassung und beschimpften ihn in ihrem wilden Schmerz, was er jeweils ruhig über sich ergehen ließ. Andere wiederum dankten ihm in ihrer fassungslosen Trauer für seine Dienste. Abbé Stock erzählte ihnen über das Verhalten in den letzten Stunden und überbrachte ihnen die Abschiedsgrüße und die letzten Andenken, die die Gefangenen ihm anvertraut hatten und die er verbotenerweise heimlich aus dem Gefängnis geschmuggelt hatte. «Der schlimmste Augenblick war für ihn, wenn er einer weinenden Ehefrau noch den Trauring des Toten überreichen mußte.» [12]

Keinem Hinterbliebenen blieb er die Auskunft schuldig, aber oft übernahm es ihn bei allem Starkmut selbst. «Ich war erschüttert von seinem Anblick. Er weinte, wie ich noch niemals einen Mann habe weinen sehen», berichtete eine französische Frau [13]. Die Besucherzahl war groß; zeitweise standen die Angehörigen in Reihen vor der Türe, im Treppenhaus und auf der Straße und warteten bis spät in die Nacht hinein, um ein Wort mit dem Priester sprechen zu können.

Dann begab sich Abbé Stock zu Bett. Er versuchte die Erlebnisse zu verarbeiten, was ihm selten gelang, weil sie zu stark waren und die ihm verliehenen Möglichkeiten überstiegen. Er hätte kein Christ sein müssen, wenn er mit ihnen leicht fertig geworden wäre. Schon während des Tages machten sich die inneren Schwierigkeiten bemerkbar: er konnte zuweilen kaum etwas essen, und die wenigen Bissen blieben ihm im Halse stecken. Es war ihm, als wäre seine Kehle zugeschnürt. Während der Nacht stiegen die schrecklichen Bilder vom Tage in ihm auf und zitterten in seiner Seele nach. Es gab Stunden, in denen er schrecklich deprimiert war, in denen er auf der Straße schamrot wurde, weil er glaubte, die Vorübergehenden müßten auf seinem Gesicht lesen, was er vor wenigen Stunden mitangesehen hatte. Die Eindrücke ließen ihn nicht schlafen, und schon am Morgen, bei der Messe, begann er zu weinen. Er sagte einmal zu Erzbischof Jaeger: «Ich meine oft, ich könne nicht mehr. Was ich hier erlebe, ist so furchtbar, daß ich nächtelang schlaflos liege.» [14]

Ungeachtet der vielen Begegnungen mit den Menschen fühlte sich Abbé Stock einsam. Es war ihm nicht möglich, mit jemandem über seine schweren Erlebnisse zu sprechen, und er wollte dies auch nicht tun, um andere nicht zu belasten. Aber er führte in einem kleinen Notizbuch eine Art von Tagebuch im Telegrammstil, das nicht für die Öffentlichkeit bestimmt war. Die wenigen Notizen, die heute den Wert einer Urkunde haben, schrieb er zur Stützung des Gedächtnisses nieder und verbarg sie sorgfältig vor allen Nachforschungen der Gestapo. Man hat dieses Tagebuch endlich gefunden, und heute liegt es wohl aufbewahrt im bischöflichen Archiv von Paderborn. Es geht daraus hervor, daß Abbé Stock, wie gewiß kein anderer Priester, mehr als tausend Hinrichtungen miterleben mußte, eine seelische Belastung, wie sie kaum jemand anderer ertragen würde.

Abbé Stock wurde das Amt eines Gefängnisseelsorgers nicht nur für einige Wochen übertragen, er arbeitete darin von 1940 bis zum Kriegsende. 1944 begann sich die Kriegslage sichtlich zu ändern. Der deutsche Vormarsch blieb aus, die Alliierten waren in der Bretagne gelandet und rückten langsam, aber unaufhaltsam vor. Schließlich zogen die deutschen Soldaten in aller Eile aus Paris ab, und zurück auf seinem Posten blieb Abbé Stock, der auf der Schutzliste der Résistance stand.

Viele Widerstandskämpfer waren hingerichtet worden, Menschen, die sich für ein besseres Frankreich eingesetzt hatten und dies mit dem Tod bezahlen mußten. Hat sich ihre Hoffnung erfüllt? Die Frage muß gestellt werden, bedauerlicherweise aber kann man sie nicht bejahend beantworten. Frankreich war so wenig wie ein anderes Land dem Sieg gewachsen. Bernanos sagte: «Ich sehe, daß ihr genau so hilflos aus dem Krieg zurückkommt, wie ihr hineingezogen seid», und fühlte sich mit den Fehlern seines Vaterlandes solidarisch[15]. Es war ein verdorbener Krieg und ein ebenso verdorbener Friede. Grimmig fragte der französische Dichter: «Haben wir unsern Sieg etwa nicht verloren, wie man einen Regenschirm im Café stehen läßt?»[16] Die Résistance hat nicht gehalten, was sie versprochen hat, jedenfalls hat sie zu keiner nationalen Erneuerung geführt. Der endlose Streit, ob ein Mensch Widerstandskämpfer oder Kollaborateur war, vergiftete bald die französische Atmosphäre. Die Hoffnung auf ein neues Frankreich verflüchtigte sich im politischen Geschrei, und das Land blieb gespalten wie zuvor. Es erging Frankreich nicht anders wie allen am Krieg beteiligten und unbeteiligten Nationen: das furchtbare Geschehen löste keine tiefere Besinnung aus, im Gegenteil, die Menschen waren von einem törichten Nachholbedürfnis geradezu besessen.

Nach dem Einzug der Alliierten in Paris meldete sich Abbé Stock bei den Amerikanern. Der Seelsorger der Gefangenen wurde nun selbst ein Gefangener; er gab sich Mühe, die sich meldende leise Bitternis niederzukämpfen. Die alliierten Behörden behandelten ihn mit einer gewissen Bevorzugung. Französische Priester wußten, was er für ihr Volk getan hatte, und setzten sich für ihn bei der neuen Militärbehörde ein. Trotzdem sollte er seine Freiheit nicht mehr erleben.

Abbé Le Meur, der von seinem Küster verraten worden war und als mutiger Widerstandskämpfer vom nach Deutschland fahrenden Zug abgesprungen war, machte ihm den Vorschlag, die Theologiestudenten unter den Gefangenen zu sammeln und mit ihnen ein «Seminar hinter dem Stacheldraht» zu gründen, das ein Ferment zur christlichen

Erneuerung in Deutschland bilden sollte. Abbé Stock ging auf den Vorschlag ein und verwirklichte unter großen Schwierigkeiten den Plan. Er eröffnete das Seminar mit einer Antrittsvorlesung über das Thema «Katholische Renaissance in der französischen Literatur: Péguy, Verlaine, Huysmans, Claudel». «Das Seminar wuchs buchstäblich aus dem Nichts heraus. Erst allmählich erhielt es seine Form. Der Stacheldraht verlieh ihm den Charakter eines Klosters mit unfreiwilliger Klausur.»[17] Abbé Stock sagte den Seminaristen: «Christus wird immer irgendwo in der Welt gefangen sein», ein Ausspruch, der seine Theologie der Tiefe, die alle Schultheologie in den Schatten stellt, andeutet. Der gefangene Christus im Elend ist das Vorbild, dem der Christ nachfolgt. Bei der Errichtung des Priesterseminars fehlte es an allem, auch war es nicht leicht, die hungernden Seminaristen für geistliche Vorlesungen zu interessieren. Doch ließ sich Abbé Stock nicht entmutigen; er war zum Regens bestimmt worden und gab nicht nach, bis der Vorlesungsbetrieb einigermaßen aufgenommen werden konnte. Die Vorlesungsräume waren ungeheizt und die Dozenten bildeten einen nicht ganz übereinstimmenden Lehrkörper. Das «Seminar hinter Stacheldraht» hielt den Vergleich mit einem normalen Priesterseminar nicht aus. Aber, sind die gewöhnlichen Priesterseminare so viel besser? Äußerlich schon, aber innerlich? Kann man Theologie studieren zur bloßen Wissensvermehrung oder gar wegen einer schönen Pfarrstelle? Studiert man Theologie, tiefer gesehen, nicht immer hinter einem symbolischen «Stacheldraht»? Theologie schließt stets Stacheln in sich, eine Tatsache, die jeder erfährt, der sich ernsthaft mit ihr einläßt. Die Studenten in Le Coudray bei Chartres wußten eindeutig, welche Aufgaben ihrer harrten, hatten sie doch beim Zusammenbruch der deutschen Armee einen Anschauungsunterricht erhalten, der in keinem Lehrbuch zu

finden war. Ihre Ausbildung hatte einen andern Tiefgang, und wenn dieses oder jenes Lehrstück nicht so gründlich erarbeitet worden war, so war doch alles andere eindrücklich genug, um unvergeßlich zu bleiben. Nicht alle fünfhundert Teilnehmer sind Priester geworden, die es aber wurden, sind treu geblieben; es gab keine Davonläufer unter ihnen. Zwei Jahre dauerte das «Seminar hinter dem Stacheldraht», dann erhielten die Gefangenen die Freiheit, das Lager wurde aufgelöst, und Abbé Stock deutete in seiner letzten Ansprache an die heimkehrenden Seminaristen das Thema der Heiligen an. Er forderte «Heilige, die keine Angst vor Katastrophen noch vor Revolutionen haben, die aber jede Gelegenheit benutzen und ihr ganzes Sein auf das zweite Kommen des Erlösers ausrichten.» [18] Mit diesem betonten Hinweis auf die Heiligen entließ er seine Studenten, und selbstverständlich waren mit seinen Abschiedsworten die unbekannten Heiligen gemeint, die wahrscheinlich nie der Öffentlichkeit vorgestellt werden.
Er selbst kehrte zu seiner deutschen Gemeinde in Paris zurück, die freilich inzwischen beinahe zu einem Nichts zusammengeschmolzen war. Außerdem war seine Gesundheit untergraben, denn die Anstrengungen während des Krieges und in der Gefangenschaft waren zuviel für ihn gewesen. Das Herz schaffte es namentlich nicht mehr, war ihm doch zu Schweres aufgebürdet worden. Man brachte ihn ins Spital, wo seine Herzkrankheit und seine Lungenödeme von den Ärzten wahrscheinlich nicht in ihrer Schwere erkannt worden waren. Sie entzogen Abbé Stock immer wieder Blut für die Untersuchungen, was ihn noch vollends schwächte. Er befand sich in fremdem Land, fern von der Heimat, und lag einsam in seinem Zimmer, er, der so viele Menschen in den Gefängnissen getröstet hatte, lag als deutscher Kriegsgefangener in Paris im Spital und wurde kaum von jemandem besucht. Verlassen und vergessen von den Menschen

hüllte er sich in seinem Bett ein und schaute an die kahle, weiße Zimmerdecke. Einem französischen Priester fiel eines Tages die ungeheure Schwäche Abbé Stocks auf, aber die Krankenschwester versicherte ihm, es bestehe keine akute Gefahr. Trotzdem holte er die Sterbesakramente, doch vor seiner Rückkehr hatte Abbé Stocks Herz zu schlagen aufgehört. Er war ganz plötzlich gestorben. Der Priester kam zu spät. Abbé Stock war erst vierundvierzig Jahre alt, als er am 24. Februar 1948 seine Augen für immer schloß. Sein Tod erinnert an das einsame Sterben von Bernanos' heiligmäßigem Landpfarrer; man darf auch auf den ohne priesterlichen Beistand dahingegangenen Abbé Stock die Worte anwenden: «Was tut's! Alles ist Gnade.»
Es bleibt noch die kleine Nachgeschichte zu erzählen. Das Begräbnis durfte nicht öffentlich bekanntgegeben werden. Trotzdem waren bei seinem Totenamt gegen hundert Personen anwesend, Menschen zum Teil von hohem Rang. Als der Armensarg in die Erde gesenkt wurde, standen jedoch nur noch zehn Personen dabei, unter ihnen eine alte Frau, die, im Hinblick auf die traurigen Umstände, immer wieder die Worte vor sich hinsagte: «Welch ein Skandal! Welch ein Skandal!» Abbé Stock glich auch hierin seinen Gefangenen, die nach der Hinrichtung irgendwo verscharrt wurden. Man kennzeichnete das Grab mit einem groben Holzkreuz – so hatte es die militärische Behörde angeordnet.
Einige Jahre später (1951) erfuhr Abbé Le Meur, daß Abbé Stocks Grab eingeebnet werden sollte, und sorgte unverzüglich für eine neue Grabstätte auf dem Friedhof Thiais. Auf dem Grabstein standen die Worte: «PAX für Franz Stock, Priester der Diözese Paderborn, 1904–1948, Aumônier der Gefängnisse Fresnes, La Santé und Cherche-Midi 1940–1944, die dankbaren Familien der französischen Gefangenen und Hingerichteten.»

Wieder einige Zeit später, im Jahre 1963, erfolgte die Überführung seiner Gebeine in die neuerbaute Kirche «Saint-Jean-Baptiste» in Chartres. Diesmal war die Beteiligung groß, und bei dieser Gelegenheit wurden einige ergreifende Gedenkreden gehalten, die schönste wohl von Abbé Pihan, der einst im Gefängnis von Fresnes saß und daher aus eigener Erfahrung sprechen konnte: «Franz, kleiner Bruder Franz, als Du zum erstenmal in meine Zelle kamst, trugst Du Christus auf Deinem Herzen, um Ihn mir zur Nahrung zu bringen, und Du trugst den Geist Gottes in Dir, um mir Frieden zu schenken. Ich habe Dich umarmt und gesagt: ‹Du bist mein Bruder!› Und in jener deutschen Hölle habe ich die vollkommene Freude gespürt, die die Henker der Gestapo uns nicht nehmen konnten.»[19]

Was hat Abbé Stock dem heutigen, verunsicherten Menschen noch zu sagen? Reinhold Schneider schrieb zuerst über Abbé Stock, da er ihn persönlich gekannt hatte. Aber der Dichter deutete im «Verhüllten Tag» das Unverwindliche allzu kurz an, weshalb sich kein starkes Bild ergab[20]. Es bedürfte ausführlicherer Biographien. Anton Albert sah in seiner Monographie Abbé Stocks Existenz als «ein Leben zwischen den Fronten», und Hanns Bücker nannte ihn in seiner Biographie «einen Wegbereiter der Versöhnung zwischen Deutschland und Frankreich». Ähnlich verstanden ihn Erich Kock und der Franzose René Closset in ihren Publikationen. Damit war ein wesentliches Anliegen Abbé Stocks erwähnt worden: er war ein Mittler zwischen Frankreich und Deutschland. Zwar beteiligte er sich an keiner Preisarbeit über das Friedensproblem; für ihn war das überhaupt keine intellektuelle Frage, trat er doch inmitten einer Welt des glühenden Völkerhasses wortlos für das brüderliche Zusammenstehen ein. Der echte Friede wird an der Basis begonnen und nicht von den Regierungen «auf höchster Ebene» in die Luft hinausposaunt. Dies hat Abbé Stock in aller Schlichtheit verstanden, indem er ohne große Proklamationen eine Brücke zwischen Deutschland und Frankreich geschlagen hat.

Dem Leser der erwähnten Biographien hat man schon den angebrachten Rat erteilt, sich nicht mit ihnen in einen Eisenbahnwagen oder sonst an einen der Öffentlichkeit zugänglichen Ort zu setzen, «denn vielleicht könnte auch er es nicht verhindern, daß ihm dabei die Tränen immer wieder übers Gesicht laufen»[21]. Dies hat mit Sentimentalität rein gar nichts zu tun, sondern es liegt in dieser Bemerkung vielmehr ein Gespür für die verborgene innere Kraft dieses Mannes, eine Gewalt, die dem Leser unwillkürlich Tränen entlockt. Tränen sind die einzigen Schriftzeichen, die Abbé Stocks Leben gemäß sind. Sie drücken das Unsagbare aus. Sein Dasein war in eine Traurigkeit gehüllt, der man sich nicht zu entziehen vermag. Sie gibt dem Menschen das Gefühl, nie mehr fröhlich sein zu können. Trotzdem darf man nicht bei dieser Gefühlsüberwältigung stehen bleiben. Man muß die Traurigkeit empfinden und zugleich spüren, daß es etwas gibt, das über sie hinausgeht.

«Abbé Stock, das ist kein Name, das ist ein Programm», sagte der Pariser Nuntius Roncalli, der spätere Papst Johannes XXIII. Roncalli hat sich zur Zeit des «Seminars hinter dem Stacheldraht» anerkennend über Abbé Stock geäußert, wie es dem gütig-natürlichen Verhalten dieses allseitig geliebten Papstes entsprach. Er wollte mit den angeführten Worten seine hohe Schätzung Abbé Stocks ausdrücken. Aber die Worte Johannes' XXIII. waren manchmal wegen ihrer Spontaneität zu wenig geschützt vor falschen Deutungen. So führte seine Losung von der «Anpassung» zu einem von ihm nicht gewünschten Mißverständnis, und auch der Satz, «Abbé Stock, das ist kein Name, das ist ein Programm», befriedigt nicht ganz. Johannes XXIII. bezog ihn auf die Völkerverständigung, die der westfälische Geistliche im Kleinen vorgenommen hatte. Aber Programme, Prinzipien und Proklamationen sind etwas Doktrinäres, Papierenes, von denen keine Ausstrahlung ausgeht. Abbé Stock war durchaus ein Name, hinter dem eine leibhaftige Person stand, die in aller Bescheidenheit etwas ganz Großes vollbracht hat. Allein die personale Wahrheit, die Verkörperung des Evangeliums durch seine Persönlichkeit machte Eindruck. Aus diesem Grunde halten wir die andere Äußerung von Johannes XXIII. über Abbé Stock für wesentlicher: «Er hatte durchaus zur Ehre dessen gelebt, der ihm den Schlüssel zum Paradies anvertraut hatte, um es anderen zu öffnen.»[22]

Auf dem Grabstein Abbé Stocks stehen zuletzt die Worte: «Gefährte des heiligen Franziskus». Er hieß ebenfalls Franz und hatte sich während seiner Studienzeit den französischen «Gefährten des heiligen Franziskus» angeschlossen. Ist diese Bezeichnung übertrieben? Gewiß nicht, denn nach Celanos Lebensbeschreibung bestand die Größe des Franziskus darin, «daß alles Besondere und alles Großtun bei ihm überhaupt keinen Platz hatte. Dafür wohnte in ihm die Kraft Christi»[23]. Das darf von Abbé Stock ebenfalls gesagt werden, der alles andere als eine aufsehenerregende theologische Koryphäe war. Er war eher ein verschwiegener Mensch, schlicht und bescheiden, der nichts anderes sein wollte als ein pflichtgetreuer Priester. Und doch war in ihm etwas, das weit über das gewöhnliche Priesterdasein hinausragte. Was war das? Eben, es wohnte die Kraft Christi in ihm.

All die angeführten Zeugnisse sind durchaus richtig; es wäre wenig vornehm, an ihnen herumzunörgeln. Denkt man jedoch über eine christliche Gestalt nach, darf man sich nicht mit einer Charakterisierung zufrieden geben, man ist verpflichtet, immer wieder neu in sie einzudringen und sie zu umkreisen. Abbé Stock war ein Mann, den man unmöglich zu den großen Denkern zählen darf. Er absolvierte sein Theologiestudium recht und schlecht. Er war genötigt, im «Seminar hinter dem Stacheldraht» den Studenten Vorlesungen über Liturgie und Kirchengeschichte zu halten. Ich kann mir nicht vorstellen, daß sie besonders gut waren. Erich Kock vermutet, daß ihnen «die Klarheit des Gedankens fehlte», «auch haftete ihnen etwas Dilettantisches an»[24]. Es war dies auch nicht sein Gebiet; er war nur der Not gehorchend eingesprungen. Aber er hatte es mit etwas anderem zu tun – wie soll ich es nur nennen –, die christliche Wirklichkeit beschäftigte ihn. Das ist eine Kategorie für sich, die keineswegs identisch ist mit einer theologischen Tätigkeit. Oft wohnt man Gottesdiensten bei, die keine Atmosphäre ausstrahlen und bei denen man sich hernach ganz leer fühlt. Dies ist völlig anders, wenn ein Mensch in die christliche Wirklichkeit eintritt. Sie leuchtet im Neuen Testament auf, besonders in der Passion des Herrn, und setzt sich durch die ganze Kirchengeschichte hindurch fort, bald sichtbar, bald unsichtbar. Nie ist sie ganz verschwunden. Inmitten der empirischen Realität taucht zuweilen die christliche Wirklichkeit auf und geht über sie hinaus. Bei Abbé Stock ist sie von bedrängender Dichte. Wenn er einen zu Tode Verurteilten vor dem Hinrichtungspfahl nochmals umarmte, dann war die christliche Wirklichkeit spürbar vorhanden. Es geht nicht an, ihn mit der ungewöhnlichen Kriegssituation zu erklären. Natürlich stand er mitten drin, aber für den Christen besteht das ganze Leben in einer außerordentlichen Situation, und immer gilt es, das letzte Vertrauen aufzubringen. Das Leben ist kein reizendes Ferienidyll, denn allezeit muß man sein Leben für den höchsten Einsatz in die Schanze schlagen.

Wenn sich bei Abbé Stock eine Assoziation einstellt, so heißt sie Friedrich von Spee, dem im siebzehnten Jahrhundert die Aufgabe zufiel, den zum Feuertod verurteilten Hexen die letzte Beichte abzunehmen und sie auf ihr Ende auf dem Scheiterhaufen vorzubereiten. Dem Jesuitenpater brach damals ebenfalls eine Welt zusammen. Er fand, die ganze Theologie des «Hexenhammers» sei ein erschreckender Irrtum – wie viele Theologie ist gar keine echte Theologie, sondern religiös getarnte Ideologie! –, und vermochte trotzdem seinen armen Beichtkindern nicht zu helfen. Er sah in eine abgrundtiefe Verzweiflung hinab. Vom Leid überwältigt, waren seine Haare über Nacht weiß geworden. Ein ähnliches, wenn auch ganz anders gelagertes Erleben war Abbé Stock beschieden. Er war ein moderner Pater Spee und mußte als solcher erleben, wie mörderisch seine eigenen Landsleute in fremdem Lande mit den Bewohnern von Paris verfuhren. Das ganze Elend dieser oft unschuldig verurteilten Menschen lastete schwer auf seinem Herzen. Auch ihm hatte sich der letzte, entsetzliche Abgrund des Lebens aufgetan, und auch er vermochte die in ihm aufsteigenden Fragen nicht zu beantworten. Es war ihm ergangen wie Friedrich Spee, der machtlos dem Elend gegenüberstand. Abbé Stock konnte das Schicksal der Gefangenen wegen der unnachgiebigen Militärbehörde nicht ändern, aber er verstand es, die Gefangenen in ihrer Not zu trösten. Die Freunde Hiobs wollten dies auch tun und waren dazu nicht fähig. Sie machten den Mann aus dem Lande Uz nur noch zorniger. Wer kann heute noch wirklich trösten? Wer vermag Trauernde aufzurichten? Abbé Stock gelang dies mit den schlichtesten Worten. Er war der große Tröster, der Wunden verband und den die Menschen immer wieder suchen und so selten finden. Es gibt keine Rettung vor dem Todesleiden als der letzte Trost: sich in die Hände Gottes fallen zu lassen! Abbé Stock litt an seelischen Schmerzen, die schwerer zu ertragen sind als körperliche Wunden. Er selbst zählte zu den Leidenden, weil er durch allzu starke Ungeheuerlichkeiten hindurchgegangen war. Gott wird im

Leiden und zuletzt im bitteren Sterben gefunden. Abbé Stock hätte nicht die Kraft gehabt, die zum Tode verurteilten Menschen so sehr zu trösten, wenn nicht die Worte Christi in ihm gegenwärtig gewesen wären: «Gott wird euch einen andern Tröster geben, der bei euch bleibt ewiglich.»[25] Dieser Priester wußte um den von Christus verheißenen Tröster, und darum tröstete er die Menschen wie eine Mutter, die ihre Kinder tröstet. Er war ein großer Seelsorger, einer jener Seelsorger, die die Gegenwart in erster Linie brauchte. Theologen haben wir mehr als genug. Es fehlt an echten Seelsorgern, zumal die Ratlosigkeit groß ist.
Die kleine Therese klagte einmal darüber, daß es so viele schlechte Priester gebe. Was meinte sie wohl damit? Pfrundenjäger? Ehrgeizige Machtstreber? Vielleicht. Vor allem aber jene Priester, die nach einem Wort Hölderlins «Göttliches wie ein Gewerbe betreiben», innerlich gleichgültige Naturen, Menschen ohne Spiritualität. Glücklicherweise gibt es auch gute Priester, und zu den vortrefflichsten zählte Abbé Stock, jedenfalls sahen die Gefangenen in ihm vor allem den Priester, in dem Christus lebte. Die von ihm Betreuten bezeugen immer wieder: «Er war Priester durch und durch», oder sie bekannten später, «er war ein echter Deutscher... aber er war noch mehr – ein katholischer Priester.»[26] Tatsächlich war er in erster Linie Priester; er wollte gar nichts anderes sein. Abbé Stock hat das Priesterbild eindrucksvoll verwirklicht, er wußte um die Größe dieser Berufung, und jeder, der ihm begegnete, erfuhr, was es heißt, priesterlich zu denken und zu fühlen.
Man darf noch einen Schritt weiter gehen und sagen, daß in diesem Priester ein Heiliger verborgen war. Das sagen wir nicht aus einer Liebhaberei für die Heiligen, wissen wir doch um die hohe Bedeutung des Wortes «Heilige», das nicht leichtfertig gebraucht werden darf. Diese Bezeichnung ist bei gewissen Menschen durchaus angebracht; zu

ihnen gehört Abbé Stock. «Dies ist mit allen vorgeschriebenen Vorbehalten gesagt, ein Heiligenleben unseres Jahrhunderts», bezeugt auch Ida Friedericke Görres[27]. Was er getan hat, konnte nur ein Heiliger vollbringen. Ein anderer ist dazu nicht fähig. Das haben die Menschen gespürt. Es drängte einen französischen Offizier, der während der Besatzungszeit im Gefängnis saß und von Abbé Stock seelsorgerlich betreut wurde, öffentlich zu bezeugen, «daß wir in unseren Gefängnissen den Eindruck hatten, es sei ein Heiliger, der in unsere dunklen Zellen trat»[28]. Auch Hanns Bükker, der Abbé Stocks Grabstätte besuchte, fragte dort ein Mädchen, das den Blumen frisches Wasser gab, ob es wisse, wer hier begraben liege und warum hier immer Blumen stünden? Er erhielt die Antwort: «Meine Großmutter sagt immer: Er war ein Heiliger.»[29] Offizier und Großmutter sprachen unabhängig voneinander das gleiche Wort aus: Ein Heiliger! Freilich ein Heiliger ohne Heiligenschein. Abbé Stock hat in der schwersten Situation ausgehalten, er hat alles ertragen und ist nicht ausgewichen. Er hat seine ihm auferlegte Pflicht getan, mochte sie noch so schwer sein. Er war alles andere als eine komplizierte oder innerlich verworrene Figur, schlicht und einfach war er, und gerade deswegen wurde er von Gott zum Heiligen auserkoren. «Ich wünsche, daß er eines Tages zur Ehre der Altäre erhoben wird», schrieb General Cossé-Brissac[30].

Es gibt in unserer Zeit, die manchmal nur Profit und Sex zu kennen scheint, doch auch Männer, die aus Liebe zu Gott für den Nächsten alles tun. Solchen Beispielen wohnt eine zündende Kraft inne. Abbé Stocks Leben ist nicht nur eine Erlösung von der papierenen Theologie, sondern er zeigt eindrucksvoll, daß das Herz größer ist als der Verstand. Merkwürdig ist nur, wie vergeßlich die Menschen sind. Sie laufen Gefahr, auch Abbé Stock zu vergessen. Dabei sagt der Psalmist: «Vergesse ich dein, Jerusalem, so werde ich meiner Rechten vergessen. Meine Zunge soll an meinem Gaumen kleben.»[31]

Abbé Stock hätte jeden Personenkult abgelehnt, trotzdem darf man keinesfalls die Männer vergessen, die in einer grauenhaft verdunkelten Zeit nicht verzweifelt sind und das christliche Zeugnis hochgehalten haben. Das Vergessen ist eine schwere Krankheit unserer Zeit geworden. Sie will alles vergessen, selbst das, was man unter keinen Umständen vergessen darf. Die Gegenwart ist darauf eingestellt, immer wieder etwas anderes zu vernehmen, wie die Athener zur Zeit des Paulus nur darauf erpicht waren, beständig etwas Neues zu hören. Das heute Neue ist das morgen Vergessene – in diesem Eiltempo rast man gegenwärtig über alle Dinge hinweg. Wir stellen dem schleuderhaften Vergessen – das nachgerade eine Sünde ist – bewußt die Erinnerung gegenüber. Sie hat nichts mit einem süßen Träumen von vergangenen Tagen zu tun, sie will lebhaft eines Menschen gedenken, ihn erneut heraufbeschwören, bis er wieder leibhaftig vor unserem geistigen Auge steht und zu uns sein von Gott aufgetragenes Wort spricht. Die Erinnerung ist nach Kierkegaard so viel wie eine Wiederholung, was ihr eine in die geistige Tiefe führende Bedeutung verleiht. Wir müssen an Abbé Stock erinnern, wir hören nicht auf, an ihn zu denken, weil er in einer schwarzen Nacht der abendländischen Geschichte das Evangelium auf eine denkwürdige Weise realisiert hat. Mit unserem lebhaften Gedenken schließen wir uns der Auffassung von Joseph Folliet an: «Für mich ist Abbé Stock nicht nur ein Vorbild der Menschlichkeit, sondern ein Typ der Heiligkeit, jener neuen Heiligkeit, welche die Welt heute braucht.»[32]

Wladimir Solowjew als sophianischer Pilger

1853–1900

Auch die Ostkirche brachte Heilige ohne Heiligenschein hervor. Wie sollte es auch anders sein! Johannes von Kronstadt und Theofan, der Klausner, um nur zwei Namen zu nennen, waren trotz Leskows Polemik in seinen «Mitternachtsgesprächen» heiligmäßige Männer, die unbegreiflicherweise bei uns wenig bekannt sind. Leider fehlen uns die nötigen Unterlagen für eine ausführliche Schilderung dieser Gestalten, weswegen wir Wladimir Solowjew wählten, über den einiges Material vorliegt.

«Sicher war er kein Heiliger, aber das Heilige wohnte in ihm», schrieb Fedor Stepun über Solowjew[1]. Woher weiß Stepun so sicher, daß Solowjew kein Heiliger war? Überschreitet er nicht eine Grenze, wenn er derartige Ansichten so keck in die Welt sezt? Vielleicht ist bei seiner Behauptung etwas Schauspielerei dabei, von der der gute Stepun nicht ganz frei war. Wenn das Heilige in Solowjew wirklich gewohnt hat, dann war er als dessen Träger ein Heiliger. Stepun fragt am Ende seiner Studie über Solowjew: «Wer war Solowjew, was sagt uns sein rationalistisch vergittertes, rätselhaft-dunkles Antlitz? Die gleiche Frage habe ich mir bereits vor sechsundvierzig Jahren gestellt. Aber auch heute weiß ich sie nicht zu beantworten.»[2] Das ist ein ehrliches Geständnis, trotzdem aber müssen wir fragen, warum der kluge Stepun dazu nicht fähig war. Wahrscheinlich hatte er ein zu traditionalistisches Heiligenschema in sich, eine Form, in die Solowjew nicht hineingepaßt hätte.

Die Heiligen haben ihre eigene Kategorie. Man darf sie

nicht schematisch handhaben, weil sie stets die üblichen Vorstellungen sprengen, die wir uns von ihnen machen. Von den russischen Heiligen gilt dies ganz besonders. Solowjew machte einmal darauf aufmerksam, daß alle russischen Heiligen entweder Mönche oder Krieger waren, dabei paßt nach unserem Verständnis das blutige Kriegshandwerk unmöglich zur Heiligkeit. Er behauptete, unter den russischen Heiligen würden Kaufleute, Schreiber, Bauern fehlen. Höchstens seien noch «die Narren in Christo» dazuzuzählen, und gerade von dieser Gattung lebte etwas auch in Solowjew[3].

Nach Schestow war Solowjew «einer der bezauberndsten und begabtesten Russen im letzten Viertel des vorigen Jahrhunderts gewesen»[4]. Er führte kein normales, bürgerliches Leben, verheiratete sich nie, denn alle Familienprobleme schienen ihm zweitrangig zu sein. Ferner übte er nur kurze Zeit einen festen Beruf aus. Zuweilen lachte er dermaßen, daß es jedem unheimlich wurde, und plötzlich befiel ihn eine abgrundtiefe Traurigkeit. Einmal geschah es, daß er in einem Restaurant unvermutet erbleichte und angsterfüllt auf einen Punkt starrte. Auf die Frage, was er sähe, verweigerte er die Auskunft. Seine Freunde schilderten ihn als «eine jener Gestalten, die man nicht mehr vergißt, wenn man sie einmal gesehen hat: schöne, regelmäßige Züge in einem schmalen und blassen Antlitz, das von langem Haar umwallt und von großen, wunderbaren, durchdringenden und mystischen Augen erfüllt wird: das Modell der Malermönche, die auf den alten Ikonen den slawischen Christus malten, der liebt, betet und leidet»[5]. Dies alles gemahnt an einen Heiligen, nicht anders wie in Gogols Schrei nach einer lebendigen Seele.

Der junge Solowjew war mit Dostojewski befreundet. Obwohl der Altersunterschied beträchtlich war, fühlten sie sich doch stark verbunden. Sie besuchten einmal zusammen das Kloster Pustyn Optina. Es fehlen genaue Berichte über ihre Eindrücke. Man sagt, daß Dostojewski bei der Niederschrift der «Brüder Karamasoff» Solowjew für die Gestalt des Aljoscha Modell gestanden habe. Vielleicht ist dies nur eine Vermutung; solche Aussagen dürfen nicht zu stark gepreßt werden. Eine gewisse Verwandtschaft besteht durchaus, besonders wenn man Aljoscha nicht zu einlinig sieht. Er verrichtete nicht nur Engeldienste zwischen seinen Brüdern, sondern er saß auch einmal auf Gruschenkas Schoß, was nicht sein Platz war. Solowjew ist komplizierter als man glaubt, doch scheint es, als wäre er ein aus dem Roman herausgesprungener Aljoscha. Wie Sossima den jungen Novizen aus dem Kloster in die Welt hinausschickt, so hat Solowjew dies wörtlich befolgt: «Das Mönchtum hatte einst eine hohe Bedeutung, aber jetzt ist die Zeit gekommen, nicht aus der Welt zu fliehen, sondern in die Welt zu gehen, um sie zu wandeln... Die Welt des Geistigen ist auseinandergefallen. Das Christentum ist die absolute Wahrheit, aber diese ist in einer unvernünftigen Form enthalten und darum den Menschen unserer Zeit entfremdet.»[6] Nach Dostojewskis Tod hielt Solowjew drei Reden über den Dichter, in denen er ihn zum Propheten erhob. Diese Ansprachen befriedigen den heutigen Leser nicht mehr, weil sie nicht von dem reden, was den Dichter am stärksten beschäftigt hat. Es wäre zuviel gesagt, wollte man behaupten, er habe den großen Schriftsteller dem russischen Leser entfremdet; aber man darf wohl bemerken, er habe ihn nicht in seinem tiefsten Wesen erschlossen, vielleicht nicht erschließen können, weil die Zeit noch nicht reif hiefür war.

Gewöhnlich wird Solowjew von seiner Philosophie her verstanden, in der er sich als bedeutendster Denker Rußlands erweist. Sie ist im Westen immer noch viel zu wenig bekannt. Eine der wenigen ernsthaften Arbeiten stammt von

Hans Urs von Balthasar[7]. Dagegen hat noch nie jemand den Versuch unternommen, den genialen Solowjew aus seiner christlichen Lebensführung zu interpretieren. Dabei ist es eine unabdingbare geistige Verpflichtung, die großen Christen nicht nach einem festgefahrenen System zu betrachten, sondern sie immer wieder neu zu sehen und neu zu befragen. Der Begriff «unkanonisierte Heilige» ist für uns ohnehin nur eine Hilfskonstruktion und niemals des Rätsels Lösung.

Solowjew war der Sohn des berühmten Historikers. Der Knabe ist in einer guten Familie aufgewachsen. Sein Großvater väterlicherseits war Pope, und die Vorfahren seiner Mutter waren polnisch. Aus ihrer Familie stammte der Mystiker Skoworoda, auf dessen Grabstein die Worte stehen: «Die Welt hat es versucht, mich gefangenzunehmen, aber es ist ihr mißlungen.» Solowjews Mutter war eine fromme Frau und hat ihm früh religiöse Eindrücke vermittelt. Schon in der Kindheit lernte er die Heiligenlegenden kennen, die ihn zu naiv-asketischen Versuchen anregten. Vielleicht war seine Kindheit nicht so glücklich, wie sie äußerlich zu sein schien. Der Vater lebte abgesondert in einem Zimmer, weil er bei der Niederschrift seiner russischen Geschichte von der lärmenden Kinderschar nicht gestört zu werden wünschte. Trotzdem fühlte der Sohn sich geborgen im Elternhaus, was stets ein großes Geschenk für einen Menschen ist. Schon damals spielte er kaum mit seinen Kameraden; er liebte die Einsamkeit, in der er seinen Träumen nachhängen konnte.

Die Entwicklungsjahre machten Solowjew reichlich zu schaffen. Wie viele Menschen las er damals die weitverbreitete materialistische Literatur, vorab Feuerbach und Renan. Nach einer hitzigen Diskussion riß er die Ikonen von der Wand, warf sie zum Fenster hinaus und gefiel sich außerdem in lästerlichen Spöttereien. Solowjew brach mit der religiösen Tradition seiner Familie und gebärdete sich als rabiater Atheist. Ganz unbegreiflich ist diese Gymnasiasten-Auflehnung gegen die überlieferte Frömmigkeit nicht. Die Formulierungen des Katechismus befriedigten ihn keineswegs, behielt er doch zeitlebens eine Abneigung gegen sie. Sein Vater mahnte ihn sachte, es nicht zu weit zu treiben. Solowjew überwand denn auch bald die unreifen Pubertätsansichten, die unsinnigen Lästerungen aber bedrückten ihn dauernd in seinem Gewissen. War Solowjews Glaubenskrise ein Zeichen für die religiöse Entwicklung Rußlands? Die russische Intelligenz wurde auch vom Unglauben erfaßt: sie hat, sinnbildlich gesprochen, die Ikonen ebenfalls zum Fenster hinausgeworfen und hat damit elendiglich Schiffbruch erlitten. Vielleicht, hätte sie diese auch wieder hereingeholt, wäre nicht alles Christliche vom atheistischen Bolschewismus blindwütig in den Boden gestampft worden.

Mit neunzehn Jahren hatte Solowjew die Krise des Nihilismus überwunden. Die Einzelheiten sind unbekannt. Solowjew fand nun wieder den Anschluß an die große Tradition seines Volkes. Spinozas Werke halfen ihm, die Welt des Geistigen anzuerkennen, und hernach schritt er zu Schelling weiter. Solowjew schrieb eine ausgezeichnete Dissertation und verteidigte ihre Thesen auf eine aufsehenerregende Weise, die den Eindruck erweckte: «Er steht da wie ein Prophet.»[8] Er wurde von seinen Lehrern zur Habilitation aufgefordert, und nun stand ihm eine glänzende akademische Laufbahn bevor. Man erwartete allgemein Gutes von ihm, Hoffnungen, die er nicht enttäuschte, obwohl er sie anders erfüllte, als es sich die Leute ursprünglich gedacht haben.

1881 fiel Zar Alexander II. einem Attentat zum Opfer. Einige Tage hernach kam Solowjew zu Beginn seiner Vorlesung auf das Geschehen zu sprechen und verurteilte den Terroranschlag. Er begnügte sich nicht damit, seiner Entrüstung Ausdruck zu geben, sondern sagte, «daß sich jetzt erweisen müsse, ob der neue Zar Christus folgen wird. Wird er ihm aber nicht folgen, so werden wir Christus folgen und nicht dem Zaren». Ein unbeschreiblicher Tumult entstand im Hörsaal über Solowjews Forderung nach Begnadigung des Attentäters. Während die einen schrien: «Du gehörst ebenfalls an den Galgen!» riefen die andern: «Sprich weiter, du bist unser Prophet.» Schmerzerfüllt ging Solowjew nach Hause und legte in einem Brief dem Zaren seine Ansicht dar[9]. Er hatte von ihm etwas gefordert, was man nur von sich selbst fordern kann. Schon am nächsten Tag mußte er den Abschied nehmen. Seine Berufslosigkeit war zunächst durch ein Politikum bedingt, genauer gesagt, er nahm das Ereignis zum Anlaß, einen ganz neuen Weg zu beschreiten. Fortan führte Solowjew ein Leben der Armut. Er machte die bittere Erfahrung, daß ein Dienst an der Wahrheit mit der Universitätslaufbahn kaum vereinbar war. Solowjew beschritt nun den Weg außerhalb der gewöhnlichen Gesellschaft. Er begnügte sich nicht mehr mit der Wiedergabe dessen, was westliche Kathederphilosophen über den deutschen Idealismus sagten, sondern er dachte selbständig über das Leben und über die Fragen des Lebens nach und wurde darob zum Vater des russischen Symbolismus, zumal er eine seismographische Begabung besaß, mit der er alles auffing, was in der Luft lag.

Die Wendung zum Außenseiter war nicht so überraschend, wie sie im ersten Moment zu sein schien. Solowjew war eine visionäre Natur. Ihm wurden mehrfach mystische Erlebnisse zuteil, die außerhalb des wissenschaftlichen Bereiches liegen. Nicht umsonst beschäftigte er sich mit Jakob Böhme, Franz von Baader und fand in der Mystik die wahre Quelle der Erkenntnis.

Der neunjährige Knabe ging an einem Sonntagmorgen mit

seinem deutschen Kindermädchen auf einem Moskauer Boulevard spazieren. Plötzlich sah er in der Gestalt eines jungen Mädchens die himmlische Sophia. Sie entflammte sein Herz, aber ehe er es sich erklären konnte, sah er sich in eine Kirche versetzt, wo der Gottesdienst in vollem Gange war. Der Kirchenchor sang, und die Priester standen am Altar. All dies entschwand seinen Blicken, und es erschien die Sophia mit strahlendem Lächeln. Sie gab ihm ein Zeichen, und nichts war mehr zu sehen. Solowjew schloß seinen Bericht mit der Bemerkung, die Gouvernante habe ihn an der Hand genommen und zu ihm gesagt: «Ach Wladimir, Du bist doch viel zu dumm.» Für gewöhnliche Menschen sind mystische Erlebnisse phantastisch, unmöglich und dumm, für Solowjew dagegen bedeuteten sie einen Blick in die höhere Wirklichkeit. Trotzdem liebte er es, seine Erfahrungen zu verdecken, indem er seine Erzählungen in ein scherzhaft-ironisches Gewand hüllte.

Eine zweite Erscheinung widerfuhr ihm in London. Das Britische Museum ist eine Stätte der Gelehrsamkeit. Solowjew besuchte oft den Bibliotheksaal und vertiefte sich dort in die mystische Literatur. Während seiner Arbeit überfiel ihn einmal eine heftige Sehnsucht nach der göttlichen Sophia; er begann zu ihr zu flehen und vernahm plötzlich ihre Stimme und den Auftrag, in den Orient zu reisen. «Auf nach Ägypten!» lautete der ungewöhnliche Befehl. Solowjew kam ihm ohne Zögern nach und reiste, ohne einen Zwischenhalt zu machen, quer durch Europa in die ägyptische Hauptstadt.

Nun befand sich Solowjew in Kairo und wartete erneut auf Sophias Geheiß. Sie sagte zu ihm: «Ich bin in der Wüste, gehe dorthin.» Auch diesmal gehorchte Solowjew und begab sich, lächerlich angezogen mit Gehrock, Mantel und Zylinder, in die Wüste. Er wurde zunächst von Beduinen gefangengenommen, bald darauf an den Rand der Straße

geworfen und dann seinem Schicksal überlassen. Nachdem die Nacht hereingebrochen war, legte er sich in den Sand, nahm den «unbarmherzigen Glanz der Sterne» wahr und hörte das Heulen der Schakale. Schließlich schlief er ein, und während des Schlafes erschien ihm abermals Sophia und beglückte ihn in höchstem Maße.
Er hat das Erlebte im Gedicht «Drei Begegnungen» zusammengefaßt:

Solch Ungemach bedrängte meinen Schlummer
Als ich dort lange lag im Wüstensand,
Bis plötzlich mir ein Wort wie leises Wehen
Ins Innere drang: «Nun schlafe, armer Freund!»

So schlief ich ein, doch als aus diesem Schlafe
Mit munteren Sinnen ich erwachte, erfüllt'
Ein Duft von Rosen Erd' und Himmelshöhn.
Im Purpurkleid aus Himmelsglanz gewoben

Schaust Du mich an; aus Deiner Augen Tiefe
Erstrahlte mir die Fülle himmelblauer Glut.
Des ersten Schöpfungstages Morgenröte,
Die Herrlichkeit des Ursprungs aller Dinge,
Erschaute ich in dieser Augen Blick.

Was ist, was war, was naht im Schreiten der Äonen
Umfing mein Blick zugleich in ruhevoller Schau.
Das Blau der Meere und der Ströme in der Tiefe,
Der hohen Berge schneebedeckte Gipfel
Und fernen Waldes grünen Saum.

Das alles schaute ich, und alles war nur Eines;
Ein einzig leibhaft Bildnis, fraulich schön,
Darin das Unermeßliche sich faßte.

Und dieses Schauspiel war kein Trug noch Traum.
Du warst es selbst, Du vor mir, in mir, Du allein.
So bliebest Deinem Worte, Lichtumglänzte Du, getreu,
Als Du die Nacht der Wüste mir verklärtest
Zu Deiner ewigen Schönheit vollem Bild.

Nun wird das Glühen seiner Rosenfarben
In meiner Seele nimmermehr verblassen,
Wohin auch fort mich reißt der Welt Getümmel.

Alle drei Begegnungen waren mystische Erlebnisse. Welcher Worte müßte man sich bedienen, um nur annähernd das auszudrücken, was Solowjew empfunden hat? Er hat versucht, mit menschlichen Worten das Erlebnis zu schildern, und hat erfahren, daß unsere Sprache zu armselig ist und deshalb nur einen schwachen Abglanz zu vermitteln vermag. Fortan aber war Sophia, als Weltinbegriff verstanden, seine «unsterbliche Geliebte». Er kannte das Mystische nicht nur aus Büchern, er hatte es erfahren. Sophia war zu seinem Begleitengel geworden. Diese konkreten Erlebnisse veranlaßten Solowjew, eine Sophienlehre zu entwikkeln. Die Anfänge dieser Lehre gehen auf die Bibel zurück, und im elften Jahrhundert hat Sophia in einer Ikone, die sich in der Sophien-Kathedrale in Nowgorod befindet, ihre künstlerische Darstellung gefunden. Für Solowjew war das Gottmenschtum der tiefste Ausdruck der russischen mystischen Weltschau: Logos und Sophia sind unlösbar miteinander verbunden; die Sophia ist die vom Logos durchstrahlte Materie. Seine Ausführungen sind nicht frei von Spekulationen, trotzdem sind sie nicht einer persönlichen Erfindung gleichzusetzen. Auf jeden Fall sind erotische Gedanken in Verbindung mit Sophia nicht am Platz, und Solowjew selbst hätte dies als unschicklich und grauenhaft empfunden. Lesen wir ihn selbst: «Obwohl die religiöse

Kunst unserer Vorfahren die heilige Sophia in ganz nahe Beziehung zur Mutter Gottes und zu Jesus Christus brachte, unterschied sie sie doch klar von der einen wie vom andern und stellte sie dar mit den Zügen eines besonderen göttlichen Wesens. Die heilige Sophia war für unsere Vorfahren die durch die Scheingebilde der niederen Welt verhüllte himmlische Wesenheit, der lichte Geist der wiedergeborenen Menschheit, der Schutzengel der Erde, die zukünftige und endgültige Erscheinung der Gottheit.»[10] So großen Wert er auch auf die Sophienlehre legte, alle seine Worte blieben ein Stammeln, das ihrer Größe nicht gerecht wird und nie gerecht werden kann. Sie ist bei Solowjew, wie bei Seuse, Böhme und Arnold, aus einem mystischen Erlebnis hervorgegangen, und losgelöst von ihm verblaßt sie zu einer unverständlichen Theorie. Aber dessen dürfen wir sicher sein, Sophia war der Quell seines Lebens und seiner Gedanken; sie machte ihn zum sophianischen Pilger. Seine ganze Lebensführung mit all ihren Einsichten ist einzig und allein aus seiner dreifachen Sophia-Begegnung hervorgegangen. Dies wurde bis heute kaum gesehen, und deswegen bedarf sein Bild einer deutlichen Korrektur.

Solowjews Abgang von der Universität und seine mystischen Erlebnisse gaben seinem Leben eine völlig neue Prägung. Fortan hatte er keinen festen Wohnsitz mehr. Er lebte meistens in Hotels und bei Freunden, die ihn mit Begeisterung wochenlang bei sich beherbergten, denn «mit ihm kam auch Licht und Wärme über alle Hausbewohner; freudig lernten die Kinder ihre Aufgaben, die Dienstboten vergaßen ihr unwürdiges Los und ihre mürrischen Mienen. Die Gatten verziehen einander und freuten sich ihrer Kinder.»[11] Manchmal kamen Mütter zu ihm und baten, ihre Kinder zu segnen. Öfters hielt er sich in der Nähe der Bahnhöfe auf, was einem Symbol für seine Lebensexistenz gleichkam. Ein Bahnhofsgebäude ist keine bleibende Stätte, man kommt entweder an oder fährt ab. Es ist ein immerwährendes Kommen und Gehen. Solowjews dauerndes Unterwegssein wurde als etwas Bohemeartiges mißverstanden. Damit hatte es gar nichts zu tun. Eher war er ein weltlicher Mönch als ein seßhafter Bürger, im Grunde war er ein Pilger geworden, der die zukünftige Stadt suchte. Seine Lebensweise war streng, und oft hatte er wenig zu essen. Trotz seines Einsiedlertums liebte er die Geselligkeit, und das Gespräch war ihm ein Bedürfnis. «Es ist etwas Unrastiges in ihm, ein Hin und Her zwischen der Einsamkeit eines Einsiedlers und dem Drange nach Aussprache.»[12] Der Stranik, wie auf russisch der Pilger heißt, spielt in der östlichen Frömmigkeit eine Rolle, und auch in Polen kann man ihm begegnen. Über Solowjew als Pilger erzählt Andrej Bjelyj in seinen «Erinnerungen»: «Ich stellte mir Wladimir Solowjew als Pilger vor, der mit einem Stab durch Städte, Dörfer, Wälder ging... Solowjew ging gleichsam überall mit einer großen zimmetfarbenen ägyptischen Kerze umher; sie war für seine angesehenen und ihm gleichgestellten Freunde nicht sichtbar, aber vielleicht sahen sie einige von seinen Freunden, von denen das Gerücht ging, daß sie ‹dunkle Existenzen› seien. Und eben diese finsteren Persönlichkeiten waren es auch, die zuerst verkündeten, daß Solowjew überhaupt kein Philosoph sei, sondern ein Pilger, der vor Gott einhergehe.»[13] Dies ist wohl die beste und tiefste Erfassung von Solowjew. Auch das westliche Christentum kannte früher den Pilger – man denke nur an den heiligen Benedikt Labre –, aber in der modernen Zeit starb er aus, während er im Osten lebendig geblieben ist. Er spielt in der russischen Literatur eine Rolle – der Pilger Makar in Dostojewskis «Jüngling» oder Vater Sergius in Tolstois gleichnamiger Erzählung – und fand in Solowjews Dasein eine leibhaftige Verkörperung. Mit allen Fasern seines Wesens war er Pilger. Würde man diese Erfassung außer acht lassen, überginge man Wesentliches von ihm. Der Pilger strebt dem Ewigen entgegen; er läßt sich durch nichts aufhalten und versinkt auch nie in der bloßen Endlichkeit. Das Bild von dem mit einer Kerze daherschreitenden Pilger Solowjew ist unvergeßlich.

Seine Lebensweise war ernst und zuchtvoll, aber sie war nicht asketisch. Er aß zwar kein Fleisch, aber er verschmähte nicht den Wein und die Süßigkeiten. Dieser ungewöhnliche Mann sprach sogar vom «metaphysischen Sinn für das Fleisch» und fand «den Materialismus in seinen Bejahungen richtig, in seinen Verneinungen aber falsch.»[14] Man spürt seine Ungewöhnlichkeit auch in seinem zarten Verhältnis zu einigen Frauen. Er blieb unvermählt, faßte die Ehe als eine Form der Askese auf und pries sie als eine große Tat. Eine innige Freundschaft verband ihn mit der Prinzessin Elisabeth Wolkonsky, eine Zuneigung, die ein flammendes Beispiel einer nicht-sexuellen Beziehung zwischen Mann und Frau war. Solowjew war von der Bedeutung des Weiblichen tief überzeugt; seine Verbindung mit der himmlischen Sophia gründete auf einem stärkeren Erlebnis als Dantes Begegnung mit Beatrice. Aus Solowjews Feder stammt auch die tiefsinnige Schrift «Der Sinn der Geschlechtsliebe», ein Thema, das im christlichen Raum damals stillschweigend übergangen worden war und das sich später schwer rächte[15]. Nur Unverständnis kann darin eine sinnlich-fragwürdige Mystik wittern, in der das Geschlechtliche in das Göttliche hineinfließe.

Solowjew hat sich auch bis zu seinem Lebensende mit den Fragen der Ästhetik und der Literatur beschäftigt. Er schrieb über Dostojewski, Puschkin, Lermontow, Tjutschew usw. Dies war keineswegs ein Abgleiten ins Nebensächliche, im Gegenteil, diese Aufsätze bezeugen die breite Basis von Solowjews geistigem Interesse. Er war an einer religiösen Kultur interessiert, ein Anliegen, das man nicht ohne Kenntnis der geistigen Werte vertreten kann. Zu ihnen gehören nicht nur Theologie und Philosophie, sondern auch Dichtung, Musik und bildende Kunst. Alle diese Werte waren in seinen Lebenskreis eingeschlossen, vertrat er doch die religiöse Kultur mit der ganzen Macht seiner Persönlichkeit. Wie stark der Einfluß seiner Person war, zeigt die kleine Anekdote, nach der er einmal einen Vortrag über ein religiöses Thema ankündigte. Nihilistisch eingestellte Studenten beschlossen, den Vortrag auszupfeifen, und trafen hiefür die Vorbereitungen. Am Abend bestieg Solowjew das Rednerpult und schaute mit seinen großen Augen das versammelte Publikum an. Sogleich wurde es mäuschenstill im Saal, und alle Anwesenden hörten ihm gespannt zu. Niemand störte die Ruhe, und selbst die nihilistischen Studenten gerieten ungewollt in seinen Bann. Noch niemand hatte mit einer derartigen Vollmacht in einer öffentlichen Versammlung gesprochen. Es verblaßte darob alle weltliche Weisheit, die ohnehin nur selten bis zum Wesen aller Dinge vordringt.

Solowjews Pilgerleben hatte zur Folge, daß er dauernd von einem Schwarm von Bettlern umgeben war. Sie hefteten sich an seine Sohlen, und er teilte mit ihnen seine Mahlzeiten, gab ihnen, was er hatte, und fragte nie, ob sie der Gabe auch würdig seien. Es geschah ohne weiteres, daß er einem Bettler fünf Rubel für das Begräbnis seiner Mutter gab und dieser immer wieder kam, um sich mit der gleichen Ausrede ein paar Rubelscheine zu erbetteln, als könnte man die Mutter sechsmal begraben. Solowjew gab sie ohne Zögern, weil er sich mit dem kleinen Mann verbunden fühlte. Er hatte auch Mitleid mit den Gepäckträgern wegen der oft übermäßigen Last, die sie schleppen mußten. Verschwenderisch gab er sein Geld den Droschkenkutschern, und er selbst lebte von Tee und Gemüse. Er sprach auch mit fragwürdigen Menschen, selbst mit «Verworfenen», und war nie um seinen guten Ruf besorgt. Es entging ihm keineswegs, daß er oft schamlos ausgenutzt wurde, aber dies war ihm völlig gleichgültig. Der russische Bettler – Barlach hat ihn in seiner Kunst festgehalten – ist eine beinahe religiöse Gestalt, und es wird die Zeit kommen, da er auch im Westen wieder anders bewertet wird.

«Es ist kaum Zufall, daß die eindrucksvollsten Schilderungen seiner Erscheinung ihn innerhalb von Klosterumfriedungen, hinter Leichenbegängnissen, öfters im Schneegestöber dahinschreitend zeigen. Solowjew hatte etwas auffallend Mönchisches an sich, er hatte die Gewohnheit, auch ihm unbekannte Menschen auf ihrem letzten Wege zu begleiten; etwas nebulös Dahinziehendes, Verwehendes war ihm eigen.» [16]

Auch die Tiere fühlten sich seltsam zu Solowjew hingezogen. Wenn er in einem Gutshof einkehrte, flatterten die Tauben auf ihn zu und setzten sich ihm auf die Schultern. Scharf abgerichtete Hunde begannen mit dem Schweif zu wedeln und wollten von ihm gestreichelt werden. Dieses außerordentliche Phänomen läßt sich nicht aus natürlichen Ursachen ableiten. Offenbar haben die Tiere das Heilige in diesem Menschen gespürt und sich deshalb von ihm angezogen gefühlt. Zwischen den Heiligen und den Tieren bestand öfters ein besonderes Verhältnis, das nicht als fromme Legende abgetan werden darf. Es scheint, als ob bei Solowjew der Zustand des Paradieses, da alle Tiere zu Adam kamen und von ihm einen Namen erhielten, wieder hergestellt worden sei.

Mit Solowjew verbindet sich auch die Vorstellung eines Philosophen. Schestow nannte ihn sogar «den ersten russischen Philosophen» und bezeichnete dessen Ziel «die Schaffung einer religiösen Philosophie» [17]. Gewöhnlich wird sein Hauptverdienst darin gesehen, die christliche Botschaft in der flammenden Sprache der neuen Philosophie verkündet zu haben. Nun sind die eigenen Werke für den schreibenden Menschen bedeutsam. Das ist begreiflich, denn sonst wäre er kein Schriftsteller. Doch müßte man fragen, ob sie im Angesicht der Ewigkeit von Bedeutung sind? Ist es nicht so, daß nach wenigen Jahren niemand mehr an sie denkt oder höchstens noch wenige intellektuelle Menschen sie lesen? Solowjews philosophische Ausführungen dürfen weder über- noch unterschätzt werden, jedenfalls sind sie nicht unter Außerachtlassung seines Lebens zu studieren. Masaryk sah «gerade in dem Mißlingen die Originalität und Bedeutung Solowjews, zumal für Rußland; er ist gegen den eigenen Wunsch und Willen sein eigener Ketzer geworden» [18]. Solowjew wußte, daß zu allen Zeiten das Christentum den einen unverständlich und den andern verhaßt war, aber es tödlich langweilig zu machen, das blieb unserer Zeit vorbehalten. Dieses Vergehens wollte er sich nicht schuldig machen, und deshalb bemühte er sich, in seinen Ausführungen möglichst einfach zu sein, wenn ihm dies auch nicht immer gelungen ist. Solowjew setzte sich mit Nietzsche auseinander und erkannte den Kampf, den diese lebendige, kranke Seele geführt hat. Letztlich war Nietzsche für ihn nur ein «Überphilologe». Er beschäftigte sich auch mit Marx; nach Solowjew erblickt man aber durch das Fensterchen des ökonomischen Materialismus nur die Hinterhöfe, in denen nicht allzuviel wahrzunehmen ist. Die sozialistische Gesellschaftsordnung endigt nach ihm beim sozialen Ameisenhaufen, und von einer solchen Zukunft wollte er nichts wissen. Nach ihm überwindet man den Sozialismus nur von innen, und zwar bedarf es dazu auch der Anerkennung der berechtigten Forderungen.

Solowjew bemühte sich, ein Sprecher des neuen Rußlands zu sein. Dieser geniale Denker mußte freilich erfahren, daß sich das Heilige in der philosophischen Sprache nicht adäquat ausdrücken läßt, weil sie für diesen Zweck zu unvollkommen ist. Dies muß man bei der Lektüre von Solowjews philosophischen Werken bedenken, wenn auch dem Urteil beizupflichten ist: «Es liegt auf seinen Schriften etwas von dem Lichtgeheimnis, das in der orthodoxen Liturgie des Ostertages einen überwältigenden Ausdruck gefunden hat.»[19] Sie sind vor allem Wegweiser. In ihrer ganzen Fülle kann seine philosophische Theosophie in diesem Zusammenhang nicht ausgebreitet werden, die am Übel aller philosophischen Werke leidet, daß sie argumentieren, beweisen und zu überzeugen versuchen, was im Grunde sich doch aller Beweise entzieht. Nach meinem Dafürhalten sind seine Fragestellungen bedeutsamer als seine Antworten. Er stellte das Problem zur Diskussion: Woher kommt die Entfremdung des gegenwärtigen Geistes vom Christentum? Warum fand das Christentum bisher nur einen einseitigen und unzureichenden Ausdruck? Warum bleibt seine absolute Wahrheit in einer unvernünftigen Form eingeschlossen? Ebenso bedeutsam ist, daß er ehrlich eingestanden hat, daß die zwei Probleme, das Leiden und der Tod, für das philosophische Denken unlösbar sind, eine Einsicht, zu der sich bis dahin kaum ein Philosoph hindurchgerungen hat. Seine Dichtungen sind improvisiert und halten kaum höheren poetischen Maßstäben stand. Es sind Gelegenheitsdichtungen. Was von seinen philosophischen Werken gesagt werden muß, gilt noch mehr von seinen Gedichten: ihre Bedeutung liegt in der Übereinstimmung von Leben und Werk. Solowjew war kein großer Dichter, aber er besaß eine dichterische Ader.

Gewöhnlich wird sein Versuch einer Versöhnung von Glauben und Wissen als das Hauptthema seiner spekulativen Philosophie angesehen. Seine geschichtsphilosophische Fragestellung scheint mir bedeutsam zu sein, weil sie um den erzieherischen Sinn der Geschichte kreist und sich nicht in abstrakten Ausführungen verliert. Nach ihm traten die gleichen Versuchungen an die Kirche heran, wie sie Jesus in der Wüste zu bestehen hatte, nur mit dem Unterschied, daß sie ihnen, in ihrem mittelalterlichen Bestreben, die Weltherrschaft zu erlangen, erlegen ist. Im vorliegenden Zusammenhang können von seinen geschichtstheologischen Gedanken nur einige Aspekte hervorgehoben werden.

Solowjew schrieb einmal über die jüdische Frage, die für ihn eine religiöse Frage war. Das war damals ein gewagtes Unternehmen. In den russischen Städten wurde zu jener Zeit ein Antisemitismus gezüchtet, den die heutigen kommunistischen Machthaber immer noch teilen. Es kam zu jenen furchtbaren Pogromen, nach denen nicht etwa das Volk schrie, sondern die von oben gelenkt worden waren. Solowjew trat diesen antisemitischen Strömungen entgegen und versuchte, den Christen eine andere Einstellung beizubringen. «Die Juden handelten uns gegenüber immer als Juden; wir Christen dagegen haben bisher nicht zu lernen vermocht, uns dem Judentum gegenüber als Christen zu verhalten.»[20] Mit Bitternis stellte Solowjew fest, daß das glaubenlose und nicht das christliche Europa den Juden Duldung gewährt hat. Im Namen des Christentums forderte er die Christen auf, mit den Juden eine Einheit zu bilden, ohne das Christentum oder das Judentum aufzugeben, weil ihm eine gemeinsame Aufgabe übertragen ist: «Die Formung einer gerechten Gesellschaft»[21]. Solowjew verlangte für die Juden Gleichberechtigung und die Aufhebung der Gettos. Rabbi Götz sagte nach Solowjews Heimgang: «Seit dem Tode Lessings hat es keinen christlichen Gelehrten und Publizisten gegeben, der sich einer solchen Verehrung, einer so breiten Popularität und einer so aufrichtigen Liebe unter dem Judentum hätte erfreuen können wie Wladimir Solowjew.»[22] Solowjew hat nicht nur das Alte Testament studiert – was für jeden Christen eine Selbstverständlichkeit sein sollte – sondern er vertiefte sich auch in den Talmud und in die Kabbala. Er empfand dadurch eine große Bereicherung. Auf seinem Sterbebett betete er in hebräischer Sprache für die Juden, weil ihnen schwere Bedrängnisse bevorstanden, und nach seinem Ableben betete man in den Synagogen für ihn, ein wahres Wechselgebet, das die Geschichte nur selten erlebt hat; für uns ist es ein Hinweis auf seine Heiligkeit.

Ferner warf er in einer Schrift die russische Frage auf. Das Thema übernahm er wahrscheinlich von Dostojewski, der sie im «Tagebuch eines Schriftstellers» immer wieder zur Diskussion stellte. Auch Solowjew rang um den Daseinssinn Rußlands und schrieb: «Die Idee einer Nation ist nicht das, was sie von sich selber in der Zeit, sondern was Gott über sie in der Ewigkeit denkt.»[23] Die russische Frage beschäftigte damals jeden denkenden Russen, ein Problem, das nicht übergangen werden darf, weil diese Frage auch durch den heutigen Sowjetstaat nach wie vor ungelöst ist. Nach Solowjew fordert «das heilige Rußland auch ein heiliges Werk»[24], das Peter der Große aus den Augen verloren hat, weil ihm das klare Bewußtsein vom Endziel seines Wirkens fehlte. Der sophianische Pilger wandte sich zunächst gegen den «zoologischen Nationalismus», der einer Neubesinnung auf die wahre russische Aufgabe am stärksten im Wege stand. Auch lehnte er den übertriebenen Patriotismus ab, der Rußland als zweites Israel verherrlichte. Mereschkowski sah in Solowjews Kampf gegen den Nationalismus sogar seine Hauptbedeutung, da er den absoluten Nationalismus durch die absolute Menschlichkeit überwunden habe[25]. Der Nationalismus – nicht zu verwechseln mit einer zu bejahenden Heimatliebe – artet allzu leicht in einen engstirnigen Chauvinismus aus, der auch die Christen umnebelt und ins Unglück stürzt.

Solowjew forderte weiter die Versöhnung mit den Polen und bekämpfte «das widerwärtige System der Russifizierung, das die Seele des polnischen Volkes angreift»[26]. Zwischen Rußland und Polen herrschte stets eine Spannung und eine gegenseitige Abneigung. Man versteht die Polen durchaus, haben sie doch mehrmals eine bittere Aufteilung ihres Landes über sich ergehen lassen müssen, an der sich Rußland aktiv beteiligt hat. Auch heute ist in vielen Polen diese Ablehnung vorhanden, nur die kommunistische Parteiführung überspielt sie, da sie in ihrem Handeln unter dem Druck des Kremls steht. Das polnische Volk fühlt sich gegenwärtig vom russischen Atheismus stark bedroht. Zu Solowjews Zeiten war das Verhältnis zwischen Rußland und Polen anders, aber nicht minder feindselig gelagert. Solowjew teilte den Polenhaß der Russen nicht, sondern trat für die Versöhnung der beiden slavischen Völker ein. Das Wort «Versöhnung» ist wiederum ein religiöses Wort und ist im Munde Solowjews durchaus glaubwürdig.

Bedeutsam scheinen mir Solowjews Gedanken zur konfessionellen Frage zu sein. Dieses Problem beschäftigte und quälte ihn ungemein stark, und dies in einer Zeit, da die meisten Christen es gar nicht wahrnahmen oder es absichtlich ignorierten. Solowjew war dazu prädestiniert, einen wertvollen Beitrag zu leisten, weil sich bei ihm die ostkirchliche Frömmigkeit mit der abendländischen Theosophie verschmolz. Der Bruch zwischen Ost und West schmerzte ihn, sah er doch, daß darob jede Kirche einseitig wurde und des nötigen Korrektivs entbehrte. Der sophianische Pilger dachte nicht an eine Heimholung, sondern vertrat die Ansicht: «Den sinnlosen und elenden Gedanken an eine Bekehrung der westlichen Katholiken und Protestanten zur östlichen Orthodoxie müssen wir ein für allemal aufgeben und uns statt dessen um eine gegenseitige und allseitige Verständigung zwischen den Kirchen bemühen.»[27] Er betrachtete die einzelnen Konfessionen als Formen des Christentums.

Von Hause aus gehörte Solowjew der orthodoxen Kirche an. Er liebte sie, aber er war nicht blind; er beurteilte unabhängig und keineswegs nach dem traditionellen Schema die Trennung der Altgläubigen von der offiziellen Kirche. In der Entstehung des Raskol sah er «kein positives religiöses Ideal», aber er verkannte nicht den «Funken des heiligen Feuers», der dort brannte[28]. Im siebzehnten Jahrhundert ist durch den herrschsüchtigen Patriarchen Nikon die russische Kirche von ihren eigenen Prinzipien der Liebe und der Freiheit abgefallen und hat sich immer mehr in den Netzen der staatlichen Polizeibürokratie verstrickt. Je mehr sich die Kirche rein auf die Liturgie beschränkte, desto stetiger zog sie sich in ihr Inneres zurück. Solowjew sah, daß eine geistige Lähmung nicht ausblieb und war sich über die Ohnmacht des geistlichen Standes und seine Entfernung vom übrigen Volk ganz klar. Doch formulierte er das Wesen der orthodoxen Frömmigkeit auch mit positiven Worten: «Die östliche Christenheit setzte seit tausend Jahren die Religion mit der persönlichen Frömmigkeit in eins; das Gebet betrachtete sie als die einzige religiöse Tat... Der Mensch des Ostens betet, der Mensch des Westens betet und arbeitet. Wer von beiden hat Recht?»[29]

Solowjew studierte, was damals wenige Christen taten und selbst heute wenige tun, die anderen Konfessionen, und dies nicht unter einem unfruchtbaren apologetischen Gesichtspunkt. Er bemühte sich der größtmöglichen Unbefangenheit und erreichte sie auch in einem erstaunlichen Maße.

Er hatte vom Protestantismus eine Vorstellung, obwohl er sich verhältnismäßig wenig mit den Reformatoren eingelassen hat. Ihn beschäftigte der neuzeitliche Protestantismus, und deswegen bedeutete ihm die protestantische Theologie «nur eine weniger scharfe Form des Rationalismus». Er sah in ihrer Christusauffassung lediglich einen «Jesuanismus, nach dem das Wesen des Christentums nicht in der Person, sondern in der Lehre Jesu besteht»[30]. Diese Sicht trifft auf den liberalen Protestantismus mit seiner ohnehin begrenzten Kritik zu, nicht aber auf die Reformation. In der evangelischen Kirche spielt die persönliche Überzeugung eine entscheidende Rolle. Solowjew richtete an sie die Frage: «Darf der Einzelne sich aus irgendeinem Grunde von der Kirche trennen?»[31] Für den Protestantismus ist die Bibel nicht mehr Norm des Lebens, sondern Gegenstand eines theoretischen Studiums, das in Kritik übergegangen ist. Die neuprotestantische Bibelkritik hat nach Solowjew der Welt nichts zu sagen und führt auch nirgends hin[32].

Vor allem hat sich Solowjew stark mit dem Katholizismus beschäftigt. Nach ihm hat er die christliche Wahrheit in eine Autorität gekleidet, die blindes Vertrauen und Unterordnung fordert. Alle weltlichen Mächte und Prinzipien, alle Kräfte der Gesellschaft und des einzelnen Menschen müssen dem religiösen Prinzip untergeordnet werden. Der sophianische Pilger brachte ein ungewöhnliches Verständnis für den Katholizismus auf, und durchaus auch für das Amt des Petrus. «Der orthodoxe Glaube des Ostens und der katholische Glaube des Westens schließen sich ihren Formungsprinzipien nach nicht aus, sondern ergänzen einander.»[33]

Freilich gab Solowjews Beschäftigung mit dem Katholizismus auch zu den Mißverständnissen Anlaß, er sei zur katholischen Kirche konvertiert. Sein angeblicher Übertritt wird von gewissen katholischen Theologen bis zum heutigen Tag hartnäckig behauptet, während Pater Friedrich Muckermann den Sachverhalt richtig gesehen hat: «Es hat sich bei ihm nie darum gehandelt, etwa den Glauben zu wechseln. Es war nicht die in sich einfache Problematik des

Konvertiten, der die Wahrheit gefunden hat und nun alles für diese Perle im Acker dahingibt. Solowjew war bis zu seinem Tode davon überzeugt, daß die orthodoxe russische Kirche die christliche Wahrheit besitze.»[34] Ganz unschuldig an diesen irrigen Gerüchten war Solowjew nicht, so sehr er ihnen entgegentrat. Er anerkannte den Primat des Papstes und empfing auch aus der Hand eines katholischen Priesters die Kommunion. Aus diesen Gründen sprach man von einer Konversion, die, im üblichen Sinn des Wortes, kein Übertritt war. Er hat nur etwas seinem Glauben hinzugefügt, und das ist etwas anderes. Solowjew hat nie dem orthodoxen Glauben abgeschworen, sondern hat sich nach wie vor ausdrücklich zu ihm bekannt. Es scheint, daß für Solowjew selbst diese Frage nicht so wichtig war wie für die Konfessionalisten, schrieb er doch in einem Brief: «Ich bin von der lateinischen Beschränktheit ebensoweit entfernt wie von der byzantinischen oder augsburgischen oder genferischen. Die Religion des Heiligen Geistes, zu der ich mich bekenne, ist weiter und gleichzeitig inhaltsreicher als alle Einzelreligionen.»[35] Er sprach von einer Verbrüderung der Konfessionen und nicht von einer utopischen Wiedervereinigung der Kirchen. Er ist den heutigen Bestrebungen weit vorausgeeilt, erwartete von Einzelkonversionen nichts und vertrat auch keine ökumenische Ungeduld[36].

Solowjews Beitrag zur ökumenischen Frage ist in anderer Hinsicht bedeutsam. Heute ist das Wort «Ökumene» zum Schlagwort geworden, und alle Schlagworte sind der Wahrheit entleert. Solowjew eilte mit seiner Ansicht seiner Zeit weit voraus. Er wußte, daß die Kirche auf Erden eine streitende Kirche ist, aber er verfluchte den inneren Krieg. Den verbreiteten polemischen und apologetischen Standort hat er entschieden überschritten: «Die erste Forderung der Liebe ist es, sich in die Lage des andern zu versetzen, sich auf seinen Standpunkt zu stellen. Wer aber von uns hat denn versucht, sich in die Lage eines gläubigen Katholiken zu versetzen, sich auf seinen Standpunkt zu stellen?»[37] Solowjew wollte den andern unbedingt Gerechtigkeit widerfahren lassen, und darum hat er immer wieder mit voller Tonstärke die Diskussion ergriffen: «Wir haben den aufrichtigen Wunsch, die Gegenseite ganz zu verstehen, ihr gegenüber ganz gerecht zu sein und überall, wo es nur möglich ist, sich mit ihr zu einigen. Dieser Wunsch ist das eine, was not tut, und alles andere wird hinzugegeben.»[38] Das bereitwillige innere Verstehen der anderen Konfessionen vermissen wir noch heute, und doch kommt es gerade darauf an. Es allein führt zu einer wirklichen «Versöhnung der Gläubigen», doch muß diese Arbeit an der Basis beginnen. Jeder Einzelne, namentlich wenn er den Weg des Heiligen gehen will, kann die Versöhnung der Gegensätze in sich bewerkstelligen. Diese Haltung entspricht Solowjewscher Geistigkeit. Wie sie sich ausgewirkt hat, zeigt ein Geschehen nach seinem Tode: Drei Popen und ein katholischer Priester saßen in einem russischen Eisenbahnwagen, schauten sich an und kamen nach einiger Zeit auf Solowjew zu sprechen. Vom Augenblick an war der Frieden zwischen ihnen eingekehrt!

Sein Verstehen der anderen Konfessionen überschreitet bereits seine philosophischen Ausführungen, da er bereit war, daraus die praktischen Konsequenzen zu ziehen. Im sophianischen Pilger lebte ein prophetisches Element; er sah «das Herannahen einer Zeit der Katakomben und einer erschreckenden Glaubensverfolgung» voraus[39]. Solowjews Prophetie verstärkte sich durch die unübersehbare Wendung seines Denkens zur Apokalyptik. Er stürzte sich förmlich auf die Apokalyptik, und seine diesbezüglichen Ausführungen sind durch einen Abgrund von seinen religionsphilosophischen Überlegungen getrennt. «Prophetische Inspiration ist etwas ganz anderes als philsophische Untersuchung.»[40] Einmal erzählte man Solowjew geringschätzend von einem Manne, der noch an die Existenz der Teufel glaube. Solowjew begann bei diesem Gespräch zu zittern, seine Augen glühten, und in abgerissenen Worten erwiderte er: «Ja, welcher Mensch, der das Leben aufmerksam betrachtet, kann denn an die Existenz von Teufeln nicht glauben?»[41] An einem Ostersonntag sah er tatsächlich den Teufel, worauf er, zu Tode erschrocken, die Frage an ihn richtete: «Und Du, weißt Du, daß Christus auferstanden ist?» Als Antwort stürzte sich der Teufel auf Solowjew, den man später bewußtlos auf dem Boden liegend fand. Er hatte mehrere derartige Teufelsbegegnungen zu bestehen. Während für den jungen Solowjew das Böse bloß die Abwesenheit des Guten bedeutete, erfuhr er in zunehmendem Maße die bestürzende Macht des Bösen. Der optimistische Traum vom Fortschritt war endgültig ausgeträumt; alle Zukunftsutopien durchschaute er als eine List Satans. Für Solowjew war es eine ausgemachte Sache, daß das Böse wirklich existiert und daß es sowohl ein individuelles als auch ein gesellschaftliches Böses gibt. Er entdeckte in der Verstellung des Teufels typische Wirkungsweise, sah das teuflische Reich die Maske der Kirche tragen und erkannte den Antichristen im Ehrendoktor der Theologie. Den sophianischen Pilger übermannte schließlich die Ahnung: Das Ende kommt!

In seiner letzten Schrift, «Drei Gespräche», hat er seinem intuitiven und leidenschaftlichen Glauben beredten Ausdruck gegeben. Er selbst sagte von seiner Arbeit: «Spürbar steht die nicht allzu ferne Gestalt des bleichen Todes vor mir, der mir leise rät, den Druck des Buches nicht auf unbestimmte Zeit zu verschieben.» Solowjew erteilte in diesem Buch nicht nur Tolstois Lehre eine eindeutige Absage, er unterschied sich darin auch deutlich von seinen eigenen Schriften. Von den «Drei Gesprächen» hat besonders der Ausschnitt aus dem letzten Gespräch, «Die Erzählung vom

Antichristen», Berühmtheit erlangt. Man hat sie oft mit Dostojewskis «Großinquisitor» in Parallele gesetzt, was aber nur begrenzt richtig ist. An künstlerischer Gestaltung ist Dostojewski ihm weit überlegen. Bedeutsam ist vielmehr, daß Solowjew in seiner Erzählung das Böse in der Verkleidung des Guten durchschaute, was in der Christenheit nur ganz selten vorkam. Auch ist unstreitig das apokalyptische Lebensgefühl in Solowjews Erzählung vorhanden. Zu oft hat man seine Ausführungen mißverstanden, denn mit Berechnungen auf das Ende der Welt haben sie nichts zu tun. Es geht Solowjew vielmehr um eine gespannte Lebenshaltung. Sie ist viel höher zu bewerten als die flächenhafte Einstellung im neunzehnten Jahrhundert, die manchmal ein Christentum ohne Christus vertrat. Der Fortschrittsglaube hat die Enderwartung beinahe weggeschwemmt, und erst nach dem Ersten Weltkrieg ist uns das Verständnis für die apokalyptischen Dimensionen wieder aufgegangen. Nach Solowjews prophetischem Witterungsvermögen «wäre es unsinnig, an den endgültigen Sieg der dunklen Kräfte in der Menschheit zu glauben, aber die nächste Zukunft hält für uns Prüfungen bereit, wie sie die Geschichte noch nicht gekannt hat»[42]. Er machte seine Zeitgenossen auf die drohenden Katastrophen aufmerksam. Zu seinem Freunde, dem Grafen S. Trubetzkoj, sagte er die bezeichnenden Worte: «Ich fühle, es geht mit allem zu Ende, diejenige Magistrale der allgemeinen Geschichte, welche in eine alte, mittelalterliche und neue zerfiel – ist an ihrer Endstation angelangt. Die Professoren der allgemeinen Geschichte können abdanken, ihr Gegenstand verliert jegliche Bedeutung für die Gegenwart. Und mit welch moralischem Gepäck gehen wir in den Krieg mit China: Das Christentum existiert nicht, Ideen haben wir nicht mehr als um die Zeit der trojanischen Kriege, aber damals kämpften junge Riesen, und jetzt gehen Greise – lauter Greise.»[43] Solowjew hatte sich ganz von den religiös-philosophischen Spekulationen abgewandt, vor seinem Antlitz hatte sich der Antichrist enthüllt. «Ich spüre, daß die Zeiten nahe sind, wo die Christen sich wieder in Katakomben zum Gebet versammeln werden, weil der Glaube verfolgt wird... Siehst du denn nicht, wer heranrückt? Ich sehe ihn, ich sehe ihn, ich sehe ihn schon lange.»[44] In der kaum zwei Jahrzehnte später ausbrechenden kommunistischen Revolution gingen seine Worte in Erfüllung.

Auf einer Reise erkrankte Solowjew plötzlich. Nach W. Rosanows Bericht wurde er «vor dem Tode immer lichter und auch besser. Als ob er sich auf ihn vorbereitete... Als Enkel eines Priesters begann er, sich das Gewand des Philosophen und die Harlekinade des Publizisten rasch von den Schultern zu reißen. ‹Die Mönchskutte her, die Mönchskutte, rasch›, rief er, dem Beispiel der altrussischen, der moskowitischen Menschen folgend, den ihn umgebenden Menschen zu.»[45] Auf seinem Sterbebett beichtete Solowjew bei einem orthodoxen Priester. Solowjew, erst siebenundvierzigjährig, starb mit den Worten auf den Lippen: «Schwer ist die Arbeit im Weinberg des Herrn.»[46] Er wurde nach orthodoxem Ritus bestattet. Seine Worte über Dostojewski dürfen auch auf ihn angewendet werden: «Die Tatsachenmenschen leben ein falsches Leben; Lebenserwecker sind sie nicht. Leben wecken können nur die Glaubensstarken, jene, die man Schwärmer, Utopisten, Toren heißt – das sind die wahren Propheten, die wirklich guten Menschen, die Führer der Menschheit.»[47] Er zählte zu den charismatischen Gestalten der Christenheit, denn in seinen Worten lebte die Unermeßlichkeit des heiligen Rußlands.

Solowjews Grab befindet sich auf dem Friedhof des Jungfrauklosters, nicht weit von Tschechows Grab entfernt. Es wurde sehr bald zu einer Stätte für viele trostsuchende Seelen. Karl Nötzel erzählt, daß er sich während der Revolu-

tion von 1905, da der bewaffnete Aufstand in den Straßen von Moskau tobte, stundenlang am Grabe aufgehalten, und dort die innere Fassung gesucht habe. Das Lämpchen auf dem Grab spendete ihm ein tröstliches Licht. «Ob die rote Ampel auf dem Grabhügel Solowjews heute noch brennt?» fragte Muckermann[48]. Ich weiß es nicht; sollte sie aber augenblicklich erloschen sein, so brennt sie doch unsichtbar weiter. Das Grab Solowjews ist zu einem Wallfahrtsort eines Heiligen ohne Heiligenschein geworden, vor dem die Menschen aller drei Konfessionen ehrfürchtig stehen.
Nach Anatolij Levitin-Krasnov empfindet man bei der Lektüre von Solowjews Schriften in einem dumpfen Zimmer zu sein, «erfüllt von Weihrauchduft und dem Geruch von Öllämpchen vor den Ikonen, ist das Fenster geöffnet und frische Luft hereingelassen worden.» Wir bekennen mit dem Verfasser der «Bösen Jahre», daß wir Hand in Hand mit Solowjew durchs Leben schreiten, weil er des Glaubens lebte, «daß Christus gekommen ist, um alle zu retten. Er ist gekommen, um die All-Einheit zu schaffen.»[49]

Florence Nightingale mit und ohne Lampe

1820–1910

Man liebt es in England, sich Florence Nightingale als «die Dame mit der Lampe» vorzustellen. Das Bild, wie sie nachts mit einer Lampe in der Hand durch die Krankensäle ging, entstand in der Mitte des letzten Jahrhunderts und hat sich bis zum heutigen Tag erhalten. Die berühmte Lampe hat auch wirklich existiert. Der «Engel mit süßermutigendem Lächeln» mutet wie eine neuzeitliche Legende des Viktorianischen Zeitalters an[1].

Das Volk liebt solche Bilder, und es ist schwer zu sagen, auf welchem Wege sie entstehen. Sie sind einfach eines Tages da und leuchten weiter, ohne daß dies jemand zu verbieten vermöchte. Offenbar entsprechen sie einem seelischen Bedürfnis des Volkes, weshalb man ihm «die Dame mit der Lampe» lassen muß. Jeder «Bildersturm» ist stets ein fragwürdiges Tun, das nicht zu rechtfertigen ist. Heroische Taten schaffen Bilder, die das einfache Volk mit der Größe einer Gestalt verbindet.

Neben der schwärmerischen Vorstellung gibt es noch die wirkliche Florence Nightingale. Diese Realität könnte man «die Dame mit und ohne Lampe» nennen. Man hat sie bis heute kaum zu sehen bekommen, auch nicht, wenn man mit Lytton Strachey protestiert: «Sie war von einem Dämon besessen.»[2] Diese Deutung sagt mehr über den Biographen aus als über Florence Nightingale. Mit einer kecken Behauptung kommt man der Wahrheit nicht näher. So einfach liegen die Dinge nicht. Es gilt, behutsam vorzugehen, um die wirkliche Florence Nightingale zu erfassen. Im Streben nach der Realität ist die Lampe als ein Symbol zu verstehen, das der Auslegung bedarf. Florence Nightingale fragte sich selbst: «Bin ich es, die einmal auf den Bergen der Krim stand? Die Dame mit der Lampe wird nicht untergehen! Mir zeigt die Lampe nur, daß ich völlig gescheitert bin.»[3] Diese harten Worte sprechen nicht von Bewunderung. Natürlich war sie es, die auf den Bergen der Krim stand. Daran ist kein Zweifel möglich. Ebenso besteht ihre Aussage zu Recht, daß das Bild von der Dame mit der Lampe nicht untergehen wird. Aber Florence Nightingale sah im Schein der Lampe etwas ganz anderes, jedenfalls nicht das, was die begeisterte Masse in ihr sehen wollte. Daß sie völlig gescheitert war, ist eine überspitzte, nicht zutreffende Selbstkritik. Trotzdem eröffnete ihr Lampenschein eine bestürzende Dimension. Eine erste Ahnung steigt auf, wenn man entschlossen ist, die Dame mit und ohne Lampe zu sehen, wodurch auch eine idealistische Schilderung vermieden wird.

Florence Nightingale stammte aus einer vornehmen englischen Familie, deren Gewohnheiten in den englischen Romanen des vergangenen Jahrhunderts öfters geschildert wurden. Das Mädchen genoß eine sorgfältige Erziehung, die den reichen Familien entsprach. Der Vater unterrichtete seine Töchter selbst; sie lernten mehrere Sprachen, lernten reiten und übten sich auch im Tanz. Die nicht leicht zu behandelnde Florence Nightingale spielte gerne mit Hunden, Katzen und Vögeln. Die Familie unternahm auch weite Reisen ins Ausland. Florence wurde ihrer jugendlichen Schönheit wegen oft angeschwärmt. Sie teilte die vornehme und genießerische Lebensart ohne Bedenken, wenn sie auch früh ihre leidenschaftliche, querköpfige und eigensinnige Natur zeigte.

Florence liebte es, ihren Träumereien nachzuhängen, wie es ihrem gefühlvollen und empfindsamen Wesen entsprach. Warum sollte sie es auch nicht, scheint es doch harmlos zu sein, sich in süßen Träumen zu wiegen. Über den Inhalt ihrer Träume sagte sie nichts, bestimmt aber war es eine Flucht in eine Phantasiewelt. Sie hatte sich nicht in Gewalt, sie träumte, und ihr Gedankenspiel versklavte sie förmlich. Viel später schilderte sie in einer Schrift, «wie die jungen Mädchen der höheren Stände, die niemals einen Fehltritt tun, deren rechtmäßig erworbenen guten Ruf nicht durch den Makel des Wissens befleckt ist», sich jeden Abend in erotischen Phantasien verzehren[4]. Auch Florence huldigte ihnen; sie malte sich Eros um so begieriger in der Phantasie aus, als es ihr verwehrt war, nur das kleinste Erlebnis in der Wirklichkeit zu erfahren. Das träumerische Spiel mit der Erotik ist nicht ganz ungefährlich, weil der Phantasie weit weniger Grenzen gesetzt sind als der Wirklichkeit. Ohne es zu merken, vergiftet es das Seelenleben eines jungen Mädchens. Heute freilich schwelgen viele Mädchen nur noch selten in einer erotischen Traumwelt, da sie Erfahrungen auf diesem Gebiet erzwingen, lange vor ihrer seelischen Reife und ohne die Kraft, sie innerlich zu verarbeiten.

Der zweite Feind ihrer Jugendzeit war der Familienegoismus ihrer Umgebung. Die englische Familie der Mittelklasse und der Aristokratie genoß einen guten Ruf; sie wird als gebildet und kultiviert geschildert und bildet sich nicht wenig auf ihre gute Moral ein. Doch darf wegen dieser Fassade nicht unbeachtet bleiben, daß im Viktorianischen Zeitalter vierzehnjährige Kinder zum Tode verurteilt wurden und die Kinderarbeit von frühmorgens bis spät am Abend selbstverständlich war. Vor solchem Unrecht schlossen die vornehmen englischen Familien die Augen. Sie müßten der Blindheit beschuldigt werden, genau wie wir, die wir nicht sehen wollen, was uns unangenehm ist. Ganz anders verhielt sich Florence Nightingale. Voller Zorn klagte sie den

Familienegoismus an. Für die englische Frau gebe es nicht Gott, nicht das Vaterland, nicht eine höhere Pflicht, für die sie sich opfern dürfe – für sie gebe es nur die Familie, ihr habe sie zu leben. Dabei gebe es «keine kleinlichere, zermürbendere Tyrannei, als sie in einer guten englischen Familie an der Tagesordnung» sei[5]. Das Familiengötzentum opfert alles für die Angehörigen und nichts für andere. Wie ein gefräßiger Moloch zehrt die Familie jedes Tun auf. Florence Nightingale litt unter der Verlogenheit des Familienegoismus, zumal ihre Eltern wenig Verständnis für die Eigenart ihrer Tochter aufbrachten und deren eigenwillige Gedanken eher als Störung der Gewohnheiten empfanden. Die bourgeoisen Instinkte sind keineswegs auf das Bürgertum beschränkt, denn ihnen huldigen auch kommunistische Parteifunktionäre, wenn sie in Vorzugsläden einkaufen und für ihre Ferien auf die Krim fliegen. Florence Nightingale dagegen lehnte sich mehr und mehr gegen die bourgeoisen Gepflogenheiten auf, und damit war der Generationenkonflikt da, der heute brennender ist als je. Die Eltern meinen stets, sie seien selbstverständlich wegen ihrer Erfahrungen im Recht, ein Standpunkt, der die Jugend zur Auflehnung reizt. Warum gibt es auch gar kein gegenseitiges Verstehen, das doch so geboten wäre? Auch Florence Nightingale sah keinen andern Ausweg, als sich von ihrer Familie zu trennen, mochte sie auch damals noch nicht die Kraft gehabt haben, diesen Schritt zu vollziehen. Später hat sie ihn getan, und erst in ihrem Alter kam es zu einer Aussöhnung mit der Familie.

Schließlich nahm Florence Nightingale in jungen Jahren das Elend wahr, das sich außerhalb ihres behüteten Familienkreises zusammenballte. Sie sah, wie sich als Folge der Industrialisierung Trunksucht und Brutalität mehrten. Friedrich Engels hat darüber ein ergreifendes Buch geschrieben: «Die Lage der arbeitenden Klasse in England».

Man sollte es nicht ungelesen liegen lassen, nur weil ein Sozialistenführer es verfaßt hat. Es ist heute noch von bleibendem Wert. Florence Nightingale notierte sich: «Mein Geist ist ganz ausgefüllt von dem Gedanken an die Leiden der Menschheit»[6], und an ihre Tante schrieb sie: «Wie kann es zur Ehre Gottes sein, wenn es so viel Leid in der Welt gibt, das wir heilen sollten, anstatt im Luxus zu leben.»[7] Doch achteten ihre Gesellschaftskreise sorgfältig darauf, mit dieser Elendswelt nicht in Berührung zu kommen. In Florence Nightingale aber entstand ein Gefühl der inneren Leere, denn ihr Tagesablauf war langweilig, ohne Sinnerfüllung, und bei ihrer tieferen Veranlagung konnte deshalb das Unbefriedigtsein gar nicht ausbleiben. Sie hatte aber vorläufig noch keine Ahnung, wie das vergnügte Dasein zu durchbrechen war, hatte sie doch den gesellschaftlichen Verpflichtungen nachzukommen.
Diese Lebenserfahrungen machten viele jungen Mädchen, aber nicht alltäglich ist es, wie Florence den Ausweg aus dem Gestrüpp fand. Sie war vierundzwanzig Jahre alt, als der amerikanische Philanthrop Dr. Ward Howe ihre Eltern besuchte. Bei einer Gelegenheit befand sie sich mit ihm allein im Zimmer, worauf sie sofort die Frage an den Gast richtete: «Halten Sie es für passend und statthaft für eine junge Engländerin, sich in Spitälern oder anderswo Werken der Barmherzigkeit zu widmen, wie die katholischen Schwestern es tun? Würden Sie es für abwegig halten?»[8]
Das war die große Frage der jungen Florence; damals blitzte der Schein der Lampe zum ersten Male auf, noch bevor die Lampe überhaupt existierte. Die Frage war die Entscheidungsfrage ihres Lebens und kann als solche nicht überschätzt werden. «Halten Sie es für passend und statthaft» – so fragen viele junge Menschen, die mit einem heimlichen Entschluß herumgehen. Die Frage müßte dahin präzisiert werden: Gibt die Konvention oder der eigene Le-

bensweg den Ausschlag? Es liegt im Wesen der gesellschaftlichen Gepflogenheiten, daß die beiden Möglichkeiten in einem scharfen Gegensatz zueinander stehen. Florence hatte dies schon lange gefühlt, aber noch nie hatte sich eine Gelegenheit gefunden, mit einem unabhängigen Menschen darüber zu sprechen. Nun hatte sie das Alleinsein mit Dr. Howe dazu benützt, ihm die quälende Frage vorzulegen.

Der Gast geriet über die unerwartete Frage ein wenig in Verlegenheit, aber er hatte sich sofort wieder gefaßt, indem er ihr antwortete: «Meine liebe Miß Florence, es ist nicht üblich, und in England wird alles, was nicht üblich ist, für unpassend gehalten; aber ich sage Ihnen, gehen Sie Ihren Weg weiter. Wenn Sie sich zu dieser Lebensweise berufen fühlen, handeln Sie nach Ihrer Eingebung, und Sie werden finden, daß es nie etwas Unschickliches oder einer Dame Unwürdiges ist, sich dem Wohle der Nächsten zu weihen. Wählen Sie, und schreiten Sie voran, wohin Ihr Weg Sie führen mag, und Gott sei mit Ihnen.»[9] Die beiden führten keine uferlose Diskussion miteinander. Zur Ehre des Gastes sei erwähnt, daß er die junge Dame mit keiner ausweichenden Antwort abspeiste. Mit den Worten «es ist nicht üblich» hat er seine Erwiderung eingeleitet, ja, es ist wirklich nicht üblich, und zwar nicht nur im steifen England des Viktorianischen Zeitalters nicht, auch anderswo wird alles, was nicht der allgemeinen Gepflogenheit entspricht, für unpassend gehalten. Üblich ist, daß junge Mädchen standesgemäß heiraten, einige Zeit später einen Kinderwagen vor sich herschieben und zuletzt Großmutter werden, die mit den Enkelkindern wieder spielt. Das Traditionelle, dieser Tyrann, übt einen mächtigen Druck aus. Nicht nur in der moralischen Heuchelei, sondern auch in den Zeiten der Emanzipation schwingt das Übliche seinen Stock über den Häuptern der Menschen. Aus diesem Grunde fallen so viele junge Menschen der Gleichschaltung und der Anpassung an die Zeitströmung zum Opfer, und wenn sie selbständig sein wollen, drückt sich dies meistens nur in der Extravaganz ihrer Bekleidung aus. Dr. Howes Antwort stellte bewußt dem Unschicklichen die eigene Berufung gegenüber. Er ermunterte Florence, ihr zu folgen, und fügte hinzu: «Gott mit Ihnen!» Das war eine klare, eindeutige Antwort und man muß es für einen seltenen Glücksfall betrachten, daß Florence Nightingale einem Mann begegnet ist, der den Mut hatte, sie unkonventionell zu beraten. Wie viele junge Menschen erhalten auf ihre Frage nach ihrem Weg schwammige Antworten, mit denen sie nichts anfangen können, oder ihre Gedanken werden als dumme Flausen abgetan. Damit laden die Erwachsenen eine schwere Schuld auf sich. Florence war seit diesem Gespräch entschlossen, den Weg ihres eigenen Lebens zu gehen und alle konventionellen Widerstände zu durchbrechen.

Die Frage der jungen Florence ist ungewöhnlich, blickt man auf ihr gesellschaftliches Leben, das sie bis anhin geführt hatte. Unter der oberflächlichen Zerstreuung schwelte ein anderes Verlangen. Freilich vermochte sie es lange Zeit nicht klar zu sagen, was es war, aber es war da. Sie führte ein Tagebuch, in das sie zwar nur kurze Notizen eintrug, aber diese lassen keinen Zweifel darüber entstehen, daß die religiöse Frage sie beschäftigte.

Schon die Siebzehnjährige schrieb in ihr Tagebuch: «7. Februar 1837. Gott sprach zu mir und berief mich in Seinen Dienst.» [10] Welch ein Satz! Ist es möglich? Der Allmächtige sprach zu einem jungen Mädchen, das sich als Ballkönigin feiern ließ! Sie notierte die gleiche Formulierung, die der Prophet Jeremia gebraucht hatte: «Da sprach der Herr zu mir.» Wie er zu Florence gesprochen hat, ob sie eine innere Stimme vernommen hat oder ob ihr ein visionäres Erlebnis zuteil geworden war, vermerkte sie nicht. Wir wissen darüber nichts Näheres. Aber die Worte dürfen nicht als bloße Einbildung oder als eine jener undefinierbaren Stimmungen im Pubertätsalter abgewertet werden. Lapidar stehen die Worte da: «Gott sprach zu mir.» Das war Florence Nightingales Berufungsstunde, über die sie mit niemandem sprach, so wenig wie dies Jeanne d'Arc getan hatte. Es war ihr ganz persönliches Geheimnis. Wenn das Gespräch mit Dr. Howe die große Frage Florence Nightingales enthält, so bekundet die Tagebucheintragung die noch viel größere Antwort ihres Lebens: das Bekenntnis ihrer Berufung. Es ist über jeden Zweifel erhaben: Florence Nightingale war ein von Gott bei ihrem Namen gerufener Mensch. Dieses Erlebnis stand am Anfang ihrer Laufbahn.

Solche Eintragungen finden sich nicht nur einmal im Tagebuch. Auf einer Reise nach Ägypten notierte sie wiederum: «Auf den Stufen der Säulenhalle in Karnak hat Gott wieder zu mir gesprochen.»[11] Zwei Wochen später schrieb sie: «Heute morgen rief Gott mich wieder und fragte mich, ob ich das Gute nicht allein um seinetwillen tun wolle, um seinetwillen allein, ohne selbst Ruhm davon zu genießen?»[12]

Man kann diese Eintragungen nur mit großer Verhaltenheit lesen. Unwillkürlich hat man das Gefühl, daß sie nur für Florence und nicht für fremde Augen bestimmt waren. Aber sie stehen schwarz auf weiß geschrieben da und enthalten den Schlüssel zu ihrem tieferen Verständnis.

Florence Nightingale hatte nicht nur einen bloß innerweltlichen Sinn für Wohltätigkeit. Hierin wurde sie oft mißverstanden. Die Interpretation, ihre Tat sei aus bloßem Mitleid hervorgegangen, wird ihrem tieferen Sein nicht gerecht. Hinter all ihrem Tun und Lassen stand ein Anruf Gottes. Der Ewige hatte sie in seinen Dienst genommen, genauer gesagt, sie dazu gezwungen. Florence war ein religiöser Mensch, und wenn die Gottesbeziehung in ihrem Leben fehlte, dürfte sie nicht zu den unkanonisierten Heiligen ge-

zählt werden. Sie ist einzig und allein aus diesem Hintergrund zu erklären.
Sie hatte eine Berufung Gottes erlebt, und das war das Bedeutsame in ihrem Leben. Der Verwirklichung ihres Auftrages kam sie stufenweise nach und erreichte schließlich den Höhepunkt.
Zunächst fällt die Langsamkeit ihres Vorgehens auf. Florence hatte den Ruf vernommen, aber sie zögerte noch. Immer wieder wartete sie. Auch nach der entscheidenden Frage, die sie an Dr. Howe gerichtet hatte, ging sie nicht ans Werk. Wohl war der innere Durchbruch erfolgt, aber die äußere Realisierung blieb vorerst noch aus. Florence war sich lange nicht klar darüber, zu welchem Dienst Gott sie berufen wollte. Sie verstand den Willen Gottes nicht und versuchte, ihn zu erfahren. Eines wußte sie nur, daß es kein gewöhnlicher Weg sein würde. Aus diesem Grunde lehnte sie alle Heiratsanträge ab, selbst den jenes Mannes, der jahrelang um sie warb und dem ihr Herz zugetan war. Dies fiel ihr nicht leicht, aber sie fühlte eine andere Berufung in sich. Zwar bebte sie immer noch vor dem Ruf Gottes zurück, aber schließlich gehorchte sie ihm und führte den Befehl mit einer staunenswerten Konsequenz durch.
Schon früh dachte sie an den Pflegeberuf. Freilich befanden sich die damaligen Spitäler in einem elenden Zustand. Es waren Stätten des Schmutzes, und die weiblichen Helferinnen waren meistens Prostituierte[13]. Für eine Tochter aus guter Familie kam nach englischer Auffassung dieser Beruf überhaupt nicht in Frage. Bei einer Reise ihrer Eltern nach Deutschland gelang es Florence, die Diakonissenanstalt Kaiserswerth zu besuchen und hernach einige Monate als Hospitantin dort zu bleiben. Die damaligen und die heutigen Mädchen blicken gewöhnlich mit Achselzucken auf die Diakonissen und denken bei sich: alles andere, nur das nicht. Die hochnäsige Ablehnung besteht zu Unrecht, denn

sie sind nicht imstande, dem Beruf der Krankenschwester ein gleichwertiges Ideal entgegenzustellen. Jedenfalls bekam Florence einen gewaltigen Eindruck von Kaiserswerth. Der Aufenthalt half ihr entscheidend zur Klarheit über den ihr vorgeschriebenen Weg. Zum ersten Male sah sie evangelische Frauen, die sich von den gesellschaftlichen Fesseln freigemacht hatten, um ein tätiges Leben in christlicher Demut zu führen. Sie fühlte sich wie zu Hause, und trotz der fremden Sprache empfand sie die Insassen als ihre Schwestern. Begeistert schrieb sie über ihren Aufenthalt bei den Diakonissen: «Das hier ist Leben. Nun weiß ich, was es heißt, zu leben und das Leben zu lieben, und jetzt fiele es mir wirklich schwer, die Erde zu verlassen... Ich wünsche mir keine andere Erde, keine andere Welt als diese hier.» [14] Sie sagte dies nicht etwa im Überschwang der Gefühle, aber sie hatte in Kaiserswerth zum ersten Male ein sinnvolles Frauenleben erfahren. Allen Vergnügen nachzurennen verleiht dem Menschen keinen Lebensinhalt, wogegen der Dienst am Nächsten, aus Liebe zu Gott, ihm eine innere Freude und eine Genugtuung schenkt. Viele verzagen an der Sinnlosigkeit des Lebens, ohne es zu merken, und halten die seelische Leere auf die Dauer nicht aus.

Nachdem Florence nach England zurückgekehrt war, brach der Krimkrieg aus, den der russische Zar Nikolaus I. gegen die Türken führte, um ihnen Konstantinopel zu entreißen. England und Frankreich wollten den russischen Einfluß auf das Mittelmeer verhindern und stellten sich auf die Seite der Türkei. Mörderische Kämpfe entbrannten um die Festung Sebastopol. Nach einiger Zeit hörte man die ersten Gerüchte in Großbritannien über das Elend der verwundeten Soldaten. Neun Jahre waren über die Frage an Dr. Howe vergangen, ob er es passend und statthaft fände, wenn sich eine junge Engländerin in Spitälern oder anderswo Werken der Barmherzigkeit widmen würde. Nun war endlich die Stunde gekommen, dieses Problem nicht weiter zu erörtern, sondern zur Tat zu schreiten. Florence Nightingale war nicht mehr in England zu halten; sie meldete sich beim Kriegsministerium und wurde von diesem gleichzeitig angefragt, ob sie bereit wäre, in die Krim zu gehen. Und ob sie bereit war! Sie ging an Bord eines Schiffes und fuhr, zusammen mit einigen Schwestern, nach dem Schwarzen Meer.

Angekommen stand sie einer unvorstellbaren Welt gegenüber. Es fehlte an allem, es gab weder Verbandstoff noch Medikamente. Die Ärzte arbeiteten beim Mondschein, weil kein Licht vorhanden war. Gegen den Widerstand der Heeresverwaltung organisierte Florence eine weibliche Lazarettpflege. Auch die Ärzte mißtrauten ihr und betrachteten sie als eine Spionin der Regierung. Es bedurfte ihrer ganzen Energie, um ihren Willen durchzusetzen. Sie ließ sich von keinem Nein abhalten. Florence dirigierte keineswegs die Helfer, sondern legte selbst Hand an, eilte von Bett zu Bett und brachte den Verwundeten die bestmögliche Linderung.

Nachts ging sie mit einer Laterne in der Hand durch die Krankensäle. Von daher kam die Vorstellung: die Lady mit der Lampe. Man fragt sich, ob diese Bezeichnung auf ihre Situation zutrifft. Hat eine elegante Dame inmitten eines grauenhaften Elendes etwas zu tun? Damen gibt es in der vornehmen Gesellschaft, doch in der unbeschreiblichen Not auf der Krim, die das Blut zum Erstarren brachte, hatten mondän gekleidete Ladies schlechterdings keinen Platz.

In dieser Schreckenssituation bedurfte es vor allem der Hilfe der Krankenschwester. Florence Nightingale verkörperte diesen Dienst am Nächsten auf ungewöhnliche Art. Sie tat es in einer Weise, wie es niemand von ihr erwartet hätte. Diese zartgebaute Frau wuchs in dieser Arbeit über sich hinaus, half täglich während zwanzig Stunden die Schmerzen lindern und schien keine Müdigkeit zu kennen. Sie brachte die meiste Zeit auf den Knien zu, um eigenhändig die Wunden zu verbinden. Stets zeigte sie ein fröhliches Gesicht und kannte keine Angst vor Ansteckung. Eine solche Aufopferung hatten die englischen Soldaten noch nie erlebt. Florences Arbeit war von gewaltigem Einfluß, und man sprach in Skutari von der «Nightingale-Macht»[15]. «Es gab Augenblicke und Gelegenheiten hier im Barackenlazarett in Skutari, wo auch die stärkste Hand von Zittern befallen wurde und auch das tapferste Auge sich abwandte.»[16] Ihre Aufopferung kannte keine Grenzen. Darum empfanden die Soldaten ihr Erscheinen im Krankensaal als Trost, am liebsten hätten sie ihren Schatten geküßt. Wenn die Verwundeten in ihren Schmerzen fluchten und lästerten, verschwanden alle bösen Worte bei ihrem Hereinkommen, und es wurde still wie in einer Kirche. «Sie stand auf festem Grund; sie war der Fels im drohenden Meer; bei ihr allein war Sicherheit, Trost, Leben.»[17] Das aller Worte spottende Entsetzen legte Florences tiefste Kräfte frei. Nie ließ sie mutlos die Arme sinken, immer wieder neu versuchte sie, das Menschenunmögliche zu vollbringen.

Uns stellt sich die Frage, was Florence Nightingale im Schein ihrer Lampe gesehen hat. Es war die andere Wirklichkeit, vor der die Menschen stets die Augen verschließen. Ihr Lampenschein enthüllte ihr die Realität des Krieges. Aller Kriegspatriotismus ist nichts als Lüge. Es gibt im Krieg keine Helden, und es gibt nichts Heldentümliches in der Geschichte. Krieg bedeutet Leiden ohne Zahl, bedeutet Tod unzähliger Menschen, Schlachtfelder voll von Verwundeten und Gefallenen, bedeutet Unmenschlichkeit und Völkermord. «Was die Schrecken des Krieges sind, kann sich niemand vorstellen. Es sind nicht nur Wunden und Blut, Fieber und Krankheiten, Kälte und Hitze und

Hunger. Hinzu kommen Trunksucht und der Rausch der Grausamkeit, Sittenlosigkeit und Unbotmäßigkeit bei den Untergeordneten, Eifersüchteleien, Geiz, Gleichgültigkeit und Selbstsucht bis zur Unmenschlichkeit bei den Oberen.»[18] Was die Zeitungen über die Helden auf der Krim berichteten, war in den Augen Florence Nightingales dumm und unbedacht. Die Wirklichkeit sah ganz anders aus, schrecklicher, entsetzlicher, im Grunde unbeschreibbar.

Florence hatte die Fähigkeit, ihre namenlosen Erlebnisse in prägnante Worte zu fassen. Einst schrieb sie: «Gott sprach zu mir», und nun, nach der Heimkehr von der Krim, sagte sie tonlos: «Ich habe die Hölle gesehen.»[19] Damit tritt die Dame mit der Lampe schärfer hervor, denn eindrucksvoller kann man das, was ihr dort widerfahren ist, nicht ausdrükken. Dies ist die adäquate, endgültige Formulierung. Es gibt nicht nur eine Hölle jenseits des Grabes, die man schon mit den törichten Worten abtun wollte, «in der Hölle brennt kein Feuer», oder, «es gibt eine Hölle, aber es befindet sich kein einziger Mensch darin». Das ist oberflächliches Gerede; besser wäre es, Staretz Sossimas Ausführungen «von der Hölle und dem höllischen Feuer» zu lesen, der die Frage dahin beantwortete: «Hölle ist die Reuequal, daß man schon nicht mehr lieben kann.»[20] Die Hölle ist eine Realität, und es ist nicht daran zu zweifeln, daß Florence Nightingale sie wirklich gesehen hat. Dieses Erlebnis mit seinem ganzen Schrecken hat sie durchgestanden, hat die grauenhafte Wirklichkeit der Hölle ausgehalten, wenn ihr auch darob beinahe das Blut im Leibe erstarrt ist. Sie hat nicht die Flucht ergriffen vor diesem Entsetzen. Man hat von Dante gesagt, er sei der Mann gewesen, der das Inferno durchschritten habe – dasselbe gilt auch für Florence Nightingale. Das Höllen-Erlebnis hatte sie verändert; sie war nach dem Krim-Aufenthalt nicht mehr derselbe Mensch.

An ihre Höllen-Erfahrung schließt sich ein zweites Erleben an. Von ihren Landsleuten behauptete sie: «Wir haben nichts vergessen und nichts gelernt... In einem halben Jahr werden alle diese Leiden vergeblich gewesen sein.»[21] Die anklagende Äußerung ist leider nur zu wahr. Es grenzt ans Unglaubliche, wie die Menschen ihre schwersten Erlebnisse einfach hinter sich werfen, als ob sie diese nicht erlebt hätten. Nicht nur damals haben sie nicht das geringste in ihr Dasein eingewoben, auch heute verhalten sie sich in dieser unverständlichen Weise. Darin besteht unter anderem die Tragödie des Menschen. Die Vergeßlichkeit der Menschen ist unglaublich und trägt viel zum ergebnislos-vergeblichen Kreislauf des Lebens bei. Florence war durch das Höllen-Erleben in der Tiefe ihres Seins getroffen worden; es war ihr deshalb ganz unmöglich, das Geschehen zu verdrängen. Es ist ein Charakteristikum des großen Menschen, die Erlebnisse festzuhalten und sich beständig zu fragen, was sie ihm sagen wollten. «Nie kann ich vergessen!»[22] rief Florence, ein wahrer Schrei, der an die Seite ihrer anderen Feststellung gehört: « Ich habe die Hölle gesehen.» Sie versuchte ihre Krim-Erfahrungen zu verarbeiten, denn die grauenhaften Eindrücke hatten sich in ihrer Seele festgehakt, so sehr, daß sie sie während ihres ganzen Lebens nicht mehr los wurde. Die Hölle der Erinnerung verfolgte sie wie ein Gespenst, das ihre Seele stets aufs neue erschreckte. Sie konnte mit niemandem darüber sprechen und wurde darob ein einsamer Mensch. «Ich stehe am Altar der Ermordeten»[23], lautete ein mächtiges Wort ihrer Anklage. Sie demonstrierte nicht auf einem öffentlichen Platz gegen den Krimkrieg. Das ist ein nutzloses Verhalten. Sie stand am Altar, und der Altar hat sakralen Charakter. Dies wußte sie und fügte voller Entschlossenheit hinzu: «Solange ich lebe, will ich für ihre Sache kämpfen.»[24] Florence zog aus dem höllischen Erleben allein die notwendigen Konsequenzen; sie hatte auf der

Krim eine Arbeit begonnen, die sie in England fortführen mußte.
Zu Hause erließ Florence keine Proklamation gegen den Krieg. «Nie wieder Krieg» war die Losung der Jugend nach dem Ersten Weltkrieg, die sie selbst wieder vergaß, als sie erwachsen worden war. Wie nahm der Sozialismus gegen den Militarismus Stellung! Heute sind die sozialistischen Staaten bis an die Zähne bewaffnet. Der Krieg ist ein über die Menschen hinweggehendes Geschehen, das sie wohl entfesseln können, nie aber in den Griff bekommen werden. Florence Nightingale beteiligte sich an keiner Friedenskundgebung, sondern stellte sich die Aufgabe, das Sanitätswesen der englischen Armee neu zu gestalten. Es lag völlig im argen, dies hatte der Krimkrieg deutlich gezeigt. Weder vor noch nach dem Krieg wurde etwas getan. Man trieb die Soldaten in die Schlachten wie das Vieh zur Schlachtbank. Die ehrlose Menschenvernichtung schrie zum Himmel. Sobald sich die Soldaten im Kampf befanden, überließ man sie ihrem Schicksal. Hier setzte Florence Nightingale mit ihrer Arbeit ein. Sie kämpfte mit den Behörden, genauer gesagt mit der seelenlosen und pedantischen Bürokratie, die das Wesen des Staates ausmacht. Sie rückte ihr auf den Leib, ein Unterfangen, das nur mit Ritter Georgs Kampf mit dem Drachen verglichen werden kann. Der staatliche Leviathan hat in seinen Auswirkungen etwas Unmenschliches, indem er dem Menschen glatt das Fell über die Ohren zieht. Florence Nightingale erkannte diese kalte Reglementierung und kämpfte mit einer wahren Erbitterung dagegen an. Sie erfuhr, daß die staatliche Bürokratie eine Hydra ist; schlägt man ihr den Kopf ab, wachsen zehn Köpfe nach. Mit der Zähigkeit einer Frau, die in der Hölle war und das Gesehene nicht vergessen hatte, kämpfte sie für ihr Ziel. Wenn Gottes Mühlen langsam mahlen, so mahlen die staatlichen Mühlen überhaupt nicht. Sie stehen mehr oder weni-

ger still, und ihre Vertreter verstecken sich hinter den Gesetzesbuchstaben. Vor allem wollen sie nicht gestört werden, am wenigsten von einer Frau. Florence wurde mit höflichen, nichtssagenden Worten abgewiesen, doch ließ sie sich nicht abfertigen. Jetzt trat die Dame mit der Lampe nochmals hervor, allerdings anders als das erste Mal. Sie erhellte nicht mehr lichtlose Räume mit stöhnenden Verwundeten, sondern nun leuchtete sie mit ihrer Lampe in die Schubladen der Bürokratie hinein. Dabei entdeckte sie über den Akten nichts als Staub und nochmals Staub. Der grelle Schein ihrer Lampe hatte ihn entdeckt. Florence wußte genau, was sie wollte, gelangte immer wieder neu an die Behörden und verlangte eine Änderung des Systems. Sie verfertigte eine Denkschrift mit Vorschlägen, was nach ihrer Überzeugung getan werden müßte. Man nahm diese Schrift entgegen und legte sie in die Schublade. Florence war jedoch nicht gewillt, sie dort vermodern zu lassen. Unentwegt fragte sie nach dem Schicksal ihrer Denkschrift und ließ die betreffenden Herren nicht zur Ruhe kommen. Es war ihr vollkommen gleichgültig, ob man sie verwünschte oder nicht, auf alle Fälle fühlte sie sich durch ihre geistige Mutterschaft gedrängt, das englische Sanitätswesen gründlich zu reformieren. Ganz zuletzt erreichte sie ihr Ziel. Die Behörden, stockkonservativ wie sie waren, gaben schließlich zähneknirschend nach. Man begann, über ihre Vorschläge nachzudenken und das Sanitätswesen auf eine neue Grundlage aufzubauen. Der Soldat wurde nicht länger als bloßes Kanonenfutter behandelt, sondern als ein menschliches Wesen. Dies war einzig und allein das Verdienst von Florence Nightingale. Sie hat England verändert.

Henry Dunant hat dies klar ausgesprochen. Der hartgeprüfte Genfer besaß die innere Noblesse, dies in einem Vortrag in London ausdrücklich anzuerkennen: «Obgleich man mich den Gründer des Roten Kreuzes und den Urheber der Genfer Konvention nennt, gebührt die Ehre dafür einer Engländerin. Was mich im Jahre 1859 bewog, auf die italienischen Kriegsschauplätze zu reisen, war Miss Nightingales Werk im Krimkrieg.»[25]

Über ihrer Erneuerungsarbeit ist Florence Nightingale alt geworden. Sie wurde sogar sehr alt. Man könnte sagen: Sie überlebte sich selbst. Sie schrieb: «Ich fühle mich wie der Ewige Jude, der nicht sterben kann.»[26] Nach einigen ihrer Äußerungen hoffte sie, einmal in einem Spital sterben zu dürfen, und zwar in einem allgemeinen Krankensaal. Alles Lebenswerte war aus ihrem Dasein entschwunden, geblieben waren ihre Schmerzen. Sie mußte erleben, wie ihre Gedächtniskraft langsam versiegte und auch die Augen ihren Dienst einstellten. Doch kam mit dem Alter noch eine letzte Wandlung über sie: sie gewann das Wohlwollen zurück, das sie als junges Mädchen gegenüber dem Leben hatte. Auch wich die Bitterkeit von ihr, die sie gelegentlich wegen der harten Kämpfe mit der Staatsbürokratie erfüllt hatte. Als über sechzigjährige Frau schrieb sie: «Ich kann mich nicht an eine Zeit erinnern, in der ich mich nicht nach dem Tode gesehnt hätte.»[27] Er sollte noch lange nicht kommen. Sie war viel allein, liebte das Alleinsein und klagte nie darüber. «Ich muß allein sein, ganz allein», sagte sie, «weil ich nicht ohne Schweigen und ohne Einsamkeit leben kann.»[28] Bis zuletzt behielt sie die Gewohnheit, nur eine einzige Person bei sich zu empfangen. Bei ihren Unterredungen verbreitete sie eine wohltuende Atmosphäre der Milde um sich, die oft dem Alter eigen ist. Ihre Wohnung war stets aufgeräumt und von puritanischer Einfachheit. Sie liebte es, viele Blumen um sich zu haben.

Bis zuletzt behielt sie ihr vornehmes Wesen. Am 13. August 1910 erwachte sie nicht mehr aus dem Schlaf; sie war über neunzig Jahre alt geworden.

Sie wollte, daß nichts die Stätte ihres Grabes verriete, und wünschte auf dem nächsten Friedhof beigesetzt zu werden. Angesichts dieses Wunsches verzichtete man auf ein Staatsbegräbnis und auf eine Beisetzung in der Westminster Abbey. Sechs Unteroffiziere der britischen Armee trugen den Sarg in die Familiengruft in East Wallon. Auf dem Grabstein ihrer Familie wurde ihr Name, das Geburts- und das Todesjahr vermerkt. Damit war sie im Tode zu ihrer Familie zurückgekehrt, aus der sie einst mit aller Kraft ausgebrochen war.

«Wenn ich einmal dahingegangen bin, sollen die Leute sich meiner nicht erinnern», schrieb Florence Nightingale[29]. Das geschichtsträchtige England vergaß sie jedoch nicht. Ein großes Spital in London trägt ihren Namen, und in der Krypta der St.-Pauls-Kathedrale erinnert nahe den Gräbern der Feldherren Nelson und Wellington ein Relief mit ihrem Bild an ihre Tätigkeit. In der National Portrait Gallery lassen einige Bilder ihre Gegenwart spürbar werden, und schließlich findet man ihr Bild auch auf der Zehn-Pfund-Note. Trotzdem kann man sich der Frage nicht erwehren, ob ihr Ideal heute nicht gegenstandslos geworden ist? Viele gegenwärtige Krankenschwestern wollen gar nicht mehr Samariterdienste verrichten, sondern begehren Geld zu verdienen. Ist Florence Nightingales Lampe wirklich erloschen? Nein, denn die heutige Auffassung vom Pflegeberuf ist eine vorübergehende Erscheinung. Gott löscht den glimmenden Docht nicht aus; er kann über Nacht wieder in anderer Form lichterloh brennen.

Die entscheidende Frage stellte Ida Friederike Görres: «War Florence Nightingale eine protestantische Heilige?» Diese Frage bewegte die verdienstvolle Hagiographin «intensiv und schmerzlich», zumal nach ihrer Auffassung der zur Schablone versteifte Begriff eines Heiligen neu überprüft werden müßte. Will man die Erstarrung und Veren-

gung dieses Phänomens überwinden, bedarf es einer neuen Sicht. Merkwürdigerweise hat vor Ida Friederike Görres niemand Florence Nightingales Leben und Werk unter diesen aufschlußreichen Gesichtspunkt gerückt. Sie kam zu dem Resultat: «Florence Nightingale war eine Auserwählte und eine große Dienerin Gottes, die eine Sendung in der Welt zu erfüllen hatte, trotz ihrer großen und deutlichen Charakterfehler und Schwächen.»[30] Im vorliegenden Zusammenhang geht es nicht um die Frage, ob eine Heilige katholisch oder protestantisch sei, da dies ein konfessionelles Problem ist. Die Frage lautet ganz schlicht: War Florence Nightingale eine Heilige? War sie es in einem verhüllten Gewand, das uns zunächst fremdartig anmutet? Mit einem kurzen Federstrich läßt sich dies nicht beantworten. Es muß diese weltliche Heilige mit der Lampe als Attribut einmal selbst mit ihrer Lampe angeleuchtet werden, will man über ihr tieferes Wesen Klarheit erlangen.
Es war nicht immer leicht, mit Florence Nightingale zusammenzuarbeiten. Sie hatte einen komplizierten Charakter, der ihre Umgebung auf manche harte Probe stellte. «Es gibt im Leben jedes Menschen immer ein schwarzes Heft», schrieb Julien Green in sein Tagebuch, eine Feststellung, die auch auf Florence Nightingale angewendet werden darf. Sie war temperamentvoll und besaß ein starkes Gefühl, das sie in der Regel nicht zu zeigen pflegte. Sie hatte eine «sanfte Silberstimme», «leuchtende Augen» und ein bezauberndes Wesen, aber sie ließ sich nicht von ihrem Gefühl bestimmen und erweckte deshalb den Eindruck einer großen Kälte. Bei allem Liebreiz und Humor besaß sie eine stählerne Härte. «Sie hat keinen Freund, und sie will auch keinen. Sie steht vollkommen allein, halbwegs zwischen Gott und seiner Schöpfung.»[31] Florence stellte große Anforderungen an ihre Mitarbeiter, weil sie selbst über eine erstaunliche Arbeitskraft verfügte. In ihrem Wesen vereinigte

sie weibliche und männliche Eigenschaften, so daß sie «wohl einer der seltenen Fälle eines wirklich androgynen Menschen war»[32]. Diese Sicht wird ihrem tiefsten Wesen gerecht, und nun versteht man auch, warum sie auf keine Liebesbeziehung eingehen konnte. Florence war keineswegs ein Mannweib, wohl aber eine übergeschlechtliche Gestalt, die nach anderen Maßstäben verlangt. Trotzdem waren die Menschen von ihr fasziniert, denn sie hatte offenbar die Macht in ihren Händen. Ihre Eigenwilligkeit ist kein ernsthafter Einwand gegen ihre Heiligkeit. Es gab auch große Heilige von ungewöhnlichem Temperament, man denke nur an Bernhard von Clairvaux, und es gab auch starrköpfige Heilige, wie Kamillus einer war.

Schwerer wiegt, daß Florence Nightingale trotz ihrer religiösen Natur nicht zur völligen Klarheit gekommen war. Der Allmächtige hatte in ihr Leben hineingesprochen, und sie hatte seine Stimme vernommen. Die reale Verbindung mit dem Ewigen kann nicht übersehen werden. Die Kirche blieb ihr zeitlebens fremd. Sie besuchte am Sonntag keinen Gottesdienst. Die Frage Jesu: «Wer, sagen die Leute, daß der Menschensohn sei?», hätte sie nicht bekennend beantworten können. Wahrscheinlich lebte sie in einer ausschließlichen Beziehung zum himmlischen Vater, den sie freilich als ein lebendiges Wesen erfahren hatte und der für sie nicht nur ein abstrakter Begriff war. Doch fand sie für ihre Gottesbeziehung nicht den sprachlich adäquaten Ausdruck. Ihre Biographin Cecil Woodham meinte: «Miß Nightingale war eine Mystikerin, wenn sie auch kein beschauliches Leben führte.»[33] Sie las mit großem Interesse die Werke der mittelalterlichen Mystiker und hatte ein Gespür dafür, wo die echten Werte lagen. Florence konnte auch sagen: «Leiden, Enttäuschung, Erfolglosigkeit sind der Zoll, den ihrem Gott zu entrichten das edelste Vorrecht der Seele ist.»[34] Sie wußte auch um den «Triumph des Versagens, den Sieg des Kreuzes»[35]. Konfessionelle Scheuklappen kannte sie nicht. Sie war offen gegenüber dem Katholizismus, was für eine Engländerin des letzten Jahrhunderts viel bedeutet und die Anglikanerin ehrt. Alles blieb jedoch ein wenig verschwommen, weshalb es nicht leicht ist, den christlichen Standort Florence Nightingales zu bestimmen. Der Mangel an Klarheit hängt mit ihrer Zeit zusammen. Im neunzehnten Jahrhundert nahm die Verwirrung überhand, die aus der Aufklärung stammte. Immer mehr gingen den Christen die eindeutigen Richtlinien verloren. Auch begegnete Florence Nightingale keiner wirklich großen christlichen Gestalt. Sie lernte Maning kennen. Aber wer war schon Maning? Ein Konvertit, auch ein Denunziant, schließlich ein eifriger Kirchenmann, der es bis zum Kardinal gebracht hat. Das ist alles. Wie wäre es Florence Nightingale ergangen, wenn sie mit Newman ins Gespräch gekommen wäre? Newman besaß doch wirkliche innere Größe. Allein, eine solche Frage ist hypothetisch und als solche wertlos. Florence war nicht mehr von einer christlichen Tradition getragen, und wenn der Mensch aus der Überlieferung herausfällt, verliert er gewöhnlich die Form. Er muß schon ein eminent schöpferischer Mensch sein, um nicht dem Schicksal der Zerfahrenheit zu verfallen. Diese Beobachtung läßt sich auf allen Gebieten feststellen, sei es nun in der Mode, in der Architektur oder sonstwo. Allzu gerne führt die Traditionslosigkeit auch zu einer Art von religiöser Quacksalberei.

Man kann das Leben von Florence Nightingale nicht betrachten, ohne vom Hauch der Heiligkeit angeweht zu werden, freilich einer ganz und gar ungewöhnlichen Heiligkeit. Sie läßt sich nicht in das übliche Schema einordnen. Nichtsdestoweniger ist sie vorhanden. Florence Nightingales Nächstenliebe kannte keine Grenzen. Nie trat sie als Wohltätigkeitsdame auf. Sie nannte die Mitglieder eines Komitees «vornehme Esel mit vielen Wenn und Aber – die armen Narren!»[36]. Sie opferte sich auf und kam auf der Krim oft tagelang nicht aus den Kleidern heraus. Ihren Soldaten war sie eine Mutter und keine bloße Philanthropin. Ihre ausgeprägte Nächstenliebe floß aus ihrer Gottesliebe. Für sie war der Nächste das Wesen, das die Gottähnlichkeit in sich hat und deswegen um Gottes willen geliebt wird. Gott allein weiß, was sie alles für ihre Mitmenschen getan hat. Jedenfalls war es ein heiligmäßiges Tun. Sie lebte aus ihrer Gottverbundenheit. Als Fünfundsechzigjährige schrieb sie an einem Weihnachtsabend: «Heute, o Herr, laß mich Dir diese verfallende alte Frau weihen!»[37] Oft betete sie Nächte lang unter Tränen und bat dann den Pfarrer, ihr das Abendmahl in ihre Wohnung zu bringen.

Dies alles tat sie nicht aus Ruhmsucht. Wohl kannte sie den Ehrgeiz, in der Welt etwas Großes zu vollbringen, aber sie durchschaute dieses Verlangen als gefährliche Versuchung und kämpfte sie tapfer nieder. Nachdem sie mit ihrer Arbeit begonnen hatte, war ihr jede Anerkennung unwichtig geworden. Sie gab ihre Rückkehr von der Krim niemandem bekannt, weil England ihr einen triumphalen Empfang bieten wollte. Unbemerkt stieg sie eines Tages aus dem Schiff und schlüpfte in ihre Wohnung, wo sie sich wochenlang versteckt hielt, bis das öffentliche Interesse abgeflaut war. Konsequent ging sie allen Ehrungen aus dem Wege, verweigerte jedes Interview und schlug jeden Empfang aus. Sie verhielt sich gegenüber jedem Lob gleichgültig und wollte sich auch nicht malen lassen. Das ist erstaunlich, wenn man bedenkt, welch große Rolle in der Welt der Ehrgeiz spielt. Nicht nur in den vornehmen Salons herrscht die Eitelkeit, auch Künstler, Gelehrte und Politiker sind nicht frei von Geltungsdrang. Es ist unglaublich, daß oft selbst bedeutende Menschen anerkennungssüchtig sind, und dabei hat Christus gesagt: «Wie könnt ihr glauben, die ihr Ehre voneinander nehmet?»[38] Florence Nightingale fegte alle ruhmsüchtige Eitelkeit von sich weg. Es blieb davon auch nicht der kleinste Rest übrig. Sie wollte ganz bewußt unbeachtet bleiben und liebte über alles die Zurückgezogenheit. Die Verborgenheit ist ein Zeichen der Heiligkeit, nicht der ruhmsüchtige Geltungstrieb. Alle jene, die sich ein Denkmal setzen wollen, gefallen sich selbst und nicht Gott. Nach Blake vermindert aller irdische Ruhm in gleichem Maße unsern himmlischen Ruhm.

Gewöhnlich wird Florence Nightingale bei den großen Frauen des neunzehnten Jahrhunderts eingeordnet, wie Eve Curie, Vera Figner, Berta von Suttner usw. Das ist nicht falsch, aber es genügt nicht. Florence sagte über sich selbst: «Du weißt, o Gott, all diese gräßlichen zwanzig Jahre hindurch hielt mich der Glaube aufrecht, daß ich mit Dir arbeite, der Du alle, selbst unsere armen Pflegerinnen, zur Vollendung führst.»[39] Sie selbst war ans Ziel gelangt. Florence Nightingales Leben und Werk erfordert eine besondere Kategorie: Sie war eine neuzeitliche Heilige ohne Heiligsprechung. Sie hätte weder zu ihr gepaßt, noch wäre sie damit einverstanden gewesen. Florence hat den Ruf Gottes gehört und ist ihm gefolgt. Sie tat es nicht lendenlahm und sagte auch nicht: «Ich bin ein schwaches Mädchen und vermag keine heroische Taten zu vollbringen.» Auch suchte sie nicht nach Rezepten, wie man die Heiligkeit erlangen könne, was gewöhnlich nur dann geschieht, wenn es einem Menschen nicht recht ernst ist. Ihr Leben war von einer intensiven Wechselwirkung von Wort und Tat durchpulst. Heute gelten nur Taten, und Worte werden verachtet. Dies ist eine falsche Sicht. Bei Florence Nightingale ging ihren Taten ein inneres Wort voraus – Gott hat mich gerufen – und das Wort blieb nicht nur Wort, sondern es führte sie zur Tat. An erster Stelle steht das Wort, und wenn es nicht zur Tat führt, ist es tot wie der Glaube ohne Werke. Wort und

Tat gehören zusammen. Florence Nightingale hat dies verstanden, weil sie eine verhüllte Heilige war, eine lodernde Natur, die sich verschenkte, wie wenige Frauen es tun. Sie gründete weder eine neue Kongregation, noch rief sie einen neuen Orden ins Leben. Sie hat mit aller Kraft einen neuen Lebensstil geschaffen. Ihre Schau einer neuen Lebensweise lag darin, für Gott zu arbeiten, ohne von ihm zu reden und doch von ihm geführt zu werden. Es galt, nach der Tat lautlos zu verschwinden. Dieser neue Lebensstil war ihr Ziel. Wir sind aufgerufen, die neue Lebensweise aufzunehmen und sie in unserer Gegenwart zu verwirklichen. Erst dann haben wir das Vermächtnis Florence Nightingales auch erfüllt.

Alfred Delp
auf dem Seil Gottes

1907–1945

«Er war so ganz anders als diejenigen, die ihn nur aus dem, was er geschrieben hat, kennen, ihn sich vorstellen mögen», schrieb ein Bekannter Alfred Delps über ihn[1]. Unwillkürlich formt sich im Leser einer Schrift ein Bild vom Verfasser. Dies ist selbstverständlich, und doch wird daraus ein Bild seiner eigenen Phantasie. Man mag sich fragen, ob ein derart zurechtgelegtes Bild auch mit der betreffenden Persönlichkeit übereinstimmt. Bei Alfred Delp wahrscheinlich nicht. Er war anders, jedenfalls nicht so, wie man sich einen Jesuitenpater vorstellt. Wir müssen uns auf Überraschungen gefaßt machen. Alfred Delp schrieb einmal: «Was ein Mensch eigentlich ist, das ist letztlich doch nicht aussagbar.»[2] Wohl kann man sich an ihn herantasten, aber den Kern einer Persönlichkeit erfaßt man nie. Der Mensch bleibt nach Delps Dafürhalten Rätsel und Geheimnis.

Im Leben eines jeden Menschen gibt es viele Phasen, die sich oft nur durch Nuancen unterscheiden. Manchmal sind die Farbtöne etwas heller und manchmal etwas dunkler. Das Dasein Alfred Delps läßt sich auf zwei Stadien reduzieren, ohne ihm durch diese Vereinfachung Gewalt anzutun. Die erste Periode spielt sich bei allem Gottsuchertum noch in einer gewissen Vorläufigkeit ab. Mit diesem Wort ist kein despektierlicher Sinn verbunden, denn der Charakter der Vorläufigkeit gehört zum menschlichen Dasein. Beim Kind ist er offenkundig. Viele Menschen bleiben zeitlebens in einer vorläufigen Existenz, was viel zu ihrem Gefühl des Unbefriedigtseins beiträgt.

Von Alfred Delps Jugend ist nicht allzu viel zu berichten. Auf Wunsch seiner frommen Mutter wurde er katholisch getauft. Doch fehlte ihm «die katholische Kinderstube», aber er kannte «das Kreuz der Konfessionsverschiedenheit in der Familie und litt darunter»[3]. Kinder verstehen die Konfessionsverschiedenheit der Eltern nie ganz, weil sie ihre Erlebnismöglichkeit übersteigt, aber sie bewahrt sie manchmal vor dem christlich fragwürdigen Konfessionalismus. Alfred Delp besuchte auf Anordnung des Vaters den evangelischen Religionsunterricht. Als sich die Zeit des Konfirmandenunterrichts näherte und ihm seine katholische Taufe bekannt wurde, beharrte er mit dem Trotz des Jugendlichen darauf, mit vierzehn Jahren gefirmt zu werden. Von einer Konversion, wie dies in allen Biographien zu lesen ist, kann demnach keine Rede sein. Er brauchte nicht zur katholischen Kirche überzutreten, da er ihr doch immer angehört hatte. Auch entdeckt man bei ihm keine Spur von einer Konvertitenmentalität, die sich gerne päpstlicher als der Papst gebärdet. Alfred Delp wollte auch später niemals, daß der evangelische, gelähmte Vater von katholischer Seite irgendwie bedrängt werde.
Er war ein ausgelassener Junge, der seinen Eltern etlichen Kummer bereitete. Er selbst schrieb in den letzten Tagen seines Lebens über seine Jugendzeit: «Lasset Euch von meiner Mutter keine Heiligenlegenden über mich erzählen. Ich war ein Strick!»[4] Diese prachtvolle Selbstaussage läßt sich nicht überkleben. Strick bleibt Strick. Mögen den übermütigen Jugendlichen auch vielerlei Streiche einfallen, so sind sie trotzdem den Scheinheiligen vorzuziehen. Bei den Stricken weiß man, woran man ist, man paßt auf und kann sich entsprechend einrichten; Scheinheilige dagegen machen ein frommes Gesicht und verhalten sich entgegengesetzt. Da Alfred Delp ein Strick war, paßt das übliche Heiligenschema «schon als kleines Kind...» nicht auf ihn. Der Rah-

men geht in die Brüche, ehe er zusammengesetzt ist. Alfred Delp war ein wilder Knabe, ein Lausbube, der keineswegs Frömmigkeit im Sinne hatte. Er war ein draufgängerischer Junge und behielt die Jugendfrische bis zu seinem vorzeitigen Ende.
Er besuchte das humanistische Gymnasium in Dieburg. Als ein Schüler von überdurchschnittlicher Intelligenz konnte er eine Klasse überspringen und bestand mit neunzehn Jahren das Abitur als Klassenprimus. Von allen Gymnasiasten lachte er am meisten, war aber auch von großer Hilfsbereitschaft gegenüber seinen Mitschülern. Er wartete nicht, bis einer ihn um Hilfe ersuchte, sondern bot sie ihm vorher an. Er war zielstrebig, willensstark und begabt für beinahe alle Disziplinen.
Nach der Maturität begann Alfred Delp Theologie zu studieren. Er traf die Berufswahl aus religiösem Interesse und trat bei den Jesuiten ein. In Feldkirch und Pullach war er keineswegs der gehorsame Musternovize. Oft hatte er das Gefühl, zum Regens gehen zu müssen, um sein Gewissen wieder in Ordnung zu bringen. Er promovierte zum Doktor der Philosophie. Przywara übte einen starken Einfluß auf ihn aus, und daneben schaute er auch über den Gartenzaun, indem er Kierkegaard und Nietzsche las. Alfred Delp studierte gründlich und vielseitig. Im Alter von dreißig Jahren wurde er durch Kardinal Faulhaber zum Priester geweiht. Fortan stand bei ihm das priesterliche Anliegen im Vordergrund, wenn er auch ein Priester sui generis war. Dies beweisen seine Aufsätze «Durch die Sakramente gehalten» und «Vom Kirchenjahr inspiriert». Der Jesuitenpater Alfred Delp war im christlichen Erdreich verwurzelt. Die Meinung, es sei einem Jesuiten nicht zu trauen, ist ein alter Ladenhüter, den man endlich der Kehrichtabfuhr übergeben sollte. Sie hat keine Berechtigung und ist gerade bei einem ehrlichen und offenen Manne, wie Pater Delp

einer war, so wenig am Platze wie bei Franz Xavier, Friedrich von Spee, Hopkins, Teilhard de Chardin und vielen anderen.
Der junge Priester wurde zunächst der Redaktion der «Stimmen der Zeit» zugeteilt und nach dem nationalsozialistischen Verbot der Zeitschrift in die Gemeindearbeit der Heilig-Blut-Pfarrei in München-Bogenhausen eingesetzt. Er war ein mutiger und vorzüglicher Prediger, dem die Menschen gespannt zuhörten und der ihnen auch ein klares Wort zu sagen hatte. Zugleich nahm er sich der Menschen tatkräftig an. In aller Stille setzte er sich für die verfolgten Juden ein. «Jüdische Menschen gingen bei ihm ein und aus, er half, sie zu verstecken und womöglich über die Grenze in die Schweiz zu bringen.» [5]
Besonders lag ihm die Jugend am Herzen. Als einstiger Strick war er dazu besonders befähigt, obwohl er gänzlich unsportlich war. Die jungen Leute fühlten sich von ihm angezogen; es war ihnen auch erlaubt, jederzeit zu ihm zu gehen, selbst wenn er mitten an einer Arbeit war. Stets war er zu helfen bereit. Die jungen Leute verstanden von seinen Predigten nicht allzu viel, sie waren zu hoch und zu schwer, aber er vermittelte ihnen echte Ideale, und dies mitten in der nationalsozialistischen Zeit, wo jede andere Jugendarbeit verboten war und die Jugend vom Führer-Götzen betrogen wurde. Pater Delp hatte viel Verständnis für die jungen Leute. Er war ausgelassen vor Freude, und wenn es sein mußte, raufte er sich auch mit ihnen. Redet man heute mit den damaligen Burschen und Mädchen, die sich heimlicherweise um ihn versammelten, beginnen ihre Augen zu leuchten in Erinnerung an seine Persönlichkeit.
Seine Anhänger fühlten sich von seiner Natürlichkeit angesprochen. Pater Delp war alles andere als ein unnahbarer Priester. Unverbogen wie er war, ließ er auch seinen Humor spielen. «Die schönen Dinge sind doch mehr Offenbarung

Gottes als die unschönen», meinte er, was freilich eine diskutable Aussage ist. Er rauchte wie ein Schlot, aber er arbeitete auch bis tief in die Nacht hinein. Er füllte den Raum aus, warf sich dem Leben in die Arme und war alles andere als eine asketische Natur. Groß war sein Bekanntenkreis; er brauchte auch viele Menschen. Die Leute strömten ihm zu. Er stand stets im Mittelpunkt eines Gespräches und hatte beständig einen Kreis um sich. Pater Delp war unternehmungslustig, denn schon damals bestieg er in Zivil die Berge, was heute selbstverständlich ist. Zuweilen erzählte er tolle Witze, und manchmal hatte er auch ein böses Mundstück. Bei seinem Temperament war es nicht verwunderlich, daß er etliche Leute vor den Kopf stieß, war er doch durchaus imstande, dreinzuschlagen und seine Nase in alles zu stecken.
Er wußte um die Verwirrung der heutigen Menschen: «Wie stürzen die Menschen übereinander her oder ineinander hinein, und sofort verbrennen sie aneinander und plündern einander aus oder erdrücken einander. Daß wir alle krank sind, daran gewöhne ich mich allmählich.»[6] Tatsächlich war er bei allem inneren Ringen nicht frei von dieser Verwirrung. Es fiel ihm selbst nicht immer leicht, seine Leidenschaften zu zügeln. Das wird zu wenig betont von jenen, die ihn nur beurteilen nach dem, was er geschrieben hat, und ihn nicht persönlich gekannt haben. Hier bedarf das übliche Bild von Pater Delp unbedingt einer Korrektur. Die Vitalität drohte ihn zuweilen zu verschlingen. Pater Oskar Simmel nannte ihn «im tiefsten ein gefährdeter Mensch», der um die Ordnung seines Lebens ringen mußte[7]. Sein vitales Temperament wurde ihm beinahe zum Verhängnis. Oft stand er am äußersten Rand und in gewissen Stunden mußte er alle Kräfte sammeln, um Herr seiner selbst zu bleiben, was ihm denn auch stets im letzten Moment gelungen ist. Die Gnade hat ihn bewahrt.

Es fiel seiner kraftstrotzenden Natur nicht leicht, sich unterzuordnen, obschon er auch wußte, was Demut war. Der Gehorsam schien nicht gerade seine Stärke zu sein. Sein Lebensstil war damals recht wenig nach dem Vorbild der regeltreuen Gestalten auf den Altären seines Ordens geformt. Er geriet in Konflikt mit seinen Oberen. Wollte man dies verschweigen, würde man sich einer Unehrlichkeit schuldig machen. Sein Vorgesetzter, Pater Rösch, erlaubte Pater Delp wegen seiner Weltlichkeit vorläufig nicht, die längst fälligen feierlichen Gelübde abzulegen. Dies kam im Orden zuweilen vor, jedenfalls darf man daraus den Oberen keinen Vorwurf machen. Pater Rösch wußte um den traditionellen Gehorsam, eine Vorstellung, der Pater Delp nicht völlig entsprach. Offenbar war der Feuerkopf zu wenig demütig.

Eine bedeutsame, bis dahin noch kaum diskutierte Frage knüpft sich daran: Früher war die asketische, weltabgewandte Haltung eines Menschen die notwendige Voraussetzung zum Aufstieg zur Heiligkeit. Diese Auffassung ist zu einseitig, denn Askese ist nicht die Heiligkeit selbst, sondern nur ein Weg dazu. Ist es der einzige Weg? Pater Delp stellte ihr eine andere Alternative gegenüber: die vitale Weltzugewandtheit. «In einer Zeit gesteigerten Sinnes für die Wirklichkeit und gesteigerter Lebensfreudigkeit ist vom Christen her gesteigerte christliche Vitalität gefordert», führte Pater Delp aus[8] und sprach gelegentlich sogar «von der Hingabe an den Genuß». Die Weltfreudigkeit ist die andere, bis dahin übersehene Möglichkeit. Sie ist nicht ohne Gefahren zu verwirklichen, aber nie ist in der Welt etwas Großes ohne Gefahr entstanden. Nur mit Besonnenheit kann der Versuch gewagt werden. Hätte man dem Dreißigjährigen im Kreise seiner Mitbrüder geweissagt, er werde einmal zu den Heiligen ohne Heiligenschein zählen, wären alle in ein schallendes Gelächter ausgebrochen, und am lau-

testen hätte wohl Pater Delp selbst gelacht. Und doch gehört er zu ihnen, weil er den neuen Weg umreißt, der über die weltzugewandte Haltung zu Gott führt. Freilich hatte er dazu noch eine Strecke Weges zurückzulegen. Über dieses kaum gesehene Problem schrieb auch Nikolaj Berdiajew: «Die Askese der heiligen Väter war dereinst ein neues Wort, ein neues Werk in der Welt, eine heroische Herausforderung der alten Natur, des alten Adam. Nun aber ist die Askese der heiligen Väter in Erstarrung übergegangen, und sie vermag auf die neuen Qualen des Menschen keine Antwort zu geben.»[9] Der russische Denker meinte, die Welt müßte heute schöpferisch und nicht asketisch überwunden werden. Pater Delp hat diesen Versuch unternommen, eine Sicht, die seine Gestalt in ein neues Licht rückt und uns auffordert, darüber nachzudenken.
Man spürt seine Weltzugewandtheit in seinem schriftstellerischen Werk. Es geht hier nicht um eine Aufzählung seiner Bücher und Aufsätze. Dies würde nur langweilig wirken. Delps Überlegungen galten nicht der Zeitkritik oder der Satire der Zeitereignisse, auch nicht den beliebten, unbeteiligten Zeitanalysen, die meistens unfruchtbar sind. Er rang um die Erfassung der Zeit, darum, ihr Wesen und ihre Not kennenzulernen. Man wirkt nur auf die Zeit ein, wenn man weiß, was ihr im tiefsten fehlt.
Alfred Delps erste Publikation galt der Philosophie Martin Heideggers, die damals in steigendem Maße die philosophisch interessierte Jugend beschäftigte. Heideggers Ausführungen waren zu jener Zeit in ihrer Vieldeutigkeit noch nicht ganz durchschaubar. Pater Delp sah in ihr eine Modephilosophie ohne Weisung für eine verwirrte Zeit. Er hatte den Eindruck, Heidegger sei ein der christlichen Gewänder entkleideter Kierkegaard. Der in die Zeit hineingeworfene Mensch, den Heidegger schilderte, ist kein von Gott gerufener Mensch. Der junge Delp trat vielleicht zu rasch, aber

doch als einer der ersten mit einer Schrift «Tragische Existenz» Heidegger entgegen. Der entscheidende Einwand Delps gegen Heidegger lautet dahin: «In keiner Geschichte und keiner Entwicklung wurde so oft die Auferstehung neuer Anfänge gefeiert wie in der Geschichte des deutschen Lebens. Und trotzdem geschah es immer wieder, daß die Wege des Heiles uns in Unheil und Unsegen führten. Immer wieder setzt sich das tragische Moment der Verkehrung aller guten Ansätze in ihr Gegenteil durch. Und das Geheimnis dieser Tragik ist letzlich auch das Geheimnis Heideggers: das Geheimnis der fehlenden Mitte.»[10] In den Ausführungen Delps ist das endgültige Wort über Heidegger noch nicht gesagt; das war damals nicht möglich, weil sein Werk noch unvollendet war. Pater Delp übersah in seinem Eifer, daß bei Heidegger keine langweilige Schulphilosophie vorlag. Der Freiburger Philosoph hat Husserls Ruf «weg von den Theorien und hin zu den Sachen selbst» selbständig verarbeitet und hat das Denken wieder ernst genommen, wie es seit Kant nie mehr geschehen war. Aber der Jesuitenpater hat auch frühzeitig die versteckte Gefahr der Heideggerschen Philosophie erkannt, die manche Theologen übersahen und ganz unkritisch in seiner Terminologie zu sprechen begannen. Bei aller Anerkennung von Heideggers Denkarbeit liegt bei ihm keine ausgesprochen christliche Philosophie vor; das hat Pater Delp wohl richtig gesehen.

Keineswegs verhielt sich Pater Delp nur ablehnend gegenüber der gegenwärtigen Philosophie. Dies beweist sein Aufsatz: «Ferdinand Ebner, ein Denker des christlichen Lebens?» Allein schon, daß er auf den einsamen Denker in Österreich aufmerksam geworden war, zeigt Delps Hellhörigkeit. Wer kannte ihn schon zu jener Zeit? Einzig Theodor Steinbüchel erläuterte in seiner Schrift «Der Umbruch des Denkens» an Ferdinand Ebners Menschendeutung die Frage nach der christlichen Existenz, und erst nach dem Krieg schrieb Ludwig von Ficker über ihn. Pater Delp stand Ebners Buch «Das Wort und die geistigen Realitäten» kritisch gegenüber, aber er kam, unvoreingenommen wie er war, doch zum Resultat, «daß diese Seele im Untergrund die richtigen Worte sprach und das Echte suchte»[11]. Er ist dem Anliegen Ebners, «selbst so durchsichtig zu werden, daß er Gott durchscheinen läßt», durchaus gerecht geworden. Dies könnten wir heute, nachdem Ebners Werk in einer dreibändigen Gesamtausgabe vorliegt, besser beurteilen als Delp zu seiner Zeit.

Delps ureigenstes Problem war der Mensch; er erfaßte ihn als ein geschichtliches Wesen. «Der Mensch hat immer mit Geschichte zu tun, er ist nie außerhalb ihrer. Die Geschichte hat es umgekehrt immer mit dem Menschen zu tun. Erst mit ihm und in ihm wird Geschichte.»[12] Nach Pater Delp ist der moderne Mensch gottfern und heimatlos, nackt und ungeborgen. Er ist dies nicht von heute auf morgen geworden. Aus diesem Grunde hat ihn besonders Leonardo da Vinci interessiert, weil in diesem widerspruchsvollen Künstler manche Rätsel des modernen Menschen vorausgenommen sind[13]. Auch Gestalten wie Paracelsus und Böhme waren für Pater Delp nur aus einer unerträglichen Einsamkeit heraus zu verstehen, die sie nötigte, sich selbst ein Haus zu bauen. Bei Goethe haben sich die Gewichte verschoben; sein Wissen um die metaphysischen Hintergründe war ungenügend, und er übersetzte Spinozas pantheistische Logik ins Lyrische. Man übersah dies aus Bewunderung für seine klassische Form. Bei näherer Betrachtung hat sich Goethe leise von der Mitte entfernt.

Dieser Prozeß ging im neunzehnten Jahrhundert weiter. Der abendländische Geist ist stolz darauf, mündig geworden zu sein, in Wirklichkeit aber hat er sich ganz in sich selbst verfangen. Auf diesem Weg des Abrückens wurde der Mensch gottlos. In der Gegenwart hat sich die Gottlosigkeit

zu einer Gottesunfähigkeit weiter entwickelt, was eine erschreckende Erkenntnis ist. Der Mensch hat die Fähigkeit eingebüßt, das Metaphysische zu erleben, scheint es ihm doch eine leere Einbildung zu sein. Der moderne Mensch ist nicht mehr imstande, die vierte Dimension zu empfinden; in sich eingeschlossen wurde er durch seine angebliche Neutralität in weltanschaulichen Fragen zum gedankenlosen Geschöpf. Diese Diagnose war eine der tiefsten Einsichten Pater Delps. Sie in ihrer verhängnisvollen Tragweite zu sehen und zu beheben wurde zu seiner Lebensaufgabe.
Wegen seiner Gottunfähigkeit rennt der moderne Mensch trügerischen Idolen nach. Viele Namen wären hier zu nennen. Pater Delp griff ein damals viel genanntes Beispiel heraus: «Der kranke Held – Oberst Lawrence – wird zum Symbol des modernen Menschen»[14], ohne zu merken, daß in der Herzmitte dieses Lebens etwas zerbrochen war, was in keinem Leben zerbrechen darf. Diese abwegige Entwicklung läßt sich auch in der Literatur verfolgen. Nichts als pervertierte Gestalten tauchen in den modernen Romanen und Schauspielen auf. Die gegenwärtigen Schriftsteller sind nicht imstande, eine gesunde Persönlichkeit darzustellen. Der Leser geht infolgedessen leer aus.
Keineswegs erhebt Delp eine Anklage gegen die «bösen» Menschen der Gegenwart. Das wäre kein Erfassen der Zeit. Er fragt aber: «Woher kommt es, daß das Gute so unfruchtbar und so schwach ist?», und antwortet: «Die Tradition ist biedermeierisch und altersschwach geworden.» Es genügt nicht, die überlieferten Worte rhetorisch zu betonen, sie müssen kraftvoll vertreten werden. Pater Delp scheut sich nicht zu sagen: «Wir sind Land ohne Christentum geworden.»[15] Ja, er geht noch weiter, indem er auch die kirchliche Führung in die Schuld einbezieht: «Wie will die Kirche den Christen retten, wenn sie die Kreatur, die christlich werden soll, im Stich läßt?»[16] Darum ist «der Christ heute oft ein

einsamer Mensch. Aber das war im Grunde immer so. Die letzten Entscheidungen, die einen in der Kraft Gottes zum Christen machen, sind eines jeden eigenste Angelegenheit immer gewesen»[17].

Pater Delp dachte noch intensiver darüber nach, was für positive Kräfte geweckt werden sollten. Er trat für einen christlichen Humanismus und für die Transzendenz ein. «Der Geist, der Mensch muß über sich selbst hinaus wollen, wenn er überhaupt Mensch bleiben will.»[18] Ganz deutlich fragt er: «Was ist zu tun?», und gab darauf eine dreifache Antwort: «Die Ordnung Gottes verkünden und von ihrer Wiederanerkennung alles erwarten und den Menschen in Ordnung bringen.»[19]

Alles, was bis dahin erwähnt wurde, spielte sich im Raum der Vorläufigkeit ab. Diese Phase ist schon wegen der Pater Delp geschenkten Einsichten nicht gering zu schätzen. Wäre er aber in ihr verblieben, würden wir heute wahrscheinlich nicht mehr von ihm reden. Er ist über die Vorläufigkeit, in der er noch ein unvollendeter Mensch war, hinausgeschritten. Damit beginnt die zweite Phase in seinem Leben, ein Abschnitt, in dem er in wenigen Monaten zu seiner letzten Reife heranwuchs. Unwillkürlich denkt man an seine Notizen vom Sommer 1943 in Wolferkam: «Es ist herrlich jetzt, dieser reifende Hochsommer. Vom Feld her rauschen die Sensen und Sicheln ihr betörendes Lied. Ich hab' das so gern, die reifen Felder und dann die Ernte selbst. Irgendwie ist ja der Sinn unseres Lebens: reif werden und geschnitten werden, eingebracht in die Scheunen.»[20] Damit hat er unbewußt sein bevorstehendes Schicksal geweissagt. Pater Delp selbst deutete den Inhalt dieser entscheidenden Wende seines Lebens mit den ebenso kurzen als erschreckenden Worten an: «Gott hat mich gestellt.»[21] Das ist eine ungeheure Aussage. Sie verschlägt einem beinahe den Atem. Immer reden wir Menschen über Gott als eine ver-

fügbare Größe, manchmal oberflächlich und manchmal tiefsinnig, aber fast immer unverbindlich, als ob er unserem Verstand untertan wäre. Damit war es jetzt im Leben Delps endgültig vorbei. Von nun an redete Gott mit ihm, stellte er seine Existenz in Frage und gebrauchte dabei wortlose Worte, die den Pater bis ins Innerste erschütterten. «Gott hat mich gestellt» – das ist die existentielle Formulierung für den letzten Lebensabschnitt von Pater Delp, die radikale Umkehrung seines Daseins. Dieses entscheidende Wort läßt die neue Sicht aufleuchten, die das wahre Gottesverhältnis in sich schließt. Pater Delp geriet in die Atmosphäre des Unbedingten, des Absoluten, des Entscheidenden, in der er auf Herz und Nieren geprüft wurde. Um ihretwillen gilt unsere Aufmerksamkeit Pater Delp. Was es heißt, auf einen Menschen innerlich aufmerksam zu werden, das ist die neu zu erlernende Aufgabe. Mit einem gewöhnlichen Interesse hat dies gar nichts zu tun, denn es setzt eine seelische Anteilnahme voraus, die in ganz andere Tiefen reicht.
Bald nach Beginn von Delps priesterlicher Tätigkeit kam der Nationalsozialismus in Deutschland an die Macht. Pater Delp ließ sich nicht täuschen durch die betörenden Töne, mit denen das deutsche Volk raffiniert verführt werden sollte. Nach Delps scharfsichtigem Blick rettet der Nationalsozialismus das Christentum nicht vor dem Bolschewismus, was damals viele naive Christen geglaubt haben. Noch nie war von einer politischen Bewegung eine ernsthafte Hilfe für das Christentum ausgegangen. Wirkliche Kraft spendet nur das Evangelium selbst. Nur zu bald merkte Pater Delp, welch infames Spiel der Nationalsozialismus spielte. Schon als Hitler den Krieg vom Zaune riß, zweifelte Delp am Sieg Deutschlands.
Im Auftrag des Ordensprovinzials Rösch nahm Pater Delp Fühlung mit dem «Kreisauer Kreis» auf, den Graf Moltke um sich versammelt hatte[22]. Der Kreis arbeitete nicht auf

den Sturz der nationalsozialistischen Regierung hin, er beteiligte sich an keiner Verschwörung und gehörte nur indirekt der Widerstandsbewegung an. Der Name stammt nicht von den Beteiligten, es gab keine Mitgliedschaft, und er war alles andere als fest umrissen. Sie erkannten die Notwendigkeit des Christentums bei einem geistigen Wiederaufbau Deutschlands, wollten aber die Konfessionen als einigenden, und nicht mehr als trennenden Faktor einbeziehen. Es ist unrichtig, dem «Kreisauer Kreis» eine Tendenz zur blossen Theorie vorzuwerfen. Der Kreis beschäftigte sich zunächst mit der Frage des «Nachher» in realistischer Sicht: Kann das Geplante auch in die Tat umgesetzt werden? Man diskutierte über die Frage, was mit Deutschland nach der Niederlage geschehe. Es war das Problem des Überlebens in einer Zeit, da alles in die Brüche ging. Pater Delp hatte als Soziologe seinen Beitrag zu leisten, obwohl die Frage nicht soziologisch zu lösen war. Mit einem starken Interesse für die soziale Frage arbeitete er eine neue Sozialordnung aus, die er «die dritte Idee» nannte, die aber durch die Kriegswirren verlorengegangen ist. Es lag ihm an der Beteiligung des Arbeitgebers und des Arbeitnehmers an der Führung und am Ertrag des Unternehmens. Dieser sollte nach einem bestimmten Schlüssel verteilt werden. Er erblickte in einem «personalen Sozialismus» die neue soziale Ordnung, die den Kapitalismus und den Kommunismus überwinden sollte. Die Teilnehmer des Kreisauer Kreises kamen über die Anfänge nicht hinaus, doch waren sie sich darin einig, ein völlig neues Deutschland müsse errichtet werden, ein Deutschland, das weder der westlichen Formaldemokratie, noch dem östlichen Totalitarismus verpflichtet sei. Es war Pater Delp und seinen Freunden völlig klar, daß dies nur auf einer religiösen Grundlage möglich ist. Pater Delps vordringlichstes Anliegen war, ein christliches Deutschland in einem christlichen Abendland zu schaffen, ohne den parteipolitischen Weg einzuschlagen. In dieser Einsicht reichten sich evangelische und katholische Christen im Kreisauer Kreis die Hände. Der Kreis wurde aber von den Nationalsozialisten aufgelöst, und damit hat man die Frage niedergeschlagen. Dies hat sich nach dem Zusammenbruch Deutschlands bitter gerächt. Es fehlte das Bild eines neuen Deutschlands. Die Frage ist in anderer Form noch heute aktuell; sie ist nie überholt und gilt auch für andere Nationen. Pater Delp war sich über die Gefährlichkeit eines derartigen Kreises im nazionalsozialistischen Deutschland durchaus klar, fürchtete er doch, eines Tages verhaftet zu werden.

Die Angst war nicht unbegründet, denn an einem strahlend schönen Tag hatte die Vorläufigkeit ihr Ende gefunden. Nach einem Gottesdienst in München-Bogenhausen traten zwei Herren in Zivil an Pater Delp heran, lüfteten den Hut und ersuchten betont höflich um eine Unterredung. Pater Delp war gerade im Gespräch mit einem aus dem Gottesdienst kommenden Mädchen und bat um einige Minuten Geduld. Doch die beiden Herren erwiderten, die Sache dulde keinen Aufschub und die Angelegenheit sei dringend, worauf sie mit dem Pater das Pfarrhaus betraten. Nach einiger Zeit verließen die drei Herren wieder das Haus und Pater Delp konnte nur im Vorbeigehen mit leiser Stimme sagen: «Ich bin verhaftet. Behüt' euch Gott und auf Wiedersehen.»[23] Dann fuhren sie in einem grauen Auto davon. Pater Delp war auf heimtückische Art von getarnten Gestapo-Leuten verhaftet worden.

Pater Delp wurde von München in ein Berliner Gefängnis überführt, in dem er äußerst schwere und qualvolle Zeiten durchmachte.

Es wird jedem Menschen schwer zumute, wenn sich die Türen einer Gefängniszelle hinter ihm schließen und er sich der Freiheit beraubt sieht. Im Falle Pater Delps war es doppelt schwer, da es nicht ein Untersuchungsgefängnis eines Rechtsstaates war, in dem die Anklagen mit aller Sorgfalt und nach allen Seiten geprüft wurden. Pater Delp befand sich in den Klauen des Nationalsozialismus, der das Recht stets mit Füßen getreten hat. Die seelische Verfassung eines Gefangenen hat er selbst geschildert: «Man muß einmal im engen Raum und in Eisen gesessen sein, in der Ecke die zerfetzte Fahne der Freiheit haben stehen sehen in tausend Bildern der Schwermut. Und dabei wissen: du bist ohnmächtig, du hast keinen Schlüssel, und deine Tür hat innen kein Schloß, und dein Fenster ist vergittert und liegt so hoch, daß du nicht einmal hinausschauen kannst.»[24] Wenn der Kranke nur einen Wunsch nach Gesundheit hat, so hat der Gefangene nur das eine Verlangen nach Freiheit. Sie ist der große Traum jedes Gefangenen, ohne den er die Situation in der Zelle nicht aushalten würde. Dies hat Pater Delp mit allen Fasern seines Wesens erlebt.

Kaum in der Zelle eingesperrt, legte man Pater Delp die Fesseln an, die er Tag und Nacht tragen mußte. Er ist der Mensch mit den gefesselten Händen. Auf seinem Schreibtisch im Pfarrhaus von Bogenhausen stand eine Teilaufnahme einer Figur mit gefesselten Händen von Riemenschneider. Er ahnte damals wohl kaum, daß ihm ein ähnliches Schicksal bevorstehen werde, wie es Riemenschneider wegen seiner passiven Teilnahme am Bauernkrieg erdulden mußte. Die gefesselten Hände sind das Attribut dieses unkanonisierten Heiligen. Pater A. Grillmeier betrachtete Delps Leben unter dem Gesichtspunkt «der Kampf wider Fesseln» [25]. Es ist eine bittere Erfahrung, Fesseln tragen zu müssen, denn abgesehen von den physischen Unbequemlichkeiten erinnern sie den «Menschen in Eisen» jeden Augenblick daran: Du bist gefangen und jede freie Bewegung ist dir genommen.

Von nun an begann Pater Delp «im Angesicht des Todes»

zu leben, eine Formulierung, die einem seiner Nachlaßbände den Namen gab. Alle Menschen erleiden früher oder später den Tod, und doch ist es merkwürdig, daß sie nicht bereit sind, mit dem bevorstehenden Ende zu rechnen. Auch die Christen leben, als würden sie endlos auf dieser Erde bleiben. Diese Selbsttäuschung löste sich bei Pater Delp von selbst in Dunst auf. Das Dasein im Angesicht des Todes verlieh seinen letzten Monaten eine ungeahnte Tiefendimension. Man lebt anders, wenn man jeden Tag den Tod in seine Lebensrechnung einkalkuliert und sich nicht mit den oberflächlichen Gedanken betäubt: Solange ich lebe, ist der Tod nicht da, und wenn der Tod da ist, bin ich nicht mehr anwesend. Der Mensch muß manchmal sehr lange und schmerzhaft dem Tode entgegengehen, bis er zum «Bruder Tod» (Franziskus) ein reales Verhältnis gewinnt. Wahrhaft im Angesicht des Todes zu leben, ist nur der Christ imstande, der vom festen Glauben an die Auferstehung durchdrungen ist.

Verhöre begannen, doch waren es nicht Verhöre durch einen Untersuchungsrichter, wie sie in einem Rechtsstaat durchgeführt werden. Pater Delp wurde von den sadistischen Schergen des Nationalsozialismus brutal geschlagen, bis sein Rücken blutete. Es war für diesen stürmisch veranlagten Menschen überaus bitter, entsetzlich verprügelt in seiner Zelle zu liegen und vor Schmerzen zu wimmern. Die nationalsozialistischen Rohlinge hatten wirklich alle Achtung vor der Menschenwürde verloren. Unwillkürlich denkt man, wenn es gestattet ist, das Kleinere mit dem viel Größeren zu vergleichen, an die schreckliche Geißelung des Herrn. Pater Delp ließ sich nicht unterkriegen und gab keinen Namen preis. Als man versuchte, ihn in eine Falle zu locken, indem man ihm die Freiheit versprach, wenn er aus dem Orden austrete, durchschaute er sofort den Plan. Der Nationalsozialismus hat die Folter wieder eingeführt, die

die Aufklärung beseitigt hatte, worauf sie nicht wenig stolz war. In jenen Stunden, da Alfred Delp in seiner Zelle sein körperliches Elend ausweinte, klagte er nicht zum Himmel empor. Wohl fragte er sich: «Warum läßt mich Gott so schlagen?» Pater Delp beantwortete die Frage: «Für die Unklarheit und Unwahrhaftigkeit meines Wesens.»[26] Das ist ein vorbildliches Beispiel einer Gewissensprüfung; ein unerbittlicheres Gericht über das vergangene Leben kann man gar nicht abhalten.

Zu dieser Drangsal hinzu kamen die Bombenangriffe auf Berlin. Sensibel wie Pater Delp war, hatte er immer heftig auf sie reagiert. Schon in München wurde er «beim Heulen der Sirenen und beim krachenden Einschlag der Bomben immer wieder von physischer Angst geschüttelt.»[27] Grauenhaft waren jene Stunden, aber noch grauenhafter war es, bei diesen Angriffen gefesselt in der Zelle sitzen zu müssen. Die Gefangenen wurden nicht in den Luftschutzkeller geführt, atemlos saßen sie hinter festverschlossenen Türen, hörten die Einschläge in der Nähe und fürchteten, das Gefängnis werde getroffen. Die Nervenbelastung war kaum zu ertragen. Im Gefängnishof mußten sie gefesselt im Kreis gehen; sie entdeckten dabei, daß der Hintermann hörte, was man an gewissen Stellen gegen die Wand sprach. Die Not hatte sie erfinderisch gemacht.

Inmitten dieser schrecklichen Situation erfuhr Pater Delp einige Tröstungen, die ihm viel bedeuteten.

Zwei ihm unbekannte Frauen, denen man seine Verhaftung mitgeteilt hatte, nahmen sich seiner vorbildlich an. Ihre Namen verdienen, festgehalten zu werden, zumal da sie bei der Veröffentlichung des Buches «Alfred Delp, Kämpfer, Beter, Zeuge» bescheiden zurückgetreten waren: Marianne Hapig und ihre Freundin Dr. Marianne Pünder. Angeblich im Auftrag der Mutter brachten sie ihm frische Wäsche, schmuggelten dabei allerlei verbotene Dinge in

seine Zelle und leiteten auch seine Briefe nach München weiter. Dies alles war nicht ungefährlich, jedenfalls besaßen die beiden Frauen einigen Mut. Sie ermöglichten ihm auch, mit Hilfe des evangelischen Gefängnisgeistlichen, wenn auch notdürftig, die Messe in seiner Zelle zu zelebrieren, was für ihn ein großer Trost war.
In Delp lebte noch eine seltsame Hoffnung, die zwar nicht allen verständlich, aber doch aus seiner Situation heraus begreiflich ist. In den Briefen taucht der Name Urli auf. Urli war eine ihm befreundete, über fünfzig Jahre alte Frau in München, die auf einen inneren Zuspruch hin Gott ihr Leben zum Opfer angeboten hatte, «damit er das von Pater Delp erhalten möge für die Arbeit im Reiche Gottes»[28]. Ein Jahr später wurde sie bei einem Bombenangriff unter den Trümmern ihres Hauses begraben. Gott hatte scheinbar ihr Opfer angenommen. Pater Delp klammerte sich an diese Hoffnung – aber sie ging nicht in Erfüllung.
Ferner hatte er immer noch nicht die endgültigen Gelübde abgelegt, und der Orden hatte sie ihn nicht ablegen lassen. In seiner schweren Situation wollte der Orden ihm die Freude bereiten. Pater von Tattenbach gelang es auf eine seltsame Weise, sich Zutritt zu Delps Zelle zu verschaffen. Er brachte ihm die Erlaubnis für die Ablegung der letzten Gelübde. Am 8. Dezember setzte Pater Delp seine Unterschrift unter das Dokument unter Aufsicht eines schläfrigen Beamten, der wohl nicht klug wurde darüber, was hier vor sich ging. Eine Weihestunde unter solchen Umständen dürfte wahrscheinlich in der Geschichte des Ordens noch nie vorgekommen sein. Den Gefangenen selbst hat es beinahe überwältigt: «Es war soviel auf einmal ... Die ganzen Tage der Novene auf den 8. hab' ich um eine Botschaft der Erbarmung gebetet. Und dann diese Erfüllung ...»[29]
Die Möglichkeit, seine Gedanken niederzuschreiben, gewährte ihm einige Erleichterungen in seinem einförmigen

Leben. Wenn der Wärter die Fesseln etwas nachlässig anlegte, gelang es Pater Delp, aus ihnen herauszuschlüpfen, so daß es ihm möglich wurde, am Tische etwas zu schreiben. Zwar bezeichnete er selbst das Geschriebene «ein elendes Geschmiere», da er noch viele Jahre nötig hätte, um seine Gedanken ausreifen zu lassen[30]. In Wirklichkeit bewiesen aber auch die Schriften aus dem Gefängnis, daß Pater Delp der von Gott gestellte Mensch war. Zunächst fällt die veränderte Schreibweise auf. In seinen früheren Publikationen war Delp unbewußt vom fragwürdigen Stil Przywaras beeinflußt. Die schwerverständliche Ausdrucksweise ist ein Übel der deutschen Gelehrsamkeit, die darin einen besonderen Tiefsinn erblickt. Genau besehen ist sie ein Feigenblatt, das eine geistige Magerkeit zudecken will. Dieses geistreiche Gerede fiel vom gefesselten Delp wie ein dürres Blatt ab. Er befreite sich bewußt vom bloßen Intellektualismus und bediente sich fortan einer klaren Schreibweise, die jeder ernsthaft Suchende verstehen konnte. Der komplizierte Stil versucht, die eigene Unklarheit zu überspielen. Das wahrhaft Große ist schlicht und von abgeklärter Einfachheit. Pater Delp verwechselte nicht mehr geistreiches Gerede mit Geist, was ein Beweis für seine echte Läuterung ist.

Pater Delp sah ganz klar: «Die grauen Horizonte müssen sich lichten. Nur der Vordergrund schreit so laut und aufdringlich. Weiter hinten, wo es um die eigentlichen Dinge geht, ist die Sache schon anders. Tiefer im Sein tragen unsere Tage den Segen und das Geheimnis Gottes.»[31] Seine Aufzeichnungen lassen sich nur mit Ehrfurcht lesen. Sie sind nach dem Krieg unter dem Titel «Im Angesicht des Todes» erschienen. Keine Silbe salbungsvollen Geredes ist darin zu finden, alles ist von einem letzten Ernst diktiert. Er hat die bloße Literatur überschritten; seine Erkenntnisse stammen aus der Erfahrung: «Aus tiefer Not schrei' ich zu dir», und seine Situation läßt sich nur durch die beiden Worte umschreiben: in extremis. Pater Delp war am äußersten Rand angelangt, dort, wo der Mensch nur noch de profundis zu Gott rufen kann. Er hat dies auch getan, und darum ist man von den Aufzeichnungen «Im Angesicht des Todes» immer wieder neu beeindruckt. «Das Leben ist so ungeheuer plastisch geworden in diesen langen Wochen. Vieles, was früher Fläche war, erhebt sich jetzt in die dritte Dimension», schrieb er zu Beginn der Aufzeichnungen[32]. «Die Welt liegt voller Trümmer. Geistig ist eine große Stille und Leere. Die letzte geistige Leistung des Menschen ist die Frage nach dem Sinn und dem Ziel des Ganzen.»[33] Pater Delp hatte schwere Anfechtungen zu bestehen: «Innerlich habe ich viel mit dem Herrgott zu tun und zu fragen und dranzugeben. Das eine ist mir so klar und spürbar wie selten: Die Welt ist Gottes so voll. Aus allen Poren der Dinge quillt uns dies gleichsam entgegen. Wir aber sind oft blind. Wir bleiben in den schönen und in den bösen Stunden hängen. Wir erleben sie nicht durch bis zu dem Punkt, an dem sie aus Gott hervorströmen.»[34]

Pater Delp war sich klar, daß auch die Kirche in eine schwere Bedrängnis geraten war. Es war ihm nicht mehr möglich, so selbstverständlich vom kirchlichen Menschen zu sprechen. Keiner der beiden Parteien der blutigen Dialoge hört noch auf die Kirche. «Wir haben die kirchenpolitische Apparatur überschätzt», schreibt er[35]. Die Religion ist im abendländischen Raum an vielen Krankheiten gestorben und mit ihr auch die Menschen, wodurch die abendländischen Räume geistig, menschlich und religiös leer geworden sind. Vielleicht sind diese Überlegungen durch die vier Gefängniswände entstanden, Gedanken, die sehr ernst genommen werden müssen. Sie umschreiben ein vordringliches Problem, und genau an dieser Stelle muß das Nachdenken einsetzen. Die kirchenpolitischen Überlegungen,

die heute wieder die Oberhand gewinnen und wahrscheinlich sein müssen, bringen die Christen nicht weiter. Helfend ist allein der christliche Weg, der sich von der kirchenpolitischen Taktik unterscheidet.
Der Gefangene hatte wenig Lektüre zur Verfügung, unter anderen Meister Eckhart, den er von allen Büchern allein zurückbehielt. Das war nicht alltäglich, denn Meister Eckhart galt in der Kirche seit den Tagen seiner Verurteilung als suspekt. Pater Delp ließ sich nicht von diesen vorgefaßten Meinungen beeinflussen und notierte sich: «Die ganze Eckhart-Frage wäre einfacher, wenn man bedächte, daß es sich hier um einen Mann handelt, dessen Seele und Geist hoch hinaus strebte, und der nun versucht, mit Wort und Ausdruck dem nachzukommen. Das gelingt nicht, wie es schon Paulus nicht gelang und wie es modulo suo jedem Menschen nicht gelingt, wenn es sich um die Wieder- und Weitergabe innerster Erlebnisse handelt.»[36] Es hat lange gedauert, bis man in der Kirche ein derart gerechtes Urteil über Meister Eckhart fällte. Die Äußerung zeigt, daß sich Pater Delp nicht mehr mit den offiziellen Aussagen begnügte, sondern anders zu denken wagte über Persönlichkeiten, die man jahrhundertelang stiefmütterlich in den Winkel gestellt hatte. Auch die christliche Vergangenheit muß vom Evangelium aus neu überprüft und neu durchdacht werden.
Pater Delps Gedanken drehten sich stets um Gott, um die persönliche Nähe Gottes. «Das große Rufen nach Gott muß anheben und darf nicht mehr nachlassen... Die Zeit der großen Beter ist gekommen. Das bedeutet keine quietistische Botschaft der Dispens von der Tat und Verantwortung... Wir müssen uns mit Gott gegen unsere Not verbünden.»[37] Solche Einsichten hat Pater Delp nicht auf der Schulbank gelernt, es sind Erfahrungen, die ihm im Gefängnis zuteil wurden: «Unser Leben ist gottlos geworden

im Sinn der Leere: Gott ist nicht mehr bei uns – und im Sinn der Haltung: Gott wird übersehen, geleugnet, ihm jeglicher Anspruch über das Leben verweigert.»[38]
Nach monatelangem ungewissem und bangem Warten kam es zur zweitägigen Gerichtsverhandlung. Man hatte sie immer wieder hinausgeschoben, eine Verzögerung, die die Gefangenen zermürbte. Eines Tages aber fand sie in einem kleinen, vollbesetzten Saal doch statt. Roland Freisler führte den Vorsitz, ein Jurist, der durch den Nationalsozialismus jedes Verantwortungsgefühl eingebüßt hatte. Er war in blinder Hörigkeit dem Führer zugetan, wahrscheinlich wollte er seine frühere linksorientierte Einstellung auswetzen. Freisler ist ein abschreckendes Beispiel dafür, wie ein durch Fanatismus verblendeter Mensch jede Selbstkontrolle verliert. In seinem hemmungslosen Haß gegen das Christentum hatte er es besonders auf die Jesuiten abgesehen. Freisler entblödete sich nicht, in der Gerichtsverhandlung zu sagen: «Ein Jesuitenpater! Ausgerechnet ein Jesuitenpater... Kein Deutscher kann doch einen Jesuiten auch nur mit der Feuerzange anfassen! Wenn ich weiß, in einer Stadt ist ein Jesuitenprovinzial, so ist das für mich fast ein Grund, gar nicht in die Stadt zu gehen!»[39] Das ist einfach dumm argumentiert, so dumm, daß sich jedes Wort erübrigt. Mit Rechtsprechung hat dies gar nichts mehr zu tun. Freisler zeigte im grellen Licht die Entartung der Justiz unter einer Diktatur, die immer Recht in Unrecht verkehrt. Bis zum heutigen Tag hat sich die Justiz von der Korruption des Rechtes nicht völlig erholt. Es gibt auch in der Gegenwart Richter – zum Glück nicht alle –, die meinen, das Recht den Tagesströmungen anpassen zu müssen, und nicht daran denken, «Recht muß doch Recht bleiben, und dem werden alle frommen Herzen zufallen»[40]. Dabei bleibt doch der Kampf für Recht und Gerechtigkeit eine ganz große Sache. «Der rasende Roland», wie man den blutrünsti-

gen Freisler nannte, war in seinem intellektuellen Verhalten eitel, arrogant und anmaßend. Sein theatralisches Auftreten mit der roten Robe mußte seine innere Nervosität überdecken. Pater Delp wirkte als überzeugter Christ wie das rote Tuch auf ihn. Über den Verlauf der Gerichtsverhandlung sind wir im einzelnen nicht unterrichtet, weil die Protokolle vernichtet sind. Die Beisitzer waren Statisten, die Fragen auf die Verurteilung zugeschnitten, und nur gewisse Aussagen wurden zugelassen. Freisler bezeichnete sein Duell mit Pater Delp als «wahrhaft überdimensional»[41]. Dabei schrie er den Angeklagten unflätig an und bezichtigte ihn unfair der Feigheit: «Sie wollten gerne das Köpfchen mit der Tonsur aus dem Hochverrat heraushalten.»[42] Er beschimpfte fortwährend das Christentum und die Kirche, besonders aber die katholische Geistlichkeit, die deutschfeindlich sei und uneheliche Kinder zeuge. Pater Delp dagegen benahm sich vorzüglich. Er stand da, ein wenig nach vorn geneigt, die Hände ineinandergelegt, mit einer Beherrschtheit, die ihm ansonst nicht gemäß war. Trotz der äußerst gespannten Situation behielt er die innere Ruhe und parierte in überlegenem Ton die völlig unsachlichen Wutausbrüche des Vorsitzenden. In aller Bescheidenheit hat er sich damit ein ehrfurchtgebietendes Denkmal gesetzt. Sein Verhalten war großartig, und trotzdem hat es ihm nichts genützt. Der von wilden Haßgefühlen vergiftete Freisler trug das abgeschlossene Urteil in der Tasche, bevor er überhaupt den Gerichtssaal betreten hatte. «Das war kein Gericht, sondern eine Orgie des Hasses», schrieb Pater Delp, dies um so mehr als Freisler den Grundsatz der freien Verteidigung aufgehoben hatte[43]. Zwar mußte die Anklage auf einen Zusammenhang mit dem 20. Juli fallengelassen werden. Doch glaubten die Angeklagten an das Christentum und nicht an den Nationalsozialismus. Sie sprachen von einem Neubau Deutschlands und hielten den

Endsieg für ausgeschlossen. Diese Gesinnung kam einem todeswürdigen Verbrechen gleich; Pater Delp hat sich dadurch «für immer ehrlos gemacht und wird mit dem Tode bestraft», hieß es im Urteil[44].
Eine Appellation gab es nicht. Das Gnadengesuch wurde selbstverständlich abgelehnt. Im folgenden Monat fiel das Gerichtsgebäude einem Bombenangriff zum Opfer, diese Stätte, in der das Unrecht zum Himmel schrie. Das Haus stand sofort in hellen Flammen. Freisler flüchtete in den Luftschutzkeller, wurde aber unterwegs von einem herabstürzenden Balken wie eine fliehende Ratte platt zusammengedrückt. Verdientes Ende, ist man versucht zu sagen, zumal da er der einzige war, der getroffen wurde.
Nach der Verurteilung schrieb Pater Delp die Abschiedsbriefe. Aus ihrem Inhalt seien nur wenige Worte zitiert: «Denen ich wehe getan, sie mögen mir verzeihen. Ich habe gebüßt... In den Stunden der gefesselten Hände, des Körpers und des Geistes, da ist vieles zerbrochen. Da ist vieles ausgebrannt, was nicht würdig und wertig genug war... Und so will ich zum Schluß tun, was ich so oft tat mit meinen gefesselten Händen und was ich tun werde, immer lieber und mehr, solange ich noch atmen darf: segnen. Segnen Land und Volk, segnen dieses liebe Deutsche Reich in seiner Not und inneren Qual; segnen die Kirche, daß die Quellen in ihr wieder reiner und heller fließen; segnen den Orden, daß er echt und geprägt und frei sich selbst treu bleibt...»[45] Das Wort über den Orden müßte heute jedem Jesuiten in den Ohren gellen, denn es ist nicht getan, daß man ein Haus nach dem Namen «Delp» benennt und sonst an der allgemeinen Verwirrung teilnimmt. Delps Segen über dem Orden muß sich zum mindesten dahin auswirken, daß der blöde Witz endlich gegenstandslos wird: «Der liebe Gott selbst wisse nicht, was die Jesuiten eigentlich wollen.» Alfred Delp wußte es jedenfalls am Ende seines Le-

bens ganz klar: dort in die Lücke zu springen, wo die Christenheit zu versagen droht. In die Gegenwart übertragen heißt das, weder sich dem Zeitgeist anzupassen noch in der Sturheit zu verharren, sondern der Kirche zu helfen, sich auf das Wesentliche zu besinnen.
Pater Delp hat ehrlich eingestanden, er hätte noch gerne weitergelebt, um viele neue Worte und Werte zu verkünden, die er erst im Gefängnis in ihrer Tragweite erkannt habe. Fortan wollte er nur noch von der Ordnung Gottes reden. Der Mensch kann einzig und allein durch sie gesunden. Wir müssen die Ordnung Gottes wiederherstellen, wir, die wir sie mit Füßen getreten haben. Es gibt keine andere Rettung aus dem Chaos als die Ordnung Gottes. Sie allein macht die Menschen wieder froh. Dies war Pater Delps Thema, das er fortan verkündigen wollte. Aber er erkannte in der überaus schweren Zerreißprobe der letzten Wochen, daß man sein Schicksal nicht allein den Schergen des Nationalsozialismus zuschieben darf. Letztlich hatte es doch Gott angeordnet, und für Pater Delp handelte es sich darum, so schwer es ihm auch gefallen war, sich in den Willen Gottes zu fügen. Obschon es einen freien Willen gibt, der Wille Gottes ist ihm übergeordnet. Das ist intellektuell nicht zu lösen. Das gefaßte Annehmen ist die letztmögliche Haltung des Menschen. Pater Delp hat darum gebeten, «daß Gott mich in der Kraft halte, seiner Fügung und Zulassung gewachsen zu sein»[46]. Dies ist bei keinem zum Tode verurteilten Menschen selbstverständlich. Niemand weiß, ob nicht plötzlich ein Schwächeanfall über ihn komme und er in eine verzweifelte Klage ausbreche. «Dieses Petrus-Leben hier ist anstrengend. Immer wieder einmal schaut der arme Kerl aufs Wasser und dann versäuft er.»[47] Wem wäre dieses Schicksal erspart geblieben? Nicht einmal der heiligen Johanna nach ihrer ersten Verurteilung. Darum ist die innere Furcht Delps vollauf begreiflich. Pater Delp wurde vor

einem seelischen Zusammenbruch bewahrt. Er verlor seine Fassung nicht. Pfarrer Buchholz berichtet: «Noch nie in meinem ganzen Priesterleben habe ich einen solchen Menschen zum Tode vorbereitet. Ein Vorbild von Starkmut und Geduld.»[48] Ruhig betete Pater Delp die Sterbegebete. Dann sagte er zum Seelsorger: «In einer halben Stunde weiß ich mehr als Sie!»[49] Am 31. Januar 1945 wurde Pater Delp in das «Haus des Grauens und des Todes» in Plötzensee überführt[50] und am 2. Februar 1945 mit auf dem Rükken gefesselten Händen an einem Fleischerhaken erhängt. Noch in der Vollstreckung des Todesurteils wollte man Pater Delp erniedrigen. Auch Christus hatte man an einen Kreuzesbalken genagelt, eine Todesart, die man damals für Verbrecher verwendete. Hernach verbrannte man die Leichen und streute die Asche über die Felder.

«Wenn durch einen Menschen ein wenig mehr Licht und Wahrheit in der Welt war, hat sein Leben einen Sinn gehabt», schrieb Pater Delp[51]. Wir sind verpflichtet, nach diesem Sinngehalt seines Lebens zu fragen. Delps Tod verlangt von uns ein Stillestehen, und sein Sinn sollte uns zu einer Besinnung führen. Er selbst hätte nur eine Haltung gelten lassen, die aus seinem Ende die notwendigen Folgerungen zieht. Die Besinnung hat nichts mit der vielgenannten Vergangenheitsbewältigung zu tun – sie wird doch nie bewältigt –, sondern zielt auf eine Gewissensprüfung unserer gegenwärtigen Arbeit.

Die Herrschaft des Nationalsozialismus führte eine Zeit der Finsternis über Deutschland herauf. Sie ist zu bekannt und bedarf deshalb keiner Schilderung mehr. In dieser völlig verdunkelten Zeit gab es auch etliche leuchtende Gestalten, die Märtyrer des christlichen Glaubens, die um ihrer Überzeugung willen umgebracht wurden. Es ist unmöglich, sie alle aufzuzählen, die Wahl mußte auf eine Gestalt fallen, was gegenüber all den andern ungerecht zu sein scheint. Die

Überlegung liegt anderswo: es geht bei den Märtyrern nicht um die Verherrlichung eines Menschen, sondern um die Darlegung der göttlichen Kraft, die sich an einem Menschen bezeugt hat. Alfred Delp steht für alle andern da. Er wurde ausgewählt, weil über ihn ein ansehnliches Material erhalten ist. Er war ein Zeuge des christlichen Glaubens und ist, gleich vielen andern Menschen im Dritten Reich, wegen seines Glaubens ermordet worden. Was sagen uns diese Blutzeugen? Es kommt auf den Widerstand an! Sie haben mit aller Kraft gegen eine von teuflischer Gesinnung erfüllte Regierung Widerstand geleistet. Wir ehren ihr Erbe nur, wenn wir von ihnen ganz bewußt lernen, was es heißt, Widerstand zu leisten. Statt dem verhängnisvollen Trend-Denken zu frönen, müssen wir uns den Widerstandskämpfern gegen den modernen Zeitgeist anschließen. Widerstand leisten heißt sich auf geistigem Gebiet gegen das Modische entscheiden und dem Gewissen treu bleiben. Wir dürfen uns nicht den rasch wechselnden Zeitströmungen anpassen, weil wir sonst von ihrem Sog aufgeschluckt werden. Paulus warnt uns eindringlich davor: «Stellet euch dieser Welt nicht gleich.»[52] In verwandter Gesinnung ruft uns Pater Delp zu:

> «Brot ist wichtig.
> Freiheit ist wichtiger.
> Am wichtigsten aber ist
> die ungebrochene Treue und
> die unverratene Anbetung.»[53]

Hinzu kommt eine weitere Überlegung: «Es sollen andere einmal besser und glücklicher leben dürfen, weil wir gestorben sind», schrieb Pater Delp[54]. Er hat seinen Tod nicht als eine Zufälligkeit empfunden, sondern war der Meinung, daß er und seine Mitgefangenen für die andern Menschen zum Tode bestimmt wurden. Den anderen sollte dafür ein besseres Dasein beschieden sein. «Ich will mir Mühe geben, als fruchtbarer Same in die Scholle zu fallen: für Euch alle und für dies Land und Volk, dem ich dienen und helfen wollte.» [55] Pater Delp hat sich als Same verstanden. Dieser Gedanke war ihm wichtig: «Es ist doch alles Samen.» [56] Der Gedanke des Samens stammt aus dem Neuen Testament. Jesus spricht ihn aus: «Wahrlich, wahrlich, ich sage euch: Es sei denn, daß das Weizenkorn in die Erde falle und ersterbe, so bleibt es allein; wo es aber erstirbt, so bringt es viele Früchte.» [57] Für die Nachwelt erhebt sich die nicht zu unterdrückende Frage: Ist dieser Same der Märtyrer des Dritten Reiches aufgegangen, oder ist er auf steinigen Boden gefallen? Sind wir etwa das gute Erdreich? Diese Fragen gehören zu der schweren Gewissensfrage, der wir nicht ausweichen dürfen. Immer stehen wir vor dieser Frage, die uns gleichsam mit großen Augen anschaut. Dieser Same ist ein heiliges Vermächtnis, das eine Verpflichtung in sich schließt, die uns bis ans Ende unseres Lebens auferlegt ist.

Die gebotene Besinnung geht noch weiter, indem sich an die letzte Überlegung noch eine weitere Verpflichtung anschließt. An seinem letzten Silvester schrieb Pater Delp seinem evangelischen Zellennachbar einen Zettel, den er ihm heimlich zusteckte: «Sorge dafür, tu das Deine, daß – was auch komme – unsere Kirchen in ihrer Uneinigkeit unserem gemeinsamen Herrn nicht mehr Schande machen. Wir haben es solange getan. Es soll und muß ein Ende haben.» [58] In diesen Worten ist das Problem der Ökumene vorbildlich gestellt. So viel auch über das neue Zusammenleben der beiden Konfessionen geschrieben worden ist, es erhebt sich nur ganz weniges zu der Höhe von Pater Delps Worten. Das meiste ist nur bloßes Gerede oder äußerliche Zusammenarbeit. Es fehlt das brennende Schuldbewußtsein, daß man dem Herrn durch die jahrhundertelange Uneinigkeit Schande bereitet hat. Der gefesselte Pater Delp ist in seiner erbarmungslosen Gefängniszelle zu der erleuchteten Einsicht gelangt: «Wenn die Kirchen der Menschheit noch einmal das Bild einer zankenden Christenheit zumuten, sind sie abgeschrieben. Wir sollen uns damit abfinden, die Spaltung als geschichtliches Schicksal zu tragen und zugleich als Kreuz. Von den heute Lebenden würde sie keiner noch einmal vollziehen. Und zugleich soll sie unsere dauernde Schmach und Schande sein, da wir nicht imstande waren, das Erbe Christi, seine Liebe, unzerrissen zu hüten.»[59] Das sind im Angesicht des Todes geschriebene Worte. Er ging noch einen Schritt weiter und bemerkte: «Wir sind trotz aller Richtigkeit und Rechtgläubigkeit an einem toten Punkt... Die Kirche muß sich selbst viel mehr als Sakrament, als Weg und Mittel begreifen, nicht als Ziel und Ende.»[60] Ferner erkannte er: «Die bürokratische Kirche ist großenteils das Werk des bürgerlichen Menschen innerhalb der Kirche. Die Kirche hat ihren eigenen Beitrag geleistet zur Entstehung und zur Entartung des bürgerlichen Menschen. Und der bürgerliche Mensch hat nicht versäumt, sich in der Kirche breitzumachen und die Ideale der menschlichen Schwäche – Besitz, Macht, gepflegtes Dasein, gesicherte Lebensweise – innerhalb des kirchlichen Raumes anzusiedeln.»[61] Ich wüßte nicht, wie man diese Worte widerlegen könnte. Sie sind einfach wahr. Und sie sind nicht als harte Kirchenkritik gemeint. Kirchenkritik ist billig und nützt nicht viel. Allzulange haben sich die Christen mit der Spaltung abgefunden. Oft machten sie sich nicht einmal Gedanken darüber, sondern waren nur darauf bedacht, die eigene Position auszubauen und die getrennten Brüder zu ignorieren. Der Gedanke einer «Heimholung» ist fallenzulassen, da er nicht dem Denken der ökumenischen Weite entspricht. Die Geschichte der Kirchen-

trennung mit ihren gegenseitigen Verfolgungen ist ein überaus trauriges Kapitel, das sich wie ein Alb auf die Seele der Christen legt. Dieses Geschehen darf nicht geleugnet werden, vielmehr verlangt es nach Sühne und einem großen gegenseitigen Verzeihen. Die kirchlichen Bürokraten wehren sich dagegen, aber die lebendigen Christen werden sich dadurch nicht aufhalten lassen und werden auch da an der Basis beginnen, weil alles andere auf Sand gebaut ist. Wir müssen einander ohne jeden Hintergedanken die Hände reichen, müssen aufeinander zuschreiten und die Einheit der Christenheit als das höhere Ziel erfassen als das konfessionelle Sondergut, das wir einander aus Liebe bereitwillig zubilligen. Die Christen der echten Una Sancta – unvergeßlich bleibt uns in dieser Beziehung der ebenfalls hingerichtete Dr. Metzger – werden immer wieder neu einander zu verstehen suchen, werden durch alle Wände hindurch und trotz der verschiedenen Lebensgewohnheiten einander verstehen und lieben, bis ihnen Gott die Einheit ohne die Vereinigung schenkt. Pater Delps Gefängniszettel ist beinahe eine Reliquie, auf jeden Fall gedenken wir seiner nur richtig, wenn wir sie nie vergessen und uns immer wieder an seine Aufforderung «Sorge dafür!» erinnern.
Noch ein letzter Samen-Gedanke von Pater Delp arbeitet in uns weiter: das christliche Leben. In den letzten Jahren erschienen Bücher in großer Menge, zum großen Teil gelehrte und der gegenwärtigen Diskussion dienende Bücher. Um es drastisch zu sagen, vertreten sie eine Papier-Theologie. Von Theoretikern des Christentums verfaßt, drohen diese Bücher in eine bloße Spielerei auszuarten, jedenfalls vermitteln sie dem Leser weder Klarheit noch Kraft. Hat man Pater Delp innerlich Schritt für Schritt auf seinem Todesweg begleitet, sagt einem dieses inhaltslose Geschreibsel nichts mehr. Es ist aus einem Unernst entstanden, und unwillkürlich fragt man sich: Wie war es nur möglich, daß we-

nige Jahre nachdem die deutsche Christenheit im Glutofen der Anfechtung geprüft wurde, ein derart nichtssagendes theologisches Geschwätz aufkommen konnte? Die Unverbindlichkeit ist angesichts Delps Tod nicht zu verantworten. Er schrieb: «Echt und unverstellt, die Kulissen sind weg, und der Mensch steht heute unmittelbar vor den letzten Wirklichkeiten. Die Idylle hat der Blitz verbrannt, der uns gezeichnet hat... Da wir dieser Erschütterung nicht mehr fähig waren vor lauter Bürgerlichkeit, hat uns der Herrgott zunächst einmal wieder beigebracht, was Erschütterung – erschütterte, geschüttelte Welt – heißt.»[62] Nach Delp sind wir alle von unseren Postamenten heruntergeholt, auf denen wir so selbstbewußt standen. Er selbst fühlte sich «auf ein Seil gestellt und sollte über einen Abgrund laufen»[63]. Das bestürzende Bild vom Seil trifft die Situation des Christen genau. Es kann nur mit der Äußerung «Gott hat mich gestellt» verglichen werden. Die wirkliche Lage des Christen heißt immer «auf das Seil gestellt». Der Christ befindet sich stets in einer schwierigen Situation und gleicht allezeit dem Manne, der ins Dunkel geführt wird und sich trotzdem gehalten weiß. Pater Delp bringt uns dies äußerst hellsichtig zum Bewußtsein. Auf dem Seil über dem Abgrund fällt aller Ehrgeiz und alle Wichtigtuerei dahin. Darauf antwortet nur das Vertrauen auf Gottes Barmherzigkeit. Der Christ ist der Mensch der großen Spannung, von dem der absolute Sprung weg von sich und in Gott hinein verlangt ist. Das Menschliche ist unheimlich vorgetrieben bis zur letzten Konsequenz. Pater Delp sah durch seine Lage am äußersten Rande die Dinge ganz neu und ganz anders. Er glaubte, «bei unserem Wiedersehen (wann?) – sind wir alle andere Menschen geworden»[64]. Während der Gefangenschaft war in ihm der neue Mensch geboren worden, real und wirklich. Alles war aus der bloß intellektuellen Sphäre in die Situation des christlichen Lebens verlagert worden. Trotz Delps Einsichten haben die dialektische Theologie und die Existenzphilosophie wiederum dem Intellektualismus gehuldigt und damit die christliche Lebensführung verdrängt.

Pater Delp schrieb, «daß die kühnsten Worte Augustins, Eckharts und der andern Wissenden und Ahnenden ernst zu nehmen sind und echte Wirklichkeit meinen: im Menschen selbst, in seiner innersten Mitte geschieht das Leben Gottes»[65]. Darum machte ihm auch der Wissenschaftsanspruch keinen Eindruck mehr; er hat mit dem christlichen Leben nichts zu tun. Diese Position hatte Delp in der Gefängniszelle errungen. Gingen wir hinter sie zurück, wäre der Same umsonst in die Erde gefallen. Bei allem, was fortan auf religiösem Gebiet geredet und geschrieben wird, müssen wir an seinen und seiner Mitgefangenen Galgentod denken, wobei sich unwillkürlich die Frage aufdrängt: Kann es davor bestehen oder nicht? Hat es ein ähnliches Gewicht, oder fällt es unter das Wort «Gewogen und zu leicht befunden»?

Entscheidend ist, ob wir diese Einsicht verwirklichen können. Wahrscheinlich vermögen wir es nicht aus eigener Kraft. Sie kann uns aber gegeben werden. Pater Delp meinte: «Wenn uns einige Heilige geschenkt würden, würden die Dinge auch in Bewegung zu ihrer Gesundung kommen.»[66] Er selbst gehörte zuletzt zu den der Welt zugewandten und doch in Gott gegründeten Heiligen, die beides zugleich sind. Dies ist ohne schwere Prüfung gar nicht möglich. Was Pater Delp in den sechs Gefängnismonaten innerlich durchkämpft und durchlaufen hat, dazu brauchen andere Menschen ein ganzes Leben. Er hat die innere Läuterung erlebt, die ihn befähigte, vor Gottes Angesicht zu treten. Dieser von Gott gestellte und aufs Seil gesetzte Heilige wurde uns vom Himmel gesandt, damit er durch sein Sterben die Christenheit der Erneuerung entgegenführe.

Friedrich von Bodelschwingh mit dem Mutterherzen

1831–1910

In der lutherischen Bekenntnisschrift «Confessio Augustana» lesen wir: «Vom Heiligendienst wird von den Unsern also gelehret, daß man der Heiligen gedenken soll, auf daß wir unsern Glauben stärken, so wir sehen, wie ihnen Gnade widerfahren, auch wie ihnen durch Glauben geholfen ist; dazu daß man Exempel nehme von ihren guten Werken.»[1] In dieser Weise dachte die ursprüngliche Reformation von den Heiligen, als sie noch von der Entdeckung des göttlichen Wortes erfüllt war. Die Schätzung der Heiligen ist, wie so vieles andere, in der evangelischen Kirche im Laufe der Zeit verblaßt und schließlich ganz verlorengegangen. Die Heiligen sind für die evangelischen Christen von heute eine Verlegenheit. Im ökumenischen Dialog nimmt das Problem der Heiligen geradezu peinliche Formen an. Den evangelischen Christen – meinen Glaubensbrüdern – sind hierin «die Augen gehalten», wie den nach Emmaus wandernden Jüngern. Die evangelischen Christen, mit wenigen rühmenswerten Ausnahmen, stellen sich der Wirklichkeit der Heiligen nicht, weichen der Frage stillschweigend aus und fürchten sogar, «etwas Katholisches» zu übernehmen. Der Mensch legt sich in jungen Jahren viele Vorurteile zu, die er in der zweiten Hälfte seines Lebens abzubauen versucht, was er meistens nicht vermag. Es braucht viel Unvoreingenommenheit, auf die mannigfachen Erscheinungen des Lebens offen einzugehen, und doch kommt man nur durch eine innere Freiheit geistig vorwärts. Dabei wäre es um der ökumenischen Gemeinschaft willen geboten, diesen

Gestalten einmal ernsthaft in die Augen zu blicken. Man müßte sich fragen, ob man sie weiterhin als nicht-existent ignorieren will oder ob sich eine Beschäftigung mit ihnen bereichernd auswirkt. Wahrscheinlich würden die evangelischen Christen bei einem unbefangenen Studium bald die verborgenen religiösen Schätze spüren und ahnen, daß diese christlichen Leitbilder auch für die Verkündigung einen überaus wertvollen Dienst leisten. Sie vermitteln eine Anschaulichkeit, die durch keine abstrakten Ausführungen auch nur von entfernt erreicht wird. Allerdings sind dazu nur Christen fähig, die nicht vom antikatholischen Affekt leben, sondern denen es, wie den Heiligen, nur um die Entfaltung des Evangeliums zu tun ist.

Die evangelischen Christen wechselten den Heiligen mit dem Professor aus, wahrhaftig, kein beneidenswertes Tauschgeschäft, wie die Vertreter der Ostkirche gerne betonen. Der protestantische Theologiestudent steht vorwiegend unter dem Einfluß der Werke von Schleiermacher bis Bultmann. Es liegt mir ferne, gegen diese Bücher Einspruch zu erheben, aber sie bleiben in der Gelehrsamkeit und haben mit der christlichen Lebensexistenz wenig zu tun. Die Studenten vertiefen sich selten in die Schriftauslegungen der Reformatoren, in die Werke Jakob Böhmes, J. Hamanns, Matthias Claudius' und der württembergischen Väter. Noch weniger versenken sie sich eingehender in die Bilder von Rembrandt und in die Kantaten von J. S. Bach, und dabei haben diese Männer den tiefsten Eindruck vermittelt, was evangelisches Christentum wirklich ist. Es soll jetzt nicht auf Kierkegaards Polemik, «der Professor ist die größte Satire auf den Apostel», eingegangen werden. Es gilt eher darauf hinzuweisen, daß der Professor ein Universitätslehrer ist, der seine Berechtigung hat, jedoch nicht zur Hauptfigur erhoben werden darf. Er ist vorwiegend ein Theoretiker des Christentums, dem es um die wissenschaftliche Forschung und nicht so sehr um die konkrete Nachfolge Christi geht. Jedenfalls schrumpft das Christentum bedenklich zusammen, wenn der Gelehrte zu seinem hauptsächlichsten Repräsentanten gemacht wird. Diese Fehlentwicklung bedarf der Korrektur. Die Bände «Theologen in Selbstdarstellungen» sind hiefür ein eindeutiger Beweis.

Es ist eine Frage, unter welcher Rubrik eine Gestalt wie Friedrich von Bodelschwingh im evangelischen Raum einzuordnen ist. Es scheint, die notwendige Kategorie fehle hiefür. Es darf doch nicht Gestalten ohne Bezeichnung geben. Das wäre ein Zeichen dafür, daß wir nicht imstande sind, sie innerlich zu verarbeiten. Wie es die Kategorie des Propheten, des Apostels, des Reformators gibt, so gibt es auch die Kategorie des Heiligen. Wenn der Protestantismus ihn konsequent ausklammert, bedeutet dies die gleiche Verarmung wie bei der Ausmerzung der Mystik durch die Theoretiker des Protestantismus, gegen die sich schon Johann Arndt mit seinem «Wahren Christentum» kräftig zur Wehr gesetzt hat. Man braucht nicht die traditionelle, ohnehin schon ausgetrocknete Vorstellung vom Heiligen zu übernehmen. Wir sollten den Begriff des Heiligen mit neuer Lebendigkeit umschreiben, etwa mit Hilfe von Nathan Söderbloms Definition: «Heilige sind Menschen, die es andern leicht machen, an Gott zu glauben.» Ist diese Bezeichnung nicht für Friedrich von Bodelschwingh zutreffend? Lebte dieser Mann nicht aus dem Glauben, und strömte er nicht Glauben aus? Diesen Eindruck empfängt jeder Christ, der sich näher mit ihm beschäftigt.

Friedrich von Bodelschwinghs Sendung ging eine längere Vorbereitungszeit voraus. Er stammte aus einem westfälischen Adelsgeschlecht, betonte aber nie seine adelige Abkunft. Die alten Adelsfamilien lassen sich durchaus in zwei Gruppen einteilen: die einen sind manchmal degeneriert,

und die andern sind erfüllt von einem hohen Verantwortungsgefühl, verbunden mit einer echten Frömmigkeit.
Der angesehene Vater Bodelschwingh, von Beruf Staatsminister, brachte dem kleinen Friedrich selbst das Lesen bei. Der erste Satz in der Fibel lautete: «Mein Kind, Gott ist sehr gut, er hat dich sehr lieb.»[2] Friedrich von Bodelschwingh hat sich das einfache Sätzlein gut eingeprägt, wie dies mit gewissen Kindheitseindrücken zu geschehen pflegt. Man ist versucht, es sogar sein eigenes Bekenntnis zu nennen. Es ist nicht nebensächlich, ob einem Kinde eine seinem Vertrauensbedürfnis entsprechende Gottesvorstellung vermittelt oder ob es mit Haßtiraden gegen die kapitalistischen Ausbeuter erzogen wird. Das eine so gut wie das andere hinterläßt seine Nachwirkung, die oft kaum mehr auszulöschen ist. Gibt man einem Kinde in religiöser Beziehung nichts auf den Weg, darf man sich auch nicht wundern, daß es später auch nichts hat und haltlos im Leben steht. Die Eltern sollten sich darüber mehr Rechenschaft geben, als sie es gewöhnlich tun. Bodelschwingh hat den ersten Satz in seiner Fibel: «Mein Kind, Gott ist sehr gut, er hat dich sehr lieb», sein ganzes Leben lang nicht mehr vergessen. Er hatte sich tief in sein Gemüt eingekerbt. Ihm liegt eine Gottesvorstellung zugrunde, die sich sehen lassen darf; sie ist auf jeden Fall höher einzustufen als jene kleinliche Auffassung von Gott, nach der der Allmächtige über jedes unbedeutende Fehlerchen des Menschen Buch führt.
Über die Jugendzeit Bodelschwinghs ist in diesem Zusammenhang nichts weiter zu berichten. Er war ein lebhafter Junge, dem eine frohe, unbeschwerte Jugend beschieden war. Nach dem Abitur wußte er nicht recht, welches Studium er beginnen sollte. Vorerst arbeitete er in der Landwirtschaft. Diese Tätigkeit hatte den Vorzug, daß er früh mit den Realitäten des Lebens bekannt wurde und nicht in einer rein gedanklichen Welt lebte, wie dies sonst junge, stu-

dierende Leute gerne tun. Er beobachtete das kümmerliche Leben der Taglöhner, die ihr schweres Schicksal im Alkohol zu vergessen suchten. Die Not der Trunksucht sah er früh, eine Wahrnehmung, die ihn später zu sagen veranlaßte: «Der mächtigste Bundesgenosse des Branntweins ist nicht der Trunkenbold, sondern der Rittergutsbesitzer, der Junker, der große Landwirt – kurz die agronomischen Brennereibesitzer und der Finanzstaat.»[3] Niemand hätte eine derart starke Anklage aus der Feder eines jungen Adeligen erwartet. Wer wollte bestreiten, daß seine Ausführungen zu Recht bestehen?

Während langer Zeit war sich Bodelschwingh über seine Berufslaufbahn nicht klar. Auf den landwirtschaftlichen Gütern vertiefte er sich in der Freizeit in die Bibel, die ihn je länger, je mehr fesselte. Trotzdem führte nicht die Bibellektüre die Entscheidung herbei. An einem Sonntagnachmittag kam ihm ein Traktätchen der Basler Mission in die Hände, das recht sentimental das Sterben eines Chinesenknaben schilderte. Das Blättchen wäre sicher nicht nach unserem Geschmack gewesen. Darauf kommt es aber jetzt nicht an. Bodelschwingh las es fieberhaft zu Ende, und in diesem Augenblick durchzuckte ihn der Gedanke, daß er zum Pastor berufen sei, eine Möglichkeit, an die er vorher nie gedacht hatte. An diesem Nachmittag wurde ihm sein Beruf zur felsenfesten Gewißheit, und fortan war er nie vom geringsten Zweifel geplagt. Es war alles andere als eine großartige Berufungsstunde. Wenn auch kein visionäres Element dabei eine Rolle gespielt hat, so war es trotzdem unstreitig ein Berufungserlebnis. Man darf daraus kein Gesetz machen, aber ganz ohne das Bewußtsein von einer Berufung kann man sich ein theologisches Studium nicht vorstellen.

Bodelschwingh begann sein Studium in Basel. Die Stadt wurde ihm zur zweiten Heimat. Namentlich beeinflußten

ihn die Vorlesungen von Carl August Auberle stark, der ein Schüler von Johann Tobias Beck war und von den württembergischen Vätern herkam. Dies war eine ausgezeichnete Vorschule. Für einen Band von Oetingers Werken würde ich unbedenklich den ganzen Kram der «Theologie der Revolution» hergeben, oder wie dieses blutleere Zeug heißt. Bei den württembergischen Vätern ist Substanz und Kraft vorhanden, mag der sprachliche Ausdruck dieser Männer auch nicht mehr der unsrige sein. Bodelschwingh nahm in Basel den biblischen Realismus in sich auf, der den Boden bildete, auf dem er während seines ganzen Lebens stand. Das Schriftverständnis bedeutete ihm stets viel mehr, als die dogmatische Lehre[4]. Das «einfältige Christentum», wie er sich auszudrücken pflegte, wurde für ihn zur Grundlage. Er verband damit auch eine Anspruchslosigkeit im Auftreten. Bodelschwingh war das Sein wichtig, und nicht der Schein. Er rettete seinen Kinderglauben durch das theologische Studium hindurch, ohne eine seelische Krise zu erleben, was sich als seine Stärke auswirkte. Seine Entwicklung erweckte keinen interessanten, problemreichen Eindruck, aber seine reine Kindlichkeit in religiöser Beziehung ist doch ganz positiv einzuschätzen. Friedrich von Bodelschwingh begann seine Laufbahn nicht schon als gebrochener oder zerrissener Kandidat, sondern er stand auf dem Fundament des Evangeliums, und einem solchen Menschen zu begegnen ist immer eine Freude.
Nach dem Abschluß des Studiums kam er als Pastor an die deutsch-evangelische Gemeinde in Paris. Es war für ihn eine Frage des Gehorsams, die Wahl anzunehmen. Paris ist eine Großstadt, die jedes Jahr von unzähligen Menschen besucht wird. Als Stadt mit einer reichen Geschichte gibt es in ihr viel Wertvolles zu sehen. Bodelschwingh aber interessierte sich für alle diese Sehenswürdigkeiten gar nicht und nahm auch die mondäne Eleganz nicht wahr. Weder Kunst

noch Literatur traten in seinen Gesichtskreis. Man fragt sich, was der junge Pastor in Paris überhaupt gesehen hat. Gleich zu Beginn fühlte er sich von der Not und dem sozialen Elend bedrängt, das sich in dieser großen Stadt angesammelt hatte, eine Wahrnehmung, die die meisten Besucher übersehen. Bodelschwingh schaute sich jeden Packträger und jedes Dienstmädchen an und begann, die armen Leute in ihren Wohnungen aufzusuchen. Er kam kaum in Kontakt mit dem Personal der deutschen Botschaft , sondern interessierte sich fast ausschließlich für die armen deutschen Familien, die das Kehrichtabfuhrwesen besorgten oder als Lumpensammler etwas zu verdienen suchten. Ein solches Tun hatte man vom Pastor adeliger Abkunft nicht ohne weiteres erwartet. In der Aufmerksamkeit auf den armen Lazarus in den Straßen von Paris kündet sich der spätere Bodelschwingh an.
Die Mütter klagten ihm, ihre Kinder würden ohne jeden Religionsunterricht aufwachsen, worauf Bodelschwingh sie kurzerhand aufforderte, sie ihm doch zu schicken. Zunächst kamen zwei Mädchen zu ihm aufs Zimmer. Wohl hatte er von der Universität her den Kopf voller Ideen, aber nun geriet er plötzlich in eine gewisse Verlegenheit, da er nicht die geringste Ahnung hatte, wie man kleinen Kindern von Straßenkehrern das Evangelium nahebringt. Er ließ die beiden kleinen Mädchen die Hände falten und stellte sie dann vor ein Bild des Gekreuzigten, das an der Wand hing. Mehr instinktiv als bewußt, wollte er ihnen zuerst eine Anschauung vermitteln. Er hat damit das völlig Richtige getan, sicher das Bessere, als was die heutige religionspädagogische Literatur ihren Lesern rät. Das Christentum besteht zunächst in einem Sehen und nicht in einem Denken. Immer noch vor dem Bild stehend, begann Bodelschwingh ganz einfach zu erzählen, wie es dazu gekommen war, daß der Mann mit der Dornenkrone an dem Kreuzesbalken

hing. Seine Erzählung ergriff die Kinder überaus, namentlich das kleinere Mädchen. «Mit einem unbeschreiblichen Ausdruck innigsten Mitleids schaute die Kleine aus ihren dunklen Augen bald auf das Bild, bald auf mich, und hin und wieder lief eine große Träne über ihre braunen Wangen.»[5] Diese schlichte Schilderung hat etwas von der Schönheit eines Anker-Bildes an sich. In den Augen der großen Welt mag dies ein ganz unbedeutendes Geschehen gewesen sein, aber Bodelschwingh vergaß es zeitlebens nie wieder. Es war keine Pöbelstunde, wie sie Thomas Mann in seinem Buddenbrooks-Roman gestaltet hat, sondern in der Weltstadt Paris hat ein junger Pastor zwei armen Mädchen die Kreuzigung Jesu Christi erzählt, bis sie zu Tränen erschüttert waren. Was nützt alle Religionsunterrichtsmethode mit ihrem modernen Gerede, wenn sie nicht zu diesem Resultat führt? Jedenfalls hat Bodelschwingh in dieser Stunde gespürt, daß der Religionsunterricht weder bloße Didaktik noch fade Information ist, sondern daß er eine innere Anteilnahme voraussetzen muß.

Die Mädchen kamen wieder und brachten ihre Kameradinnen mit; immer mehr gesellten sich dazu, so daß Bodelschwingh viel zu tun hatte. «Diese armen Kinder sind meine Professoren geworden, die mir wirklich über einige schwere Punkte der Dogmatik bessere Aufklärung verschaffen, als mir die Universitäten sie geben konnten», schrieb Bodelschwingh[6]. Ein nachdenkenswertes Geständnis. Das Universitätsstudium entspricht einer Notwendigkeit, und trotzdem hilft es dem jungen Theologen oft wenig, wenn er in eine Gemeinde kommt. Warum? Ist nicht der ganze Studienbetrieb auf den Kopf statt auf das Herz ausgerichtet? Dabei ist es doch das Herz, das Gott fühlt, und nicht der Verstand. Bodelschwingh brachte seine sechs Jahre in Paris nicht im Studierzimmer zu, sondern im beständigen Kontakt mit armen Leuten. Dadurch lernte er die soziale Wirklichkeit kennen, was etwas anderes ist, als über soziologische Theorien endlos zu diskutieren.

Dann brach der Deutsch-Französische Krieg aus und beendete unerwartet Bodelschwinghs Arbeit. So sehr er sich als deutscher Mensch fühlte, war ihm jede Kriegsbegeisterung fremd, was gar nicht selbstverständlich ist. «Ich halte das Predigen der Neuen Preussischen Zeitung für den Krieg für ganz unverantwortlich», schrieb er[7]. Er entzog sich keineswegs seinen vaterländischen Pflichten, fand aber, Kriegsfreude sei mit dem Evangelium unvereinbar. Wären sich die Christen dessen immer bewußt geblieben, dann wäre das Antlitz der Christenheit weniger mit Schmach bedeckt.

Im Frühjahr 1864 nahm Bodelschwingh die Pfarrstelle in Dellwig an, wo er es mit den Problemen einer Dorfgemeinde zu tun bekam. Er spielte nie das ländliche Dorf gegen die Großstadt aus, denn auch in den Bauerndörfern schwelt Haß und Streit und geben rohe Sitten den Ausschlag. Das Bild von er «guten, alten Zeit» war gewiß vorhanden, aber selten zu sehen. Der neue Pastor gab sich alle Mühe, zerstrittene Familien zu versöhnen und grobe Mißbräuche abzustellen.

In Dellwig raffte eine Krankheit in zwölf Tagen seine vier Kinder dahin. Es war ein schwerer Schlag für Bodelschwingh und seine Gattin. «Damals, als unsere vier Kinder gestorben waren, merkte ich erst, wie hart Gott gegen Menschen sein kann, und darüber bin ich barmherzig geworden gegen andere», sagte er einem trauernden Vater[8]. Sein Fibelsätzlein: «Gott ist sehr gut», erfuhr hier eine Ergänzung: «Gott kann auch hart sein.» Beide Aussagen sind notwendig. Spräche man nur die eine aus, würde man sich einer Einseitigkeit schuldig machen. Der Glaube weiß um beide Wahrheiten Bescheid. Der schwere Schicksalsschlag verbitterte Bodelschwingh nicht, im Gegenteil, die Härte Gottes erweckte seine Barmherzigkeit gegenüber armen Menschen. Alle diese Erlebnisse gehören zu seiner Vorbereitungszeit, die mit seinem Stellenantritt in Bethel ihr Ende fand.

Mit dem Namen Bethel verbindet sich das große Werk Bodelschwinghs. Die Bezeichnung stammt von der Stätte, da Jakob von der Himmelsleiter träumte und, als er erwachte, die Worte sprach: «Fürwahr, der Herr ist an diesem Ort, und ich wußte es nicht... Hier ist nichts anderes als Gottes Haus, hier ist die Pforte des Himmels.»[9] Bodelschwingh transponierte Jakobs Erleben in die Gegenwart. Viele Maler haben diese Szene gezeichnet, Bodelschwingh hat sie aus dem Glauben heraus neu gestaltet. Zwar war er nicht der Gründer der Anstalt, eine verbreitete Auffassung, die er oft zurückgewiesen hat. Er war dies so wenig, wie Bernhard von Clairvaux der Gründer des Zisterzienserordens war. Dieser Orden wollte nicht recht gedeihen, bis Bernhard eintrat und ihm seine große Seele einhauchte. Genauso verhielt es sich mit Bethel. Man kann sagen, was man will, Bodelschwingh hat Bethel zu Bethel gemacht. Diese Anstalt ist vorwiegend seiner Arbeitskraft zu verdanken. Er hat buchstäblich ein Gebäude nach dem andern aus dem Boden gestampft und hat sich dabei als ein Bettler von Gottes Gnaden erwiesen. Es soll jetzt nicht das Wachstum des Unternehmens geschildert, sondern nur die wesentlichen Gesichtspunkte hervorgehoben werden.

Epileptische Kranke befanden sich in Bethel. Um diese Krankheit ist ein großes Geheimnis. Im Altertum nannte man sie die heilige Krankheit, weil man vermutete, der während des Anfalles am Boden schäumende Mensch stehe unter Gottes Einwirkung. Auch zu Bodelschwinghs Anfangszeiten wußte man noch recht wenig über diese Krankheit und kannte deswegen auch weder Heil- noch Linderungsmittel. Aus diesem Grunde sagte Bodelschwingh: «Unsere lieben Ärzte haben nicht viel zu tun.»[10] Er glaubte durchaus, in der Epileptischen Anstalt nehme die pädagogisch-seelsorgerliche Arbeit die erste Stelle ein. Die epileptischen Kranken waren vor allem Pflegefälle. Sie führten ein Leben der Verlassenheit, des hoffnungslosen Ausgestoßenseins, was für sie überaus schwer zu ertragen war. Bodelschwingh nahm sich ihrer vorbildlich an. Er begnügte sich nicht damit, sie einfach als arme, geschlagene Menschen zu bemitleiden, denn damit wäre ihnen wenig geholfen. Krankheit und Gesundheit waren für ihn nicht so weit voneinander entfernt, wie man gewöhnlich annimmt. Er versuchte, den Menschen in seiner Krankheit neu zu verstehen, und fand, man dürfe die Krankheit nicht nur als einen Feind betrachten, der das Leben in Frage stelle. Vielmehr komme sie im letzten Grunde von Gott, und daher müsse sie sogar als eine Wohltat aufgefaßt werden. Bodelschwingh meinte, Gott führe den Menschen durch die Krankheit auf den richtigen Lebensweg. Natürlich fühlten sich die Epileptiker zunächst als heimgesuchte Menschen, doch Bodelschwingh glaubte: «Ich täte meinen Kranken das größte Unrecht, wenn ich ihnen die Verantwortung nähme und alles bei ihnen entschuldigen wollte.»[11] Für ihn wurde die Gemeinde der Epileptiker zu einer Gemeinde der Hoffenden, der Büßenden, der Glaubenden, der Liebenden und der Arbeitenden.

Seine Hilfeleistung kam besonders deutlich in den Gottesdiensten zum Ausdruck. Niemals konnte es sich darum handeln, hier erbaulich zu reden, denn dafür war die Situation viel zu ernst. Wenn die Kirche voller epileptisch Kranker war, von denen plötzlich einer mit einem Aufschrei zu Boden stürzte, mußte ein starkes, helfendes Wort gesagt werden. Mit bloß philanthropischen Phrasen war es nicht getan. Der Gottesdienst mit den epileptisch Kranken war kein Ausnahmefall, im Gegenteil, er stieß auf die längst übersehene Wahrheit: die wahre Kirche ist eine Kirche von

kranken Menschen. Nicht nur jetzt ist es so, sondern sie ist es immer gewesen. Auch Luther hatte einst die Kirche als ein Spital verstanden, ein Gedanke, den die etablierte Landeskirche vergessen hat. Bodelschwingh hat diese verschüttete Wahrheit wieder ans Tageslicht gezogen. Er hat mit seinem Kirchenverständnis den juristischen und den dogmatischen Kirchenbegriff stillschweigend überschritten. Bei ihm ist die Kirche der Erniedrigten und Geschlagenen wieder auferstanden. Weder in schönen Gewändern noch in kirchlichen Kommissionen, nicht einmal im Eingehen auf die Wünsche der Jugend besteht das Wesen der Kirche. Sie ist vielmehr die Stätte, wo Menschen in letzter Not und Bedrängnis zu Gott schreien. Bodelschwinghs Kirchenverständnis gehört zu seinen tiefsten Erkenntnissen; bei ihm ist die neutestamentliche Wahrheit wieder lebendig geworden. Seine Einsicht vermag eine in Verwirrung geratene Kirche zu ihrem echten Selbstverständnis zurückzuführen. Nach Bodelschwingh vermag dem Kranken nur einer zu helfen, Christus. Sein Leben, sein Leiden und sein Sterben vermitteln dem kranken Menschen die einzige Hilfe im Leben und im Sterben. Nie hat Bodelschwingh die Kranken als nutzlose Wesen betrachtet. «Ihr könnt noch die Hände falten», hat er den ärmsten Wesen zugerufen[12]. Nach ihm sollte «jedes Todbett ein treuer Spiegel deines eigenen Endes sein»[13]. Mit glühender Überzeugung pries er einen armen Epileptiker, der mit seliger Hoffnung dem Abschied von der Welt entgegenging, glücklich gegenüber dem, der mit gesunder Körperkraft ohne Ziel ins Leben hinausstürmt. Im übrigen war Bodelschwingh einer der ersten, der sich für die Arbeitstherapie einsetzte, eine Methode, die sich später allgemein durchgesetzt hat.
Einmal deutete er das Wort von Paulus, «ein Brief Christi seid ihr»[14], auf das christliche Leben schlechthin und meinte dazu: «In einem Briefe gibt es nicht nur große Buchsta-

ben, sondern auch kleine Buchstaben, ja selbst die i-Pünktchen sind wichtig, und auch die Gedankenstriche. Durch Krankheit und ähnliche Erfahrungen macht Gott Gedankenstriche in dem Brief.»[15] Ich kann die Szene nicht vergessen, wie er am Weihnachtsabend mit den epileptischen und schwachsinnigen Kindern vor der Krippe kniete und ihnen an den einzelnen Figuren das selige Geheimnis zeigte: «Gott ist geoffenbart im Fleisch.»

Bodelschwingh wollte seinen Kranken auch eine leibliche Hilfe bringen, und deshalb war es ihm daran gelegen, eine gute Schwesternschaft auszubilden. Die Epileptiker bedurften einer besonderen Hilfe, weshalb irgendein beliebiges Personal dafür ungeeignet war. Die Helfer mußten die Kranken verstehen und wissen, wie man ihnen bei einem Anfall beisteht. Er dachte dabei an die Diakonissen. Nicht daß er die erste Diakonissenanstalt ins Leben gerufen hätte, dies hat vor ihm Pastor Fliedner in Kaiserswerth getan. Da er von Fliedners Diakonissenanstalt nicht abhängig sein wollte, gründete er eine eigene Schwesternschaft. Dabei erinnerte er sich, daß die Diakonissen in der urchristlichen Gemeinde ein kirchliches Amt innehatten, wenn er sich auch klar war, daß mit Organisationen sich das Leben aus Gott nicht einfangen läßt.

Bodelschwingh gehört zu den Vätern der christlichen Diakonie in Deutschland. Schwester sein ist nach ihm nicht ein Beruf wie jener der Verkäuferin oder Büroangestellten. Sie darf auch nicht einfach davongehen, wenn ihre Arbeitszeit abgelaufen ist. Es gehört zu diesem Beruf eine Berufung, denn eine Schwester muß vor allem von der Liebe zu ihrem armen Kranken erfüllt sein. Es darf sie nicht irre machen, wenn die Kranken verdrossen und undankbar sind. Bodelschwingh hat ein Schwesternhaus gegründet und hat beim Aufbau dieses Werkes seine ganze Kraft eingesetzt, um gute Schwestern auszubilden. Es stellten sich auch immer wieder junge Mädchen zur Verfügung, die eine große Genugtuung darin sahen, einen kranken Menschen zu betreuen. Bodelschwingh stellte ihnen ein echtes Ideal vor Augen, das in der diakonischen Verwirklichung der Liebe bis zum Einsatz des eigenen Lebens bestand. Dabei benutzte er gerne Löhes Diakonissenspruch: «Was will ich? Dienen will ich. – Wem will ich dienen? Dem Herrn Jesus in Seinen Elenden und Armen. – Und was ist mein Lohn? Ich diene weder um Lohn noch um Dank, sondern aus Dank und Liebe; mein Lohn ist, daß ich dienen darf!»[16] Derartige Sätze klingen für moderne Mädchenohren mehr als befremdend, beim bloßen Anhören bekommen sie schon eine Gänsehaut. Trotzdem muß man sich fragen, ob diese Sätze wirklich so falsch und gänzlich überholt sind. Enthalten sie nicht, ungeachtet der pietistischen Formulierung, eine ewig gültige Wahrheit? Sind Mädchen mit einer solchen Losung bei aller Entsagung innerlich nicht doch glücklicher als die heutige Jugend, die nur endlos debattiert und alle Mängel auf die bestehende Gesellschaftsordnung abschiebt? Bodelschwingh wollte seine Diakonissen frei von kirchenregimentlichen Halsbändern und Fußschellen wissen. Nach ihm braucht die Diakonie den ganzen Menschen, Leib und Seele. Ohne Seelsorge konnte er sich keine Diakonie denken, obwohl sie oft die Schwestern überfordert. Höchstes Gesetz bleibt die Barmherzigkeit, arbeiten doch die Diakonissen für die Ewigkeit und nicht für die Zeit. «Wir sollen immer dessen eingedenk sein, daß wir vor einem aufgetanen Himmel arbeiten, in dem Bewußtsein der Allgegenwart Gottes.»[17]

Er trat für eine fußwaschende Liebe ein, und alle Schablone war ihm zuwider. Auch auf die Fröhlichkeit legte er großes Gewicht: «Schwestern, die an so vielen Tränenstätten weilen, müssen ein freudiges, hoffnungsvolles Wesen haben.»[18] Bodelschwingh war den Schwestern im wahren Sinn des

Wortes ein Vater. Er hatte Zeit für sie, ging auch auf ihre inneren Schwierigkeiten ein und stand mit ihnen in einer seelischen Verbindung. Offensichtlich besaß er eine Vollmacht, die sie respektierten. «Gehorsam ist nicht Knechtschaft, sondern süße, selige Freiheit erlöster Gotteskinder, nämlich Freiheit von der Tyrannei des Eigenwillens und fröhliche Hingabe an den Willen Gottes.»[19] Wollte eine Schwester nach einiger Zeit austreten und eine Ehe eingehen, war Bodelschwingh nicht enttäuscht und betrachtete sie auch nicht als eine Abtrünnige. Im Gegenteil, er sprach mit ihr über ihre Lebenssituation, und wenn er den Eindruck gewann, es sei wirklich ihr Weg, dann segnete er sie. Er war auch hierin völlig frei von aller Gesetzlichkeit. Mit vielen ehemaligen Schwestern stand er in einem Briefwechsel. Auch hat ihn nie die Zeit dafür gereut, seinen Schwestern Briefe zu schreiben. So schrieb er einmal: «Jedenfalls ist es unmöglich, Diakonissin zu sein und eine Nachfolgerin Jesu, wenn man nicht auch etwas Unrecht leiden will.»[20] Man staunt immer wieder über die große seelsorgerliche Begabung Bodelschwinghs, wenn man seine als Manuskript gedruckten «Fünfzig Briefe an Schwestern» liest. In diesem Heft stehen goldene Worte: «Das Wort ‹Unheilbar› steht im Wörterbuch eines Christen nicht», oder: «Wenn wir barmherziger werden wollen, dann müssen wir härter werden.»[21] Bodelschwingh leistete auch hierin eine ungeheure Arbeit. Schwester sein ist ein religiöser Beruf, das war seine Überzeugung. Es ist eine Frage für sich, ob sie ihn in einer Diakonissenhaube oder in einem andern Kleid ausübt, tiefer gesehen, vermag man diese schwere Arbeit nur aus Liebe zu Gott zu leisten. Dies muß auch heute gesagt werden, in einer Zeit, da die Jugend diesen Beruf von sich schiebt. Die Mißachtung bedeutet nichts, weil die Welt nichts von der Diakonie versteht. Sollte sie aussterben, ist dies das Zeichen des Niederganges der Christenheit.

Später fügte Bodelschwingh seiner Anstalt noch ein Haus hinzu: die theologische Schule. Er besaß keine eigene Theologie, und man findet in einer «Geschichte der evangelischen Theologie des 19. Jahrhunderts» kein Kapitel, das diesem Manne Gottes gewidmet wäre. Er vertrat eine traditionelle Theologie und blickte stets besorgt auf die liberale Strömung, die damals ihren ersten Aufschwung erlebte. Bodelschwingh begriff wohl nie die historische Notwendigkeit der neuen Theologie, fühlte aber instinktiv, daß die Bibelkritik bei allem Wahrheitsanspruch zersetzend wirkte. Sie zu widerlegen war er nicht imstande, zumal da er ihren Selbstwiderspruch zu wenig durchschaute, der darin bestand, daß man mit einer rationalistischen Methode eine in Bildern ausgedrückte mystische Welt bearbeitete, ein Unternehmen, das nicht gelingen konnte. Bei der Gründung der theologischen Schule ging es ihm letztlich nicht um die Theologie. Es war nicht seine Absicht, den staatlichen Universitäten, die damals stark von der bibelkritischen Fragestellung beherrscht waren, eine Schule gegenüberzustellen, in der die Studenten statt der negativen Theologie die Kraft der Heiligen Schrift spüren würden. Er wollte eher die einseitig intellektualistische Ausbildung der angehenden Pfarrer durch eine existenznahe Tätigkeit ergänzen. Nach ihm sollten die jungen Theologen sich nicht nur mit abstrakten Fragen beschäftigen, sondern mußten auch in die Welt der Kranken eingeführt werden, indem sie während einiger Zeit den «Dienst mit der blauen Schürze» verrichteten. Er wußte, daß sie später oft an einem Krankenbett stehen werden, und ahnte ihre Verlegenheit in solchen schweren Situationen. Ein Diener des Wortes ist auch ein Freund der Kranken, Armen und Schwachen. Dabei schwebte ihm vor, daß die Bethel-Schule nie ein enges Gehäuse sein dürfe, sondern «müsse ein weit offenes Auge haben, nicht nur für das Alte, sondern auch für alles Neue, was Gott tut»[22].

Kranke, Schwestern und Theologiestudenten bildeten eine helfende Gemeinde. Bodelschwingh war tief überzeugt von der christlichen Gemeinde; er hoffte, daß alle namentlich im Gottesdienst dieses Zusammengehörigkeitsgefühl deutlich spüren. Dabei waren ihm die liturgischen Formen gar nicht so wichtig, ja, er unterschätzte sie vielleicht sogar ein wenig. Seine Predigten waren nicht einstudiert, er hielt unmittelbare Ansprachen und pflegte dabei die Anwesenden zu fragen: «Paulus, Paulus, was sagst du? Ich sterbe täglich? Ich verstehe dich nicht; wie meinst du das?», und fragte in die Gemeinde hinein: «Kann es von euch mir wohl einer sagen, wie Paulus das eigentlich meint?»[23] Der Frageton brachte ein belebendes Element in den Gottesdienst, doch verliert er dabei an Feierlichkeit und nimmt eher den Charakter einer Schulstunde an.
Bodelschwingh entfaltete in der Bethel-Gemeinde eine zweifache Tätigkeit. Er mußte sich zunächst um die Finanzen für die große Gemeinde kümmern, denn sie trug sich nicht selbst. Bodelschwingh sammelte Gaben, ein Tun, das ihm den Namen «der größte Bettler» eintrug. Er vermochte herzbewegende Bitten vorzubringen, und es gelang ihm meistens, die Hände der Geber zu öffnen. «Du bist ein gesundes Kind; danke Gott dafür, indem du einem kranken Kinde hilfst», pflegte er zu sagen und verstand namentlich mit den Augen zu bitten[24]. Nie hat er sich dieses Bettelns geschämt, bat er doch für andere und nicht für sich. Ferner war er der Seelsorger der Gemeinde. Er drängte niemanden, ihm seine Seelengeheimnisse mitzuteilen, denn dazu war er als Westfale viel zu zurückhaltend. Er verstand es ausgezeichnet, ein seelsorgerliches Gespräch zu führen, spürte die seelische Not der Mitmenschen und war stets zu helfen bereit. Dabei legte er den Menschen die Kindschaft in der Höhe und das Sündenbewußtsein in der Tiefe dar. Tröstend schrieb er der Witwe eines durch Selbstmord

geendeten Missionars: «Ich habe die fröhliche Gewißheit, daß Sie Ihren lieben armen Mann vor Gottes Angesicht wiederfinden. Eine Krankheit, wie die seine war, ist ganz unabhängig von seinem inneren Herzenszustande und von seinem Glaubensleben, und ich bin in solchen Fällen völlig gewiß, daß Gott einem Kranken eine solche Tat nicht zurechnet.»[25]

Diese große Leistung genügte allein schon, Bodelschwinghs Name unsterblich zu machen. Die meisten Menschen kennen nur diese Arbeit, aber sein Denken umfaßte noch andere Dinge, die nicht weniger Anerkennung verdienen: er bemühte sich um die Beseitigung menschenunwürdiger Zustände auf sozialem Gebiet.

Schon in Paris hatte er die soziale Not wahrgenommen, und er hat sie nicht minder scharf auch in Deutschland gesehen. In der zweiten Hälfte des 19. Jahrhunderts war die Not ungeheuer; Bodelschwingh umschrieb sie mit den Worten: «Man denke sich einen breiten, träge dahinschleichenden Strom, ganz mit schwarzem Schlamm angefüllt, in welchem schon Tausende von verwesenden Leichen dahinschwimmen, und aus diesem Strom hie und da eine Hand sich herausstrecken und einen Notschrei dazu laut werden: ‹Hilf mir, ich versinke!›, und man denke sich, daß man eine solche Hand unbarmherzig zurückstößt in den Schlamm hinein.»[26] Das Bild zeichnet unübersehbar deutlich das bestehende soziale Elend. Bodelschwingh dachte unablässig darüber nach, wie man ihm wirksam begegnen könnte.

Er bemerkte zunächst die Handwerksburschen, die auf der Landstraße herumvagabundierten, keine Stelle fanden, schließlich bettelten und unmerklich in die Trunksucht hineingerieten. Mit dem Herzen allein wurde ihm klar, daß durch dieses Elend eine größere Gruppe von Menschen langsam und unaufhaltsam entchristlicht wird. Zwar hatte schon Jeremias Gotthelf in seinem Roman «Jakobs Wanderungen» dieses dringende Problem erörtert, aber die Leser glaubten damals, er sei seiner Schilderung der Bauernwelt untreu geworden und kenne die Welt der Gesellen gar nicht, weshalb sie sein Anliegen nicht ernst nahmen. Bodelschwingh beurteilte die Menschen nie moralisch, daran hinderte ihn schon seine starke Verwurzelung im Evangelium, er sah immer die Not und trachtete, sie zu beseitigen. Stets sprach er von seinen «lieben Brüdern von der Landstraße», eine typische Äußerung von ihm, aus der hervorgeht, daß es ihm weder um Politik noch um Wohltätigkeit zu tun war. Er plante Herbergen einzurichten, in denen die wandernden Handwerksburschen zu essen bekamen, ein Bett fanden und auch Kleider, nicht als Almosen, sondern als Entgelt für einige Tage geleisteter Arbeit. Almosen erniedrigen leicht den Menschen, hat er aber dafür eine Arbeit geleistet, erfüllt ihn dies mit einer inneren Genugtuung. Zeitlebens hielt Bodelschwingh an der Arbeitstherapie fest, «wir meinen keine Verstaatlichung der Fürsorge, sondern Sicherstellung der bisherigen Arbeit und gerechte Kostenverteilung»[27]. Bodelschwingh wälzte diese Pläne nicht nur in seinem Kopf herum, er verwirklichte sie und leistete hiefür eine Unsumme von Arbeit. Es galt zunächst, die Menschen mit diesem Gedanken vertraut zu machen und sie um ihre Unterstützung zu bitten, und erst hernach konnte man diese Herbergen errichten. Ebenso fand er die Wohnungsfrage für die arbeitende Bevölkerung bedeutsam. Er trat für den Bau kleiner Arbeiterhäuschen ein, die den Bewohnern ein Heimatgefühl vermitteln und sie an die Scholle binden sollten. Der Mann in Bethel betrachtete die ganze Arbeiterfrage als eine Frage der christlichen Ethik, hatte er doch «den tausendfachen Hülferuf des armen Lazarus mit seinen tiefen Wunden vernommen»[28].

Bodelschwingh hatte etwas erreicht, freilich nicht genau das, was er wollte. Nur zu oft mußte er erleben, daß die be-

güterten Menschen und namentlich die Adelskreise, denen er doch selbst angehörte, nicht bereit waren, von ihrem Reichtum nur ein kleines Opfer zu spenden. Er scheute sich nicht, «die Teilnahmslosigkeit und grauenhafte Selbstsucht so vieler Besitzender gegen das Elend unseres Volkes» anzuklagen[29]. Er sagte ihnen offen, wenn sie sich so hartherzig verhalten, würden sie die sozialdemokratische Agitation geradezu schüren, und dann hätten sie in einigen Jahren die Revolution im Lande. Zwanzig Jahre würden sie noch Zeit haben, und dann sei das Unglück da. «Vor den Russen und Franzosen ist mir gar nicht bange. Aber bange ist mir vor der Unzufriedenheit und Gottentfremdung im eigenen Volk.»[30] Die Großgrundbesitzer glaubten ihm nicht, aber die Geschehnisse gaben Bodelschwingh recht. Er warf auch die Frage auf, ob die Kohlenbergwerke in Privatbesitz bleiben dürfen, und beantwortete sie mit Nein[31]. Erfüllt von der Angst, das 19. Jahrhundert werde «entsetzlich und schrecklich enden», meinte er: «Wir werden überhaupt nur noch sehr kurze Zeit haben.»[32] Es ist fraglich, ob das soziale Problem in seiner mannigfachen Verflechtung nach Bodelschwinghs Vorschlägen hätte gelöst werden können. Immerhin hat er Versuche unternommen und ist dabei gescheitert. Können aber Menschen auf diesem Gebiet mehr unternehmen als Versuche? Steht Bodelschwingh in seinem Scheitern nicht christlicher da als viele Erfolgsmenschen in ihrer äußerlichen Machtstellung?
Sein Zeitgenosse Karl Marx wollte der sozialen Not auf eine andere Weise begegnen. Er erließ das «Kommunistische Manifest» und rief die Arbeiter zur Selbsthilfe auf. Dadurch war er am längeren Hebelarm als Bodelschwingh, der an die Einsicht der besitzenden Klasse appellierte, die sich aber seinen Worten verschloß. Marx wurde heroisiert, während man Bodelschwinghs Werk der inneren Mission zuschob. Doch so einfach ist die Rollenverteilung nicht. Ge-

wiß verzichtete die begüterte Klasse nie freiwillig auf ihre Privilegien, aber der Marxismus hat in seiner Verwirklichung vorwiegend zur Bildung einer neuen Klasse geführt, die genau so egoistisch ist wie die andern. Offensichtlich ist das Problem der Gerechtigkeit unter den Menschen ein kaum oder nur schwer zu lösendes Problem, dem mit den bekannten Schlagworten nicht beizukommen ist. Nach Kant ist auf diesem Gebiet nichts als gut zu bezeichnen denn ein guter Wille. Von ihm war Bodelschwingh ganz gewiß erfüllt, was man von wenigen machtsüchtigen Menschen auf dem Felde der Politik sagen kann.

Bodelschwinghs diesbezügliche Arbeit fordert den Vergleich mit Adolf Stöcker heraus. Die beiden Männer waren befreundet; Bodelschwingh aber wäre nicht damit einverstanden gewesen, wenn man ihn gegen Stöcker ausgespielt hätte. Trotzdem darf die Verschiedenheit nicht übersehen werden, da Bodelschwingh und auch Stöcker durch die zunehmende Entchristlichung des Volkes beunruhigt waren. Stöcker wollte durch eine politische Wirksamkeit der unerfreulichen Entwicklung entgegentreten, geriet aber gerade dadurch auf eine schiefe Ebene. Er erlitt in der Rolle eines Volkstribuns einen kläglichen Schiffbruch, versuchte ihn mit einer antisemitischen Hetze zu verdecken und lud damit eine ganz unverantwortliche Aussaat auf sein Gewissen. Stöckers Tragik hat schon Hermann Kutter bemerkt: «Stöckers christlichsoziale Partei ist ein Kind der Schwäche, nicht der Stärke.»[33] Wir sehen dies heute schärfer; der lautere Bodelschwingh steht in einem ganz anderen Licht da, weil er sich nie einer Zweideutigkeit schuldig gemacht hat.

Um seinen sozialen Plänen und Versuchen mehr Nachachtung zu verschaffen, ließ sich Bodelschwingh sogar in den Reichstag wählen. Es war ihm gewiß nicht um die Ehre zu tun, Reichstagsabgeordneter zu sein, denn dieser wirkliche

Christ hatte schon längst allem Ehrgeiz und aller Ruhmsucht entsagt. Die Annahme der Wahl bedeutete für ihn den Abschied vom patriarchalischen Feudalismus und die Zuwendung zur konstitutionellen Monarchie, in der den gewählten Volksvertretern die oberste Entscheidungsgewalt zukam. Bodelschwingh glaubte, im Reichstag auf gesetzlichem Weg etwas in Gang zu bringen, was ihm sonst verwehrt sei. Selbstverständlich meinten die Abgeordneten, er geselle sich zur rechtsstehenden Fraktion, zu der er doch seiner Herkunft nach gehöre. Diese Annahme war falsch. Er übersprang sofort alle Parteigrenzen und sprach in den Gängen sowohl mit den Hochkonservativen als auch mit den Sozialdemokraten. Als er zum erstenmal im Reichstag das Wort ergriff und die Herren Abgeordneten genau wie die Burschen von der Landstraße mit «liebe Brüder» anredete, brach im Hause eine große Heiterkeit aus. Auch zu seinen Ausführungen lachte man unverhohlen. Diese wirklich einzigartige Szene verdient ein näheres Hinschauen. Im Deutschen Reichstag saßen, wie in allen Parlamenten der Welt, vorwiegend Interessenvertreter, vermischt mit einigen schlauen Füchsen, die ihre politischen Geschäfte machen wollten. Mit ihnen hatte Bodelschwingh nichts Gemeinsames; er war allein und stand da wie der reine Tor, der nichts für sich, aber alles für andere wollte. Im Reichstag war wirklich der «Narr in Christo» aufgetreten, was die Abgeordneten so überaus belustigte. Es war aber doch wiederum nicht so, daß sie ihn gar nicht ernst nahmen. Sie hörten ihm alle, sei es nun von rechts oder von links, mit gespannter Aufmerksamkeit zu, wenn er von Napoleon I. erzählte, der auf dem Schlachtfeld von Wagram mit dem Fuß an eine arme Soldatenleiche stieß und zu seiner Begleitung sagte: «Geringe Ware!» Bodelschwingh aber fuhr fort und rief mit lauter Stimme in den Reichstag hinein: «Unsere Arbeiter sind keine geringe Ware!»[34] Am

Ende brachte er seinen Antrag durch, allem Gelächter zum Trotz. Die Abgeordneten merkten wider Willen, daß hier ein Mann vor ihnen stand, der keine selbstsüchtigen Interessen verfolgte, sondern Hilfe für die Not der Mitmenschen forderte. Vor dieser Tatsache beugten sie sich und stimmten ihm zu. Eine solche Tat vermochte nur ein Heiliger zu vollbringen, der quer durch alle Reihen schritt.
Freilich war es seine erste und zugleich seine letzte Rede im Reichstag. Fortan war man darauf bedacht, den unbequemen Mann vom Rednerpult fernzuhalten, indem man ihn stets auf den letzten Platz der Rednerliste verwies und schon vorher die Diskussion schloß. Bodelschwingh durchschaute natürlich das hinterhältige Benehmen der Parteien und sagte nur resignierend: «Sie wollen mich nicht.»
Das abschließende Urteil über Bodelschwingh wird durch zwei Bände erleichtert, die nach seinem Tod herausgegeben wurden. Sein Sohn Gustav schrieb eine Biographie über seinen Vater, die von liebendem Respekt zeugt und ein Dokument dafür ist, daß zwischen den Generationen nicht unbedingt Konflikt sein muß. Martin Gebhard und Alfred Adam verfaßten eine umfangreiche, wissenschaftliche Biographie, die zugleich einen Teil evangelischer Kirchengeschichte des 19. Jahrhunderts beschreibt. Von katholischer Seite schrieb Maria Veronika Rubatscher über Bodelschwingh unter dem Titel: «Genie der Liebe». Sie bezeugt in der verständnisvollen Monographie, sie habe in unserem werwölfischen Zeitalter «in ihm Christus wieder gefunden»[35].
Es geht nicht darum, Bodelschwingh blind zu verherrliche- . Am Grabe seiner lieben Gattin sagte er: «Sie hat mir nie geschmeichelt.»[36] Wir wollen dies nachträglich ihm gegenüber auch nicht tun. Er selbst hat die Losung ausgegeben: «Hängt euch an keinen Menschen!»[37] Seine Mitarbeiter erzählten von gelegentlichen Spannungen in seiner Um-

gebung, weil er «von vornherein die Überzeugung hatte, selber auf Gottes Seite zu stehen, während aus den andern ‹der alte Adam› rede»[38]. Bodelschwingh fand doch immer wieder den Willen zur Selbstkritik, indem er sagte: «Brüderchen, vergib – vergib.»[39] Seiner von einem leisen melancholischen Hauch umgebenen Gattin war er zu aktivistisch; sie fand, das kontemplative Element komme zu kurz. Dies dürfte eher eine Veranlagung sein und als solche des Vorwurfes entrückt. Gewiß war auch Bodelschwingh nicht fehlerfrei, doch ändert dies nichts an unserer Zuneigung.

Bodelschwingh war ein überzeugter evangelischer Christ und frei von allem Konfessionalismus, lange bevor es eine ökumenische Bewegung gab. Er hat für das im Krieg zerstörte Kloster in seiner Gemeinde Dellwig eine Kollekte für den Wiederaufbau eingesammelt[40]. Der konfessionelle Hader war ihm sichtlich zuwider. Er sagte einmal: «In unserem gemeinsamen Glaubensbekenntnis heißt es: Ich glaube an eine heilige, allgemeine christliche Kirche; sie wird ein Gegenstand des Glaubens hienieden bleiben, bis die una sancta, die große Mutter aller Gläubigen, in ihrer Herrlichkeit erschienen sein wird.»[41] Der Name «lutherisch» kam bei ihm selten vor; er hatte ein weites Herz und betonte das Konfessionelle wenig. Er fühlte sich mit der katholischen Kirche glaubensmäßig eins und lehnte nur ihre Kirchendogmatik ab[42]. Er glaubte ohne alle Worte an eine Versöhnung aller Gläubigen.

Äußerlich gesehen war Bodelschwingh von bescheidener Gestalt. Zwar zeigte er eine männliche Kraft, frei von aller Weichheit und Frömmelei, und sein Wesen war von edler Kindlichkeit erfüllt[43]. Er sah aus wie die Pastoren im 19. Jahrhundert ausgesehen hatten, aber er lebte nicht das schöne Leben in einem idyllischen Pfarrhaus mit einem Garten voller Blumen und Obstbäume, wie man sich dies vorzustellen gewohnt ist. Das ist eine irrige Annahme, denn durch ein Pfarrhaus fließt in der Regel auch ein Strom menschlichen Leidens. Jedenfalls beschäftigte sich Bodelschwingh «mit der einzelnen Not, als hätte er nichts weiter in der Welt zu zu tun[44].» Das Gebot der Liebe lag ihm zunächst am Herzen, und, wie wenige Menschen, vermochte er Liebe zu erwecken. Wohl jeder Pastor hat mit den Armen und Kranken ein Mitgefühl, aber oft bleibt es innerhalb der Grenzen der bloßen Vernunft. Bei Bodelschwingh dagegen brauste die Liebe zu den Schwachen und vom Schicksal Geschlagenen wie ein nicht aufzuhaltender Sturmwind durch sein Leben. Auch war es ihm nicht um Orthodoxie zu tun. «Er ehrte die Überlieferung, auch die überlieferte Frömmigkeit. Aber wenn sie die Liebe hinderte, dann sprang er über alles hinweg.»[45] Bodelschwingh war die Orthopraxis bedeutsamer. Dies war sein wichtigstes Anliegen. Er gehörte nicht zu den Theoretikern des Christentums. Er wurde deswegen von den Literaten gar nicht näher beachtet, fanden sie doch, er sei nur ein Pastor, der das Christentum wörtlich nehme, und schauten einander dabei weiß wie gescheit an. Für sie waren christliche Ausführungen nur schöne Worte, denen in der Wirklichkeit keine Bedeutung zukomme. Bodelschwingh wußte aber, daß ein Christentum, das man nicht lebt, kein Christentum ist. Matthias Laros scheute sich nicht zu schreiben, «Bodelschwingh war ein vorbildlicher evangelischer Heiliger, auch wenn er noch von keiner Seite heiliggesprochen worden ist. Jedenfalls steht er dem hl. Vinzenz von Paul in keiner Weise nach[46].» Dieses katholische Urteil trifft mitten ins Schwarze. Seine Zeitgenossen priesen ihn als eine franziskanische Natur[47]. Ferner verdient hervorgehoben zu werden, daß es Bodelschwingh gewagt hat, gegen den Zeitgeist Stellung zu nehmen. Nicht allzu viele Christen brachten damals diesen Mut auf, waren doch viele dem Fortschrittswahn verfallen.

Nach Bodelschwinghs Dafürhalten war in den Gründerjahren des Deutschen Reiches das wirkliche Geschehen durch eine dünne Firnis überdeckt. Nur wenige Menschen sahen, was sich unter der gleißnerischen Oberfläche vorbereitete. Die Bedeutung Bodelschwinghs erfaßt man erst, wenn man ihn mit den damals führenden Theoretikern des Christentums vergleicht. Absichtlich nenne ich keine Namen, um nicht den Eindruck einer Polemik zu erwecken. Jene Männer waren beinahe alle überzeugte Vertreter des Wilhelminischen Zeitalters und spürten nicht das geringste von den herannahenden Dingen. Bodelschwingh, der in seinem Wesen alles andere als ein Intellektueller war, ließ sich von den äußeren Errungenschaften nicht blenden. Er sah den Koloß der Modernität auf tönernen Füßen stehen und hörte schon das Herabrollen jenes Steines, der alles in Trümmer schlug. Dabei gebärdete er sich nicht als Prophet, sondern nur als Christ, der die Zeichen der Zeit deutete. Als Christ wußte er, daß man nicht theologisch und schon gar nicht atheistisch an Gott glauben kann, sondern immer nur in Not, in Bedrängnis, und gerade deswegen stemmte er sich gegen die Zeitströmungen. «Gegen den Strom der Zeit» war seine Parole. «Aber ich weiß wohl, ich schreie in der Wüste, predige tauben Ohren. Wir stehen am Rande des Abgrundes, ja schon eigentlich mitten in der sozialen Revolution.»[48] Ihm schienen die Zeiten so ernst zu sein, daß nur kühne Mittel den rollenden Stein aufhalten könnten. Dazu aber waren seine Zeitgenossen nicht bereit, und heute ist es schon zu spät.
Bodelschwingh war in seinem ganzen Wesen ein Mann des Glaubens, der in der Liebe tätig war. Diese beiden Worte waren für ihn eng miteinander verbunden, wie sie es bei Paulus waren. Wahrscheinlich hat Bodelschwingh nicht alle Probleme gesehen, die das Christentum der Vernunft stellt, aber dies bedeutet nicht allzuviel, zumal beispiels-

weise Franziskus und Don Bosco sie auch nicht gesehen haben. Sie alle waren vom Feuer der Liebe ergriffen, und das allein ist in christlicher Hinsicht entscheidend. Bodelschwingh entwickelte kein Programm, und es finden sich auch keine Rezepte, aber er stand mit brennendem Herzen mitten im Elend. Er gehörte zu den Männern wie der ältere Blumhardt und Wichern, die auf die Verwirklichung des Christentums das Hauptgewicht legten. Seine Kinder ermahnte er: «Habt Freude, arm zu sein um der Armen willen, und vergeßt nicht, daß der Heiland arm geworden ist um euretwillen.» [49] Für sein eigenes Begräbnis bestimmte er einen Armensarg. Nie brauchte er Geld für sich selbst. Eine solche Haltung findet man im evangelischen Raum nicht allzuoft. Sie ist echt evangeliumsgemäß und hat auf alle Fälle mit Werkgerechtigkeit nichts zu tun. Das wäre ein groteskes Mißverständnis. Ohne Beachtung dieses in der Liebe tätigen Glaubens wird man diesem Gottesmann nicht gerecht. Dieser Heilige der Nächstenliebe bekannte sich ausdrücklich zum nahen Ende der Welt: «Es ist noch über ein Kleines, dann ist alles anders.» [50]

Von ihm wurde gesagt, daß er über alle Parteien und Konfessionen hinaus, «der geliebteste und gerechteste Mensch in Deutschland war» [51]. Ein prachtvolles Urteil! Trotzdem hat die Frau, die ihn geboren hat, in aller Einfachheit das Tiefste über ihn gesagt: «Er hat ein Mutterherz.» [52] Wenn dies von einer Frau gesagt wird, so ist es nicht so verwunderlich, obschon es auch herzlose Frauen gibt. Von einem Mann dagegen zu sagen, «er hat ein Mutterherz», ist höchste Anerkennung und enthüllt zugleich sein tiefstes Geheimnis.

Marie Noël
und das Gewitter der Seele

1883–1967

Junge Mädchen sind unmittelbare Wesen. Es ist nicht gerade ihre Sache, über sich selbst nachzudenken. Oft sind sie hübsch, wenn auch ihrem Alter entsprechend manchmal schüchtern oder auch frech wie eine Wanze. Viele gebärden sich gefallsüchtig und schauen in ihrer unschuldigen Eitelkeit gerne in den Spiegel. Aber das ist alles nicht so schlimm. Jedenfalls sind sie in ihrer Jugendfrische äußerlich erfreulich anzusehen. Was aber in ihrem Innern vor sich geht – wer weiß das? Ihre Eltern und Lehrer wissen davon oft nur wenig. Und sie selbst? Wahrscheinlich auch nicht viel, jedenfalls können sie es nicht sagen. Nur in Ausnahmefällen sind sie sich über ihr Seelenleben klar. Es bleibt alles im Dämmerlicht. Wenigstens noch in den nächsten Jahren. Wie lange aber? Bis die große Welle kommt? Wer weiß es? Als Marie Rouget ein Mädchen von fünfzehn Jahren war, begann ihre Geschichte. Das zarte, etwas exaltierte Kind einer katholischen Familie betete abends, wenn es zu Bette ging. Nun, welches Kind tut dies nicht? Mögen es auch oft Gewohnheitsgebete sein, so sind sie doch besser als gar keine Gebete. «Einmal», so gesteht sie, «warf ich mich auf die Knie nieder, und manchmal sprach Gott zu mir. Als ich Ihn eines Nachts bereit gefunden hatte, mir alles zu gewähren, erbat ich mir drei Dinge auf einmal: viel Leiden, Dichterin sein, heilig sein, weil es mir damals schien, daß nichts größer sein könne.»[1] In diesem Gebet war ein Hauch der Torheit eines jungen Mädchens enthalten. Später bat sie darum: Liefere mich nicht der Unmäßigkeit meiner Wünsche aus.

Man ist versucht zu sagen, sie wußte nicht, worum sie bat. Es war kein bescheidenes Gebetlein; sie griff damit weit aus. Zu weit? Niemals. Wenn man mit Gott redet, kann man nie einen zu großen Hunger nach ihm empfinden. Bei aller spontanen Unüberlegtheit waren es doch erstaunliche Bitten für eine Fünfzehnjährige. Überraschenderweise erhörte Gott das nächtliche Gebet des knienden Mädchens und erfüllte es; Marie Rouget konnte damals die Tragweite ihrer Bitten unmöglich überschauen.

Marie Rouget hatte in ihrem Leben viel zu leiden. Was weiß ein junges Mädchen schon vom Leiden. Es quält sich wegen seiner Ratlosigkeit und seiner unbestimmten Sehnsucht. Marie waren keine körperlichen Leiden bestimmt, aber in seelischer Hinsicht hatte sie viel zu ertragen. «Aber ich leide, und das ist weithin meine Form zu glauben», schrieb sie[2]. Der Mann, der sich ihr näherte und den sie auch liebte, entschloß sich im letzten Augenblick, eine andere Frau zu heiraten. Mit traurigem Blick betrachtete sie das glückliche Paar. Die Enttäuschung war für sie überaus schmerzlich und verwundete ihr Herz unheilbar. Sie war für die Liebe geschaffen und hat nie wieder geliebt; der Verzicht auf die menschlichen Zärtlichkeiten fiel ihr unendlich schwer.

Marie war die Tochter eines Gymnasiallehrers und wohnte in der burgundischen Kleinstadt Auxerre, in der das Leben langsam und träge dahinfloß. Es war tiefste französische Provinz, der eine unerträgliche Langeweile eigen ist. So wird sie von den meisten Romanciers geschildert. Man fragt sich, ob ihre Darstellungen in allem zutreffen. Burgund hat viele romanische Kirchen aufzuweisen, die von der ewigen Schönheit Gottes zeugen und ein religiöses Gleichgewicht repräsentieren. Es war ein unersetzlicher Verlust, als die Romanik dahinschwand, und was spätere Zeiten an ihre Stelle setzten, hält den Vergleich nicht aus.

Maries Vater war Agnostiker, aber ein kultivierter Humanist. Als Stoiker war er ein strenger, disziplinierter Erzieher. Er gab sich mit dem heranwachsenden Töchterchen ab und spürte auch, daß es ein Hintertürchen zu einem Raum besaß, zu dem er keinen Zugang hatte. Einmal sagte er zu Marie in einem beinahe ärgerlichen Ton: «Du glaubst gar nicht, die Katholiken glauben wenig. Wenn ich an die Eucharistie glaubte – Gott auf Erden, bedenke, Gott –, nichts anderes würde für mich mehr auf der Welt sein.» [3] Es war eine erstaunliche Aussage aus dem Munde eines agnostischen Gymnasiallehrers, der sonst die metaphysischen Probleme verdrängte, indem er während seiner Freizeit sich manuell betätigte. Diese Äußerung verriet eine Einsicht, die viele Christen tief beschämt. Vielleicht hätte Marie doch mit ihm reden können, wenn die familiären Mauern nicht gewesen wären, die zuweilen umfangreicher sind als alte Festungsgürtel.
Als gehorsames Kind tat Marie, was ihre Eltern von ihr verlangten. Man entdeckt nicht die kleinste Spur von einer Auflehnung gegen die elterliche Gewalt. Zwar lebte in diesem jungen Mädchen eine verborgene Leidenschaft, liebte sie es doch, in ihrem Zimmer wie ein Wirbelwind zu tanzen, während sie nie auf einen Ball gegangen wäre. Der Musik gab sie sich mit aller Kraft hin, und dabei bemerkte ihre Umgebung nicht einmal viel davon. Sie spielte Klavier, liebte Bach, Mozart, Beethoven und erlebte diese Musik von innen her. «Ich bin mein ganzes Leben lang das zahmste aller Haustiere gewesen, ein Vieh, das Lasten trägt, ein Kettenhund, ein Kanarienvogel im Käfig.» [4] Ein furchtbares Geständnis, das viele Töchter des 19. Jahrhunderts hätten wiederholen können. Schreckliches Schicksal für einen Menschen, ein «Kanarienvogel im Käfig» zu sein. Die weiblichen Glieder der Familie gingen regelmäßig in die Kirche, man besuchte die Verwandten und redete ein

wenig mit den Nachbarn. Als Marie erwachsen war, überbürdete man ihr die Verwaltung der Häuser, die der Familie gehörten – eine bloß buchhalterische Beschäftigung. Sonst geschah nichts. Jahrein und jahraus nichts. Aus dem jungen Mädchen wurde schließlich ein ältliches Mädchen, eine Jungfer, an der das Leben vorbeigegangen war und die deswegen ein wenig einen unglücklichen Eindruck machte. Sie war eine stille Frau, die nicht darauf bedacht war, sich bemerkbar zu machen. Von außen gesehen, gehörte sie nicht zu den sogenannten interessanten Gestalten, man konnte sie leicht übersehen. Innerlich aber war sie voller Leben und von einer unauslotbaren Tiefe, die etwas Einmaliges an sich hatte.

Schließlich kam das Alter mit seinen Gebrechen. War die Bürde dieses Lebens nicht Leiden genug? Dies besonders, wenn man bedenkt, was sie zuletzt sagte: «Ich habe schwer an Gott gelitten. Ich habe an ihm gelitten ruhelos – wegen des Bösen.»[5] Mit diesen verräterischen Worten hat sie ihre religiöse Tragödie erwähnt. Sie bestand in einer Potenzierung ihres Leidens, eines Leidens, das ganz religiöser Natur war. Doch ist mit der Umschreibung des Leidensproblems das Leiden selbst nicht von entfernt bewältigt. Es gehört eine viel tiefere Einsicht dazu: «Man muß einwilligen. Man muß zum Leiden das ‹Ja› der bräutlichen Liebe sagen. Vergeblich das nicht angenommene Leid, das Leid, das verweigert, das Leid, das gehaßt wird.»[6] Ob Marie ihr religiöses Leiden völlig angenommen hat? Wer weiß es? Wer will hier urteilen? Ich jedenfalls nicht.

Die zweite Bitte lautete: «Dichterin zu sein». Ihr Vater hatte ihr eine beachtliche Bildung vermittelt, indem er ihr schon früh den Zugang zur Weltliteratur öffnete. Die großen Dichter waren ihr vertraut, sie lebte im Geiste mit ihnen. Wer mit der Welt der Poesie verbunden ist, vermag auch das eintönige Provinzleben zu ertragen. Marie las nicht nur Shakespeare, Tolstoi, Balsac, Verlaine usw., sondern schon früh regte sich die eigene Stimme in ihr. Das fünfzehnjährige Mädchen hat damals wohl das Dichterdasein mehr erfühlt als darum gewußt. Ein Dichter ist nicht mit einem engagierten Schriftsteller zu verwechseln, der mit Gags und sexuellen Schilderungen Aufsehen erregen will. Solche Armseligkeiten haben mit Poesie nichts zu tun. Echte Dichtung liegt auf einer viel höheren Ebene. Sie ist bei allem Realismus mit der Morgenröte verwandt, dichterisch ausgedrückt: «O hätte ich Flügel wie die Taube! Wie wollte ich fliegen, bis ich Ruhe fände.»[7] Bei aller poetischen Zartheit ist die Dichtung machtvoll und vermag selbst einem Volke eine Stimme, ja, ein tieferes Selbstbewußtsein zu verleihen. Ohne Dichtung ist eine Nation stumm, ihre Seele kann sich nicht ausdrücken, aber der Dichter lehrt sie singen. Dichtung erhellt noch die traurigste Stimmung und verwandelt sie in eine innere Freude, die alles, alles erträgt. Maries Gebet hat sich erfüllt; sie ist eine Dichterin geworden.

Sie veröffentlichte mehrere Gedichtbände unter dem Namen Marie Noël. Warum dieses Pseudonym? Es war nicht Anmaßung und auch nicht Versteckspiel. Sie lebte während sie dichtete in einer weihnachtlichen Atmosphäre. Gott schenkte ihr das Lied. Henry Bremond war ein Ästhet, der aber trotz der mondänen Interessen doch asketisch lebte und etwas von Dichtung verstand. Sein Büchlein «Poesie und Gebet» beweist es. Anläßlich eines Besuches sagte Bremond zu Marie Noël: «Mademoiselle, Sie müssen sich drein schicken, Sie haben Genie», und fügte hinzu: «Da ist etwas in Ihren Versen, was bis jetzt niemals in den Versen eines Dichters war, etwas – wie soll ich es nennen –, ja, jetzt hab' ich es: die Schalkhaftigkeit eines Engels.»[8] Eine vortreffliche, eine wahre Äußerung! Marie Noël wurde keine «Frau der Literatur», ach, das sind doch mäßige Figuren.

Sie besaß nicht den leisesten Anstrich eines Literaten an sich, die gerne im Café sitzen und den Zigarettenrauch vor sich hinblasen. Eine echte Dichterin ist von einem Ernst erfüllt. «Die Gabe der Dichtung? Aber sie hatte ich von Kindheit an. Ich möchte eher glauben, daß es die Gabe einer neuen Einsicht ist, auf den ersten Blick anstatt des Lächerlichen die Blüte und den Honig der Leute wahrzunehmen, sogar in denen, die nichts davon haben.»[9] Ja, sie besaß wirklich die Gabe, das Schöne, das Liebevolle und Poetische zu sehen. Um welchen Preis aber hat sie diese Fähigkeit erkauft! «Viel zu leiden» – die Dichtung ist vom Leiden wirklich nicht abzulösen, ist es doch der Nährboden, aus dem sie wächst. Wo Dichtung zum weltweiten Erfolg führt, zum Bestseller wird, da ist sie verkannt und meistens gar nicht vorhanden.

Marie Noël liebte ihr Lied; sie war nicht eitel darauf, aber es erfreute sie, und sie verbarg ihr schönstes Gedicht in tiefstem Schweigen. Ihr ganzer Liebreiz strömte in ihre Poesie, aber in der Kleinstadt ahnte man nichts davon; die Hauswirtschafterin verdeckte die Dichterin. Die Situation war jener von Annette von Droste-Hülshoff durchaus ähnlich. Trotz der hundert Jahre, die dazwischen liegen, darf sie als eine Schwester im Geiste bezeichnet werden. Damals, als Annette von Droste-Hülshoff das «Geistliche Jahr» schrieb, nahm ihre nächste Umgebung auch keine Notiz davon, allerdings hätte sie ihre außergewöhnliche Zwiesprache mit dem Höchsten gar nicht verstanden. Auch Marie Noël schrieb ihre «Lieder des Aschenbrödels» für sich. «Ich schrieb nicht, um zu schreiben. Mein Lied war für mich nur ein Geheimnis der Liebe.»[10] Das ist viel, sogar selten viel, und mehr darüber zu sagen ist nicht angebracht.

Sie suchte auch nicht die Verbindung mit der Literatur. Freilich las sie die Dichtung, nicht die kleine Heimatdichtung, von der die Familienblätter zuweilen Kostproben brachten, sondern Molière, Mallarmé, Hugo usw. Sie schätzte Francis Jammes, der sich den Eitelkeiten der Welt und allen gekünstelten Nutzlosigkeiten des literarischen Lebens entzogen hatte und dabei in seinem Hause geblieben ist, um sein Leben zu singen und zu leben [11]. Sie durchschaute Valéry, diesen «klarsten Verstand, der sich dem Mysterium widersetzt» [12]. Sie bewertete Dante richtig, indem sie ihn der Grausamkeit bezichtigte und gegen ihn den Herrn anrief. Jedenfalls beweist Marie Noël eindeutig, daß man oft in seinem Zimmer mehr erlebt als auf einer großen Weltreise, die nur allzu flüchtige Eindrücke hinterläßt. Wem die Poesie ins Herz gesenkt worden ist, den hat der Ewige geküßt.

Marie Noëls Poesie ist im deutschsprachigen Raum kaum bekannt. Eine Übertragung könnte auch nicht den weichen Glanz ihrer Sprache widergeben, die so zart wie Schmetterlingsflügel ist. Doch geht es in diesem Zusammenhang nicht um die Würdigung ihrer Dichtung, so bedeutsam dieses Geschenk ist. Aber eine Probe ihrer Poesie soll angeführt werden:

«Comment m'avancerai-je à travers cette fête,
Parmi les saints autour du ciel assis en rond,
A pas lents et portant mon péché sur la tête,
Pendant que tous ensemble ils me regarderont?

Quand je les rencontrais l'un ou l'autre sur terre,
J'en avais peur, je cachais vite mes pensers,
Mes rêves, mes amours à leur regard austère,
Et le monde était grand quand ils étaient passés!

Et maintenant les voilà tous! Et moi, la folle,
Je tremble sur le seuil comme un mauvais enfant
Qui va tomber aux mains de ses maîtres d'école,
Seul, et qu'aucune mère auprès d'eux ne défend.» [13]

Zwar erklären junge Franzosen von heute hochmütig, Marie Noëls Poesie sei nicht mehr gefragt. Glückselig ist, wer vom garstigen Heute abgelehnt wird, weil sich gerade darin seine Zukunftsbedeutung offenbart.
Mit der dritten Bitte wagte die jugendliche Beterin einen kühnen Schritt, indem sie darum bat, «heilig zu sein». Der Gebetswunsch zeigt deutlich, daß mit der Frage der Heiligkeit nicht etwas von außen oder etwas Fremdes an Marie Noël herangetragen worden ist. Es war ihr ureigenstes Problem, obschon es gewöhnlich gar nicht beachtet wird, wenn von ihr die Rede ist. Sie spürte das Ungeheuerliche ihres Gebetes und versuchte es in ihrer Bescheidenheit später abzuschwächen, indem sie schrieb: «Heilig sein. Gott gab es mir. Ich habe es verloren.»[14] So einfach läßt sich das nicht wieder durchstreichen. Wäre der traurige Verlust wahr, dann würde er nichts daran ändern, daß Marie Noël einmal im Lichte der Heiligkeit gestanden ist. Wie lange? Sie war vom Mysterium der Heiligkeit erfüllt, der Strahl des Göttlichen hat sie getroffen, und sie ist in sein Licht eingetaucht. Selbst wenn dies nur während einer kurzen Stunde geschehen wäre, so bedeutete diese Stunde mehr denn tausend Jahre der Gleichgültigkeit. Marie Noël war eine Auserwählte und hat die geheimnisvolle mystische Hochzeit mit dem Herrn erlebt. Sie war eine Heilige, freilich keine Heilige nach dem üblichen Schema. Es lohnt sich, es lohnt sich sogar ganz besonders, sich in ihre verhüllte Heiligkeit zu vertiefen und zu versuchen, in sie einzudringen.
Die Ahnung von Marie Noëls Heiligkeit hat uns einzig und allein ihr Tagebuch verschafft, das unter dem Titel «Notes Intimes» erschienen ist und den Zeitraum von 1920 bis 1958 umfaßt. Das Tagebuch ist bedeutsamer als die von Raymond Escholier verfaßte Biographie «La neige qui brûle», so sehr wir auch für sie dankbar sind. Im Tagebuch hat Marie Noël uns den Einblick selbst gewährt; wir machen uns

daher keiner unerlaubten Zudringlichkeit schuldig. Es ist ein in jeder Beziehung erstaunliches Buch, und man bedauert, daß es René Hocke entgangen ist, dieses Werk in seine Sammlung «Europäisches Tagebuch» aufzunehmen. Es gibt einige religiöse Tagebuch-Publikationen von großem Wert: Kierkegaards Tagebücher, jene von Julien Green usw. Man greift immer wieder nach ihnen und fühlt sich stets reich beschenkt. Marie Noëls Tagebücher dürfen in diese Reihe eingeordnet werden. Äußeres Geschehen wird kaum gestreift. Das Innere allein zählt. Das Tagebuch ist ein einziges Beichtgespräch mit Gott. «Hier in dieses Tagebuch werfe ich alles, was ich an Schlimmem habe, wie in einen versteckten Winkel hinter dem Hause.» [15] Sie schrieb es im Laufe einer Krise religiöser Angst, die die Siebenunddreißigjährige heimsuchte, um sich, wie sie gesteht, selbst zu helfen [16]. «Um mir zu helfen», war die Überschrift, und nach ihrer Meinung ist es nicht eine Lektüre für alle. Stendhal schrieb einst seine Bücher «für die dem Fähnlein Erkorenen», wie jeweils der Schlußsatz seiner Romane lautete. Marie Nöel dachte nicht an glückliche Leser, weit eher an heimgesuchte Menschen, die innerlich vor der Gewalt Gottes beben. Wie viele es deren gibt, weiß Gott allein. Eine Veröffentlichung schien ihr unmöglich zu sein, aber Abbé Mugnier mit seinen blitzenden Augen und seinem Kunstverständnis riet ihr dringend zur Publikation, weil es andern Menschen helfen könnte. Nicht den frommen Seelen, nein, denn sie würden sich wahrscheinlich bekreuzigen. Aber den Zweifelnden, den Draußenstehenden, den Ungläubigen könnte es etwas bedeuten. Abbé Mugnier meinte: «Die Gläubigen haben alles, was sie brauchen, ihren Katechismus, ihre Predigten, ihre Priester. Sie sind mit Nahrung überhäuft. Die brauchen Sie nicht. Die Ungläubigen, sie haben nichts. Sie werden zu ihnen in die Mission gehen. Sie werden Ihre Wilden sein.» [17] Schön, ausgezeichnet sogar, daß auch die Randgestalten einmal eine kleine Vorstellung davon bekommen, was es mit den Heiligen auf sich hat. Jedenfalls haben sie nicht das, was den Vorurteilen dieser Menschen entspricht. Zwar klagt sich Marie Noël selbst an, einen altertümlichen Stil zu schreiben, wenn sie ernste Dinge sagen wolle. Dies ist allzu kritisch geurteilt. Sie hat die heimliche, vertraute Tonart gefunden, in der man über die Fragen vom andern Ufer singen muß. Wer aber besitzt schon den neuen Stil, um über innere Erlebnisse zu schreiben? Sie selbst hat über ihr Tagebuch negativ gedacht. Es war für sie «eine Nothelferin in bösen Tagen. Ein Heilmittel ... ein Abführmittel!» [18], was subjektiv stimmen mag, objektiv gesehen aber unrichtig ist. Für uns ist es ein religiöses Dokument ersten Ranges. Besäßen wir es nicht, würde uns etwas Entscheidendes fehlen, weil man immer wieder nach ihm greift und auf eine unkonventionelle Art getröstet wird. Ist es nicht köstlich, daß auch die Ungläubigen ein Wort bekommen, das zuletzt an das Gleichnis erinnert, «und sie fingen an fröhlich zu sein»? Die Christen denken meistens zuwenig an jene, die nicht glauben können, und sind um der Barmherzigkeit willen doch verpflichtet, sie nicht in erster Linie zu bekehren, wohl aber ihnen in ihren seelischen Nöten beizustehen.

Man muß die religiöse Entwicklung Marie Noëls betrachten, wenn man ihr nahekommen will. Sie trug sie nicht zur Schau. Vertieft man sich aber in ihre Blätter, entdeckt man plötzlich den Weg, den dieses ungewöhnliche Menschenkind gegangen ist. Es war ein weiter Weg, ein keuscher Weg nach innen. Er entsprach nicht gerade Theresia von Avilas «Weg der Vollkommenheit», sondern eher Cervantes Ansicht: «Der Weg ist immer besser als die Herberge.» Kein Priester formte Marie Noël, da kein Geistlicher ins väterliche Haus kam. Auch betrat sie nie das Sprechzimmer eines Klosters. Allein ist Marie Noël über die alltäglichen und

auch ungewöhnlichen Pfade gestolpert, ist Wege gegangen, über die man restlos staunen muß.
An erster Stelle steht ihre Großmutter. Obwohl auch die Mutter eine fröhliche Christin war, übte die Großmutter einen stärkeren Einfluß auf das Kind aus. Nicht nur erzählte sie ihm viele Geschichten, sie nahm die Neunjährige auch mit zur Kirche, in der sie regelmäßig zusammen die Vesper sangen. Marie erlebte die Nacht der Kathedralen und «hörte dort den untröstlichen Schrei des Menschen. Er ist damals in mich eingegangen und hat mich seitdem niemals mehr verlassen. Ich glaube, daß dieser Job, dieser David meine wahren, meine ersten Väter wurden unter all denen, die für uns Dichter, Propheten und Genies sind.»[19] Marie Noël anerkannte zeitlebens bereitwillig, eine erleuchtete Großmutter gehabt zu haben. Sie war eine Frau, die keine Zweifel gekannt hatte, und wenn ihre Enkelin ihr solche vortrug, empfahl sie ihr, dies zu lassen, weil das nicht unsere Angelegenheit sei und Gott mit allen Zweifeln schon fertig werde. Diese schlichte und großartige Antwort wischt mit einer einzigen Handbewegung all das Geschwätz über die Warum-Fragen unter den Tisch. «Wie nötig hatte ich sie», gesteht Marie Noël, «als ich klein war, um mich jedesmal, wenn ich kopfüber in den Abgrund gefallen war, wieder herausfischen zu lassen.»[20] Oft sind es einfache, ganz unkomplizierte Menschen, diese Großmütter, aber welche Bedeutung haben sie für ihre Enkelkinder! Mit ihren runzeligen Gesichtern haben sie etwas von der Schönheit einer romanischen Kirche an sich. Früher mehr als heute wußten sie ihren Enkeln Märchen und Geschichten zu erzählen, endlos und immer wieder neu. Es ist ein wahres Geschenk für jeden Menschen, wenn er in jungen Jahren eine wirkliche Großmutter haben durfte. Jeremias Gotthelf hat ihr das schönste Denkmal mit seiner Erzählung «Käthi, die Großmutter» gesetzt. Urweisheiten gibt sie zum besten,

wenn sie mit ihrem verwöhnten Enkelkind und ihren zwei Hühnern redet. Trotz ihres äußerst einfachen Lebens wußte Gotthelf daraus eine Erzählung von einer unerhörten inneren Mächtigkeit zu gestalten.

Später haben einige religiöse Bücher der Seele Marie Noëls die erforderliche Nahrung vermittelt, vor allem Thomas von Kempens «Nachfolge Christi». Einst war es neben der Bibel das verbreitetste Buch der Weltliteratur, und heute, seltsam genug, gehört es unter Theologen zum guten Ton, ihm keine Beachtung zu schenken. Man schmäht es sogar und behauptet, es sei aus einer christlichen Resignation heraus geschrieben und besitze keinen Glanz. Diese Verdrehung gereicht nicht zum Ruhm des heutigen Menschen, verrät er doch damit seine Unfähigkeit, religiöse Werte zu erkennen. Marie Noël dagegen schrieb: «In diesem Buch bin ich der Seele inne geworden. Dort habe ich von Gott gelernt, mit jener selbstlosen Liebe zu lieben, die vom Geliebten nichts erwartet, was das Buch ‹die Tröstungen› nennt.»[21] Thomas von Kempens «Nachfolge Christi» enthält eine tiefe Weisheit und vermittelt dem Menschen dadurch eine wirkliche Hilfe.

Einige weitere Ereignisse waren für die religiöse Entwicklung Marie Noëls entscheidend. Auch artige Mädchen erleben manchmal tiefgreifende Dinge, die, von außen kaum bemerkt, oft unübersehbare Folgen haben. An einem Maientag ging die erst zwölfjährige Marie Noël zur Schule und nahm den Weg durch die menschenleere Kathedrale. Sie wußte, daß man in der Kirche weder hastig gehen noch laut reden soll. «Plötzlich ließ ich meine Schulmappe fallen, lief nach vorne, legte den Kopf mit Leidenschaft auf den Altar des Heiligsten Herzens und verlangte von Jesus den Ehering.»[22] War das ein spontaner Einfall eines jungen Mädchens, eine Laune, die man nicht versteht? Wie viele Gemütskräfte sind durch Hemmungen zugedeckt! Denken wir nur an das Klavierspiel vieler junger Menschen, die, aus Angst, ihr Können zu enthüllen oder Lob zu empfangen, keinen Takt vorzuspielen bereit sind. Auch Marie Noëls Handlung in der Kathedrale ist für ihr Alter äußerst merkwürdig. Sie selbst hat später ihr seltsames Tun nicht mehr ganz verstanden. Verwundert fragte sie: «Wie hatte ich das tun können?»[23] Und doch war es eine begnadete Stunde gewesen, als das Schulmädchen sein Haupt auf den Altar preßte und diesen befremdenden Wunsch ausstieß. Der Allerhöchste selbst und sonst niemand hat sie dabei beobachtet. Mochte der Einfall auch unberechenbar gewesen sein, sie hat den Wunsch ausgesprochen, ein Verlangen, das weit entfernt ist von dem, was sich sonst Zwölfjährige wünschen, und unendlich erhaben über den kleinen Flirt, in den sie sich an einer Straßenecke mit einem gleichalterigen Gymnasiasten einlassen. Das sieht man oft und ist deshalb an solche Dinge gewohnt. Was aber die kleine Marie getan hatte, war ungewöhnlich im höchsten Maße. Jedenfalls ist das Geschehen schon von der Atmosphäre der Heiligkeit umweht. Marie Noël betrachtete die für sie selbst unerwartete Erfahrung als eine geheime Verlobung. Nicht sie, aber Gott hat sie – ihr zum Trotz – fortan als eine «Ihm Vermählte gehalten, den Finger in diesen harten Ring der Einsamkeit geklemmt, die mir so weh tut»[24]. Damit hatte sie sich auf den Weg zur Vollkommenheit aufgemacht. Was sollte sie auf ihm alles erleben! Es sprengt beinahe die Fassungskraft eines Menschen.

Im folgenden Jahr empfing sie die Erstkommunion. Damals vermittelte man den Kindern dieses Erleben später als heutzutage. Man kennt die weißgekleideten Mädchen, geschmückt mit einem weißen Kränzchen im Haar und mit der Kerze in der Hand. In diesem entzückenden Anblick tritt die Unschuld sichtbar hervor. Hie und da entdeckt man eine kindliche Wichtigtuerei oder man vernimmt ein

Tuscheln über die erhaltenen Geschenke. Ach, warum auch nicht? Es ist doch so verständlich. Marie erlebte die Feier der Erstkommunion mit einem ungewöhnlichen Bewußtsein: «Zitternd begegnete ich zum erstenmal dem Herrn, der mein einziger Weggefährte sein sollte.»[25] Diese Bemerkung verrät ein Gefühl für das schicksalhafte Erleben, blieb sie doch während ihres ganzen Lebens eine Erstkommunikantin. Sie gesteht, daß es, wie jede andere Verbindung, kein Zusammenleben ohne Wolken war. Wie hätte es auch anders sein können! Mit entwaffnender Ehrlichkeit führt sie aus, daß die schönen Dinge der Welt sie veranlaßt haben, Jesu zu entschlüpfen und ihn zu vergessen. Aber es ist ihr nicht gelungen, wie es ihr auch nie geglückt ist, die geistliche Verlobung aufzuheben. Der Ring saß zu fest an ihrem Finger. Stets holte der Herr sie wieder ein; nie gelang ihr die Flucht. Jesus war und blieb ihr einziger Lebensgefährte. Nur äußerlich war das Leben in Auxerre langweilig und schien die Zeit stillzustehen, innerlich aber war es geradezu aufregend.

Mit achtzehn Jahren hatte sie noch ein seltsames Erlebnis. Sie war ein verschlossenes, gequältes Wesen, erfüllt vom Ungestüm der Dinge, da «verkaufte ich ihm meinen Geist»[26]. Seltsamer Gedanke! Man verwendet sonst solche Formulierungen für eine Seele, die man dem Teufel verkauft. Äußerlich war Marie linkisch, schmächtig, schüchtern, eher häßlich als schön, so hat sie sich selbst geschildert, aber sie hatte einen klaren, heiteren, lebendigen, spitzen Verstand, wie er unter der cartesianischen Rasse immer wieder anzutreffen ist. Sie liebte das Denken, sie wagte und freute sich zu denken. Es lebte in ihr ein einsames Denken, das ohne Verwandtschaft war. Dies läßt sich von wenigen Menschen sagen. Marie schrieb einmal in ihr Tagebuch: «Den, der wirklich denkt, selbständig, der um des Geistes willen seinen Glauben, seine Moral und all die geheiligten

Meinungen seiner Zeitgenossen, seiner Mitschüler, Mitpatrioten, Mitchristen in Frage stellt, findet man ihn zufällig einmal unter all den ‹Intellektuellen›, die sprechen oder schreiben? Es gibt viele sehr intelligente Leute, die nicht denken.»[27] Wie wahr, wie schrecklich wahr ist diese Tagebucheintragung. Mögen viele dünkelhafte Intellektuelle eine geringe eigene Denkkraft haben – Marie Noël jedenfalls hatte ihre Gedanken und konnte sie auch zu Ende denken. Und gerade diesen denkenden Geist wollte sie dem Herrn verkaufen, wohl wissend, daß ihr nichts mehr blieb, wenn sie auf ihre Denkkraft verzichtete. Was war die Folge? Sie wurde im Laufe der Zeit «das sanfte, kleine alte Mädchen, weder gesehen noch gekannt, dem keiner Aufmerksamkeit schenkt, weder zu Hause noch in der Stadt... nicht mehr Aufmerksamkeit als einem erloschenen Zündholz»[28]. Das Wort vom «erloschenen Zündholz» ist ebenso schrecklich wie jenes vom «Abführmittel», das sie für ihr Tagebuch verwendete. Trotzdem sind beide wahr; es gibt hier nichts anzuzweifeln. Nietzsche hätte sich über ein solches Tun empört und es zu den «Verbrechen» gerechnet, die man dem Christentum nie verzeihen könne. Für Marie Noël war es der große, freiwillige Verzicht, wie ihn nur Heilige zu leisten imstande sind. Paulus nahm als erster die Vernunft unter den Gehorsam Christi gefangen. Es fehlt den meisten Exegeten das Gespür für das, was das heißt. Die Feder müßte ihnen sonst aus der Hand fallen. Marie Noël hat bei ganz klarem Bewußtsein die Tat vollbracht.

Diese drei Erlebnisse umreißen gleichsam das Leben des jungen und alten Mädchens. Marie Noël las keine Zeitung, «aus Abscheu vor der Lüge»[29], und hielt sich auch kein Radio, «aus Abscheu vor dem Lärm». Von außen gesehen, war ihr Leben wirklich langweilig. Sie selbst erzählt: «Ich verbrachte, als ich jung war, Sonntag um Sonntag im Jungfrauenverein, und jetzt, da ich alt geworden bin, besuche ich schon seit vielen Jahren an allen Sonntagen mit meiner Mutter meine Tante.»[30] Kann man ein solches Leben begehren? Für einen jungen Menschen ist dieser ewig graue Alltag nicht auszuhalten, diese Tage ohne Spannung und Farbe, ohne Abwechslung und Überraschung. Man glaubt darin ersticken zu müssen. In der trostlosen Enge dieser Kleinstadt hatte Marie Noël «nur Gott als Raum gehabt. In Ihm habe ich meine Freiheit gewonnen, meine großen Wege, ich habe meinen Bergen und meinen Abgründen die Stirn geboten, ich bin ‹gereist› wie die anderen, mehr als irgendein anderer meinen Abenteuern und meinen Gefahren ausgesetzt gewesen»[31]. Dies alles geschah nur in ihrem Innern, sozusagen an Ort und Stelle, denn sie war in eine große Einsamkeit eingeschlossen, unter der sie zuweilen schwer litt. Sie träumte nur davon, Länder und Städte zu besuchen, Theater und Museen zu sehen. Sie war Zeitgenossin von Simone Weil, von Madeleine Delbrêl, aber sie wußte nichts von ihnen. Trotz der modernen Massenmedien blieb die Mauer der Einsamkeit aufgerichtet. «Meine Jugend starb in der Einsamkeit»[32], seufzte sie einmal. Niemand ist in die große Einsamkeit ihres Wesens eingedrungen, von der ihr Tagebuch eine Ahnung vermittelt. Einsamkeit ist für die meisten Menschen ein furchtbares, kaum zu ertragendes Schicksal. Sie ersticken beinahe darin. Sie rufen, und niemand antwortet. Es geht nicht an, die Einsamkeit romantisch zu verbrämen, denn sie ist ein undurchdringliches Dunkel und bedeutet ein Eingeschlossensein, aus dem es kein Entrinnen gibt. Viele Menschen leiden unter ihr, und doch darf die tonlose Einsamkeit Marie Noëls nicht nur negativ gewertet werden. Sie schrieb einmal die nachdenkenswerten Worte: «Das ist das Verbrechen meines Lebens: Ich habe meine Einsamkeit verraten.»[33] Das rätselhafte Geständnis bezieht sich nicht nur auf die Veröffentlichung ihrer Gedichtbände. Ein tieferes

Geschehen liegt darin verborgen, das ein wenig verständlich wird, wenn man bedenkt, daß mit der «Einsamkeit die Stille verwandt ist, die Stille aber weiß alles, die Stille sagt alles»[34]. Wenige Menschen wissen wie Marie Noël um den Zusammenhang von Stille und Einsamkeit. Jedenfalls redet Gott gewöhnlich nur in der Stille zum Menschen, und die Stille setzt wiederum die Einsamkeit voraus. Es muß den Christen gelingen, die Einsamkeit als ein kostbares Geschenk zu empfangen, aber dazu bedarf es einer starken Seele und nicht einer übersensiblen Empfindsamkeit. Hätte Marie Noël auch ihre wundersamen Erfahrungen mit Gott erlebt, wenn sie nicht dieser unerbittlichen Einsamkeit verhaftet gewesen wäre und statt dessen das Leben einer gesellschaftlich hochstehenden Dame geführt hätte?
Der Inhalt dieses einsamen, stillen Lebens war, augustinisch gesprochen, Gott und die Seele, die Seele und ihr Gott. Nichts anderes? Nein, nichts anderes. Marie Noël war ein Mensch, der sich seiner Seele bewußt geworden war. Das widerfährt wenigen Leuten. Sie denken an den Körper und seine Pflege und an tausend andere Dinge. Die Seele ist im besten Fall ein schönes Wort für sie, aber keine Wirklichkeit. Marie Noël fühlte nicht nur ihre Seele, sondern war sich auch ganz klar darüber, daß sie nicht einfach war. Sie bemerkte dazu einmal: «Als Gott über meinen Erdenstaub blies, um in ihn meine Seele einzupflanzen, muß er wohl zu heftig geblasen haben. Ich habe mich nie erholt von diesem Anhauch Gottes. Ich habe nie aufgehört, wie eine Kerze zu zittern, wie eine flackernde Kerze zwischen zwei Welten.»[35] Dieses Geständnis gefällt mir außerordentlich, erklärt es doch auf eine religiöse, ganz und gar unwissenschaftliche Weise ihr ungewöhnliches Schicksal. Gott hatte zu stark geblasen! Ihre zeitlebens zitternde Seele war seinem Hauch nicht gewachsen. Sie fühlte selbst, daß ihre Seele zuweilen in Unordnung geriet und flehte darum, daß sie

wieder in Ordnung komme. Welcher Seele widerfährt dies nie? Sie wünschte sich eine Seele, die stets den Atem Gottes in sich spüre und sich nach Gott ausrichten würde wie die Magnetnadel nach dem Norden.

Die in die stille Einsamkeit eingeschlossene Seele gehörte einer ungewöhnlichen Frau. Ihre Gedanken bewegten sich auf Wegen, die weit, weitab von dem lagen, was Frauen im allgemeinen wünschen. Sie beschäftigen sich mit der Mode oder der Politik, während Marie Noël über die Askese nachdachte. Obschon sie in ihrer Kleinstadt ungewollt zu einem mehr oder weniger asketischen Leben verurteilt war, machte sie nicht aus der Not eine Tugend. Im Gegenteil, sie sagte ganz offen: «Aber Gott... Gott! Für wen hält man ihn? Ich habe niemals gut die Askese verstanden, die Marter in Einzelheiten zur Freude Gottes. Noch einmal! Für wen hält man ihn?»[36] Tatsächlich hat sie die Askese nicht richtig verstanden. Sie sah darin nur Marter und Fesselung. Dies schien ihr schrecklich zu sein. Nun, dieses Mißverständnis wurde früher oft bestätigt. Die Askese kann auch die Kraft stauen für einen überdurchschnittlichen Einsatz, jedenfalls ist ihr Wert ein Problem, mit dem man nicht so schnell zu Ende kommt. Marie Noël ahnte selbst, hierin vielleicht einer Mißdeutung zum Opfer gefallen zu sein. Trotzdem ist ihre Tagebuchaufzeichnung überaus wertvoll, da sie zeigt, daß man Gott nicht für ein Wesen halten darf, das sich über die Selbstquälerei der Menschen freut.

Das ältliche Fräulein hegte ungewöhnliche Gedanken über die Bestimmung der Frau: «Die Erschaffung der Frau, die Erb-Wunde... die erste Trennung. ‹Es ist nicht gut, daß der Mensch allein sei.› Seitdem ist er allein, o mein Gott! O Gott! Er mußte nicht geteilt, als zwei hingestellt werden. Er hätte einer bleiben sollen. Seitdem haben seine beiden unvollständigen Teile immer und vergeblich versucht, sich wieder zu vereinigen. Seitdem haben sie immer gesucht, er

das Fleisch, das du ihm genommen hast, sie das Fleisch, woher du sie genommen hast. Und aller Schmerz der Welt ist von dort ausgegangen.»[37] Wie wenige Menschen verstand Marie Noël das Geschlechter-Schicksal. Wahrscheinlich war es nur einer unverheirateten Frau möglich, das Leid des unerfüllten Lebens so tief zu empfinden. Verheiratete Menschen meinen oft, sie hätten die adamitische Trennung überwunden. In der ersten Freude über die Vereinigung ist diese Täuschung begreiflich, aber in den meisten Fällen ist sie doch eine Illusion. Die Wunde schwärt weiter und kann offenkundig nicht vor dem Anbruch des ewigen Reiches geheilt werden. Marie Noëls Worte enthalten eine seltsame Geschlechtsmetaphysik.
In ihrem Innern spielte sich das Drama der Seele ab. Es nahm die Form eines Gewitters an. Immer wieder wurde Marie Noël von Gewitterstürmen heimgesucht, vor denen ihre Seele umsonst nach einem Unterschlupf ausschaute. Sie war ihren seelischen Orkanen beinahe wehrlos ausgeliefert. Bei den Theologen fand sie keine Hilfe. Sie hegte zwar keine Vorbehalte gegen die Priester, im Gegenteil, einigen wenigen stand sie sogar nahe. Abbé Mugnier gehörte zu ihnen. Mit dem in Frankreich grassierenden laizistischen Antiklerikalismus hatte sie nichts zu tun. Auch war sie vom modischen Atheismus weit entfernt, zu dem sich heute viele Männer und Frauen bekennen, die keine Stunde ernsthaft über diese Fragen nachgedacht haben. Marie Noël meinte den «klerikalen Sauerteig», vor dem man sich hüten müsse[38]. Er ist eine schlimme Sache, das muß man ehrlich zugeben, und man darf nicht darüber hinweggleiten, als hätte er nichts zu bedeuten. Der klerikale Sauerteig hat viel Schaden angerichtet. Einmal fragte sich Marie Noël, «was muß Gott denken, wenn Er einen theologischen Traktat liest?»[39], eine angebrachte Frage, wenn man an die vielen rechthaberischen, apologetischen, streitsüchtigen und vor

allem so langweiligen Bücher der Theologen denkt. Ja, was denkt Gott darüber? Marie Noël tröstete sich damit, daß er sie gar nicht lese. Um so schlimmer für die Verfasser, müßte man hinzufügen, denn ihre Arbeit wäre dann gänzlich umsonst. Was Marie Noël gegen die Theologen auf dem Herzen hatte, schrieb sie mit aller Deutlichkeit: «Eine Predigt, vollgepfropft von Theologie. Dieser Theologe drückt sich aus wie ein alter treuer Diener, der Gott von klein an gekannt hat und ihm jeden Morgen hilft, sich mit Dogmen zu bekleiden. Ob Gott sich in dem Spiegel wiedererkennt, den sein Diener ihm hinhält? Vielleicht.» Vielleicht auch nicht. Die zweite Möglichkeit ist wahrscheinlicher: «Der Theologe examiniert ihn und mißt ihn von Kopf zu Fuß. (Für den Kammerdiener gibt es keinen großen Mann.) Aber meine ganze Anbetung flüchtet sich in die ewige Weite, die das Verhör dieses theologischen Schulmeisters in Dir, o Gott, an Unermeßlichem läßt.»[40] Das ist mehr als nur eine köstliche Satire, es ist eine Demaskierung; man schämt sich als Theologe und ist doch auf den Mund geschlagen. Marie Noël scheint, wie viele andere, gegen die Theologen aufgebracht zu sein. Liest man die dickleibigen Bücher über Dogmatik, wundert man sich fortwährend, woher die Verfasser dies alles wissen. Marie Noëls Vorbehalte richteten sich nicht gegen einen Stand, sondern im Grunde gegen eine gewisse Sorte von Kirchenleuten: «Es sich zur Gewohnheit machen, die Kirchenleute zu meiden. Es ist eine Gefahr für Urteil und Denken, und sogar für die einfache Meinung, wenn man zuviel Umgang mit ‹unfehlbaren› Menschen hat.»[41] Ferner stieß sie sich gelegentlich an den Dogmen, obwohl sie um deren Notwendigkeit wußte: «Ach, wer doch, wer war der erste, der versucht hat, Gott zu umstellen und Ihn einzuschließen in ein Dogma?»[42] Das Dogma ist doch nur eine notdürftige Hilfskonstruktion und versucht eine ewige Wahrheit mit menschlichen Begriffen auszudrücken, was nur zu einem Paradox führen kann. Aber diese demütige Einsicht wird selten erkannt, und darum sieht Marie Noël im Dogma «den Heiligen Geist im Käfig»[43]. Diese Erkenntnis hat sie nicht verführt, ein dogmenfreies Christentum zu fordern, ahnte sie doch, daß sich ein solches nur allzugerne im Unbestimmten auflöst. Sie glaubte, Gott sei auch in den Dogmen zu finden, und bewertete sie richtig als «Spiegel, in denen wir Ihn durch Bruchstücke von Licht ergreifen»[44]. Diesen Auffassungen werden die einen Leser ebenso lebhaft zustimmen, wie andere sie ablehnen werden. Sie sind jedoch für Marie Noëls Denken kennzeichnend. Trotzdem verbleiben sie im Vorhof, denn das Entscheidende spielte sich in ihrem dramatischen Verhältnis zu Gott ab. Ein Drama ist kein Gewohnheitsverhältnis, ist keine langweilige Beziehung, bei der man nicht weiß, schläft der Mensch nächstens ein oder nicht. Ein Drama läuft nicht ohne Spannung ab, die Ereignisse überstürzen sich, es kocht und brodelt, bis einem fast der Atem ausgeht. Marie Noël war eine Vermählte Gottes; ihr Denken und Fühlen kreiste unablässig um Gott, freilich nicht um einen «im Betsaal eingeschlossenen Gott»[45], sondern um den lebendigen Gott. Offensichtlich stand sie in einem ganz realen, persönlichen Gotteserleben. Daran ist nicht zu zweifeln, weil es in vielen ihrer Ausführungen nachzittert. «In der Art von Strudel, in dem ich im vergangenen Jahr untergetaucht bin, habe ich flüchtig Gott geschaut, und ich kann es nicht vergessen. Gott! Aber nicht den Gott, den ich seit der Kindheit vertraut kannte, den ‹lieben› Gott, ‹Unseren Vater›, meinen Freund. Nein! Ein anderer, der hinter ihm versteckt war und so fürchterlich, daß mein Verstand wankte.»[46] Man nannte dies eine Krise, aber dieser Ausdruck ist falsch und unbefriedigend, denn diese Krise dauerte über vierzig Jahre. Ein Vulkanausbruch von elementarer Gewalt drohte ihre Gottesbeziehung mit glühender Lava zu überschwemmen. Ein wahres Seelengewitter tobte in ihr; wie bei einem Gewitter in der Natur ballten sich dunkle Wolken über Marie Noël zusammen und entluden sich plötzlich. Wie ein Unwetter fuhr der prasselnde Regen in ihre Seele. Dieser Einbruch Gottes ereignete sich im Jahre 1920. Sie rang nicht nur eine Nacht mit dem Engel, wie Jakob im Alten Testament, sondern das Ringen mit Gott dauerte Wochen, Monate und Jahre. Es entspann sich ein Kampf, den sie mit stammelnden Worten umschrieb: «Gott im Gegensatz zu Gott.»[47] Diese ungewöhnliche Formulierung findet man auch bei den Mystikern, die mit dem Ewigen in eine gefährliche Berührung kamen. Sie appellierten von Gott zu Gott, genauer gesagt, sie fanden sich mit der üblichen Gottesvorstellung nicht ab, begnügten sich nicht mit einer blutleeren Gottesidee, sondern begehrten ein reales Gottesverhältnis. Auch dies konnte nicht ohne Dramatik geschehen, glich es doch der Entladung eines Gewitters. Sie kamen wirklich vom Regen in die Traufe. Marie Noël hat dies erlebt, denn sie gestand: «Ich habe immer zuviel Händel mit Gott gehabt.»[48] Das war das charakteristische Merkmal für ihre ungewöhnliche Gotteserfahrung. Immer wieder haderte sie mit Gott und erlebte, daß Gott sowohl Gnade als Qual ist. Sie mußte erfahren, was wenige fromme Menschen wissen: «Gott ist kein ruhiger Ort. Gott ist ein Ort des Sturmes.»[49] Man liest es in ihren Tagebuchblättern, daß ihr ein furchtbares, erschrekkendes Gotteserlebnis widerfahren ist, obwohl sie ganz zurückhaltend davon sprach und es offenbar nicht den Augen ihrer Mitmenschen preisgeben wollte. Sie deutete es nur an: «Du bist mir ohne Antlitz erschienen. Und an jenem Tage habe ich Dich gesehen. Und ich bin fast daran gestorben.»[50] Davon redet auch das Alte Testament. Niemand kann Gott sehen, er sterbe denn. Das Antlitz Gottes ist furchtbar; der Mensch erträgt den Anblick nicht und vergeht vor Schrecken, man denke nur an die Gottesvision von Bruder Klaus. Dies war das unbeschreibliche Erleben Marie Noëls. Sie umschrieb es mit beinahe stotternden Worten. Man liest sie nicht in den kirchlichen Blättern, man hört sie nicht von den Kanzeln, aber man spürt es überdeutlich: dieser Mensch ist dem Ewigen begegnet, Marie Noël hat Gott als verzehrendes Feuer erlebt. Ein unheimliches, ungeheuerliches, nicht in Worte zu fassendes Geschehen!

Man fragt sich, warum Marie Noël Gottes Antlitz dermaßen schrecklich empfand, daß sie darob beinahe gestorben wäre? Sie verstand ihn nicht, verstand vor allem seine Schöpfung nicht. Die Unbegreiflichkeit Gottes lastete wie ein Berg auf ihrer Seele. Gott ist nicht verständlich – darum ist alle Apologetik so lächerlich, die ihn mit Unrecht verteidigen will, wie es Hiobs Freunde getan haben. Aus diesem Grunde fallen Hiobs Reden aus dem Rahmen der biblischen Frömmigkeit und kommt man von seinem Buche nicht los. Marie Noël dachte immer wieder über das Nicht-Verstehen Gottes nach: «Die Schöpfung ist nicht christlich. Ganz und gar aufgebaut auf der Notwendigkeit, daß eine Kreatur die andere mordet.»[51] Es ist unverständlich und furchtbar grausam, daß ein Tier das andere vertilgen muß, um leben zu können, und daß der Mensch wiederum den Tieren nachstellen muß, um existieren zu können. Marie Noël schrieb eine wahre Klage über die Kreatur: «Die Traurigkeit der Traurigkeiten: die Traurigkeit der Tiere. Die des alten Hundes, der seinen Tod kommen hört und flieht; die des Pferdes, das weiß, daß man es wegführt, um es niederzuschlagen, den Kopf gesenkt, stolpert es den ganzen Weg entlang; die der Kuh, die vor Schrecken brüllt in ihrem letzten Stall neben dem Schlachthaus, wo eine andere Kuh aufgehört hat, um Hilfe zu rufen.»[52] Um dieser Wahrnehmungen willen fand sie Gott schrecklich und stöhnte: «Gott? ... Mein Gott? ... Der liebe Gott? ... Wo war Gott? ... Wer war Gott?» [53] Ist das lästerlich empfunden? Nein, gewiß nicht; es ist viel religiöser gedacht als das, was gewöhnlich als fromm ausgegeben wird. Ein anderes Mal schrieb sie:

> «Gott, o Gott!, unendliche Enttäuschung.
> Der, den wir denken und nicht kennen ...
> Der, den wir lieben und niemals umarmen werden ...
> Der uns ewig anzieht und uns ewig entflieht ...
> Gott! mein Gott, den ich so sehr gesucht habe, wo
> bist Du an diesem Abend?» [54]

Marie Noël verstand die Schöpfung in ihrem Blühen und Vergehen nicht und begriff auch das Böse keineswegs. Es war ihr völlig unverständlich. Wie konnte man sich nur mit der frommen Erklärung, die nichts erklärt, zufriedengeben, Gott habe es zugelassen. Ernsthaft gesehen, ist das Böse ein unlösbares Rätsel, eine völlige Finsternis. Marie Noël stöhnte wegen der schrecklichen Frage: «Wer hat es verursacht? Es ist nicht so, daß ich es studiert hätte, im Gegenteil. Wozu wäre es auch gut, nach all den anderen? Ich fürchte die Bücher, die davon sprachen, die mehr quälten und keine Erleichterung brachten. Wer kann antworten? Niemand. Nicht einmal die Kirche. Ich habe weder gelesen noch gesucht. Ich habe gelitten.» [55] Hier läßt sich das Drama mit den Händen greifen. Marie Noël erlitt es nicht bloß intellektuell, wie man ein Drama auf der Bühne erlebt. Ihr Drama hatte ihr ganzes Sein ergriffen, hat ihre Augen mit Tränen gefüllt und ihr die Kehle zugeschnürt. Man muß verstummen vor diesem Schmerz.

Da Marie Noël nicht mehr über Gott verfügen konnte, brach die dunkle Nacht des Glaubens über sie herein, von der auch Johannes vom Kreuz gesprochen hatte. Wer liest heute noch Johannes vom Kreuz, so wie er gelesen werden muß: Zeile um Zeile? Die meisten Menschen stecken ihre Nase bloß in die Zeitungen, lesen darin vorwiegend Dinge, die man sofort wieder vergißt. Marie Noël war in die Nacht des Glaubens eingetaucht, in der sich die Wolken wirklich auf sie herabsenkten. Damals notierte sie in ihr Tagebuch: «Ich habe diese dürre Zeit durchwandert und den Sturm der Wüste ausgehalten. In diesen furchtbaren Jahren hatte ich niemanden, dem ich mich anvertrauen konnte, ich war ganz allein mit mir selbst. Ich habe Fuß gegen Fuß mit dem inneren Feind gekämpft.»[56] Es war nicht nur eine vorübergehende metaphysische Unruhe, wie sie viele Menschen im Laufe ihres Lebens erfahren, eine Unrast, die sie eine Zeitlang umtreibt, bis sie dieser Probleme überdrüssig werden und sie wegschieben. Marie Noël fühlte sich in die Hölle versetzt. Sie stand sogar vor der Frage des Selbstmordes, wenn sie auch eingedenk blieb, «Gott wohnt in meinem Haus»[57]. Die Anfechtungen waren hart, bedrückend und beinahe erdrückend, aber Marie Noël hielt sie aus. Mit niemandem sprach sie darüber: «Alles geschah in der Stille, in der Folterkammer, dem dumpfesten und stummsten Verließ der Seelenburg. Droben in den bewohnten Sälen hörte niemand etwas.»[58] Trotz ihres Absturzes und trotz aller Bedrängnisse versuchte sie immer so zu handeln, als ob sie Glauben und Liebe hätte. Stets aber wußte sie: «Himmel – oder Hölle – sind nicht Orte, sondern Zustände der Seele.»[59]

Marie Noël trug die Last dieser schweren Anfechtungen. Ohne an ihnen zu verzweifeln, dachte sie an Christus. Sie war ihm anverlobt, und darum hielt sie unerschütterlich treu bei ihm aus. Der unvergeßliche Karl Pfleger betonte in seiner Einführung, Marie Noël habe Christus gesehen: «Nicht bloß gesehen durch die Evangelien hindurch, sondern in unmittelbarer Gegenwart. Nein, nicht gesehen von

Angesicht zu Angesicht, aber doch besucht, gesprochen, berührt von Leib zu Leib und von Seele zu Seele.»[60] Das ist Wort für Wort wahr. Man kann es nicht besser sagen, als es der elsässische Pfarrer gesagt hat, der in großer Armut lebte und dabei geistig aufgeschlossen war wie wenige Amtsbrüder. Marie Noël formulierte ihren Christus-Trost mit ganz ähnlichen Worten: «Die ewige Gegenwart in der Abwesenheit, Du hast sie verwirklicht, Du, Christus, die Liebe für immer, ohne Trennung, die Hilfe für immer, ohne Abnutzung im unabänderlichen Lauf der Zeit.»[61] Wenn Gott ihr drohte, in der dunklen Nacht zu entschwinden, fand sie, dank Christus, seine Spur immer wieder.

Eine weitere Hilfe wurde ihr durch die Kirche zuteil. Vor allem liebte sie die Liturgie der Kirche und lebte aus diesem Schatz. Sie fand überaus anerkennende Worte für sie, die namentlich jene Priester bedenken sollten, die, vom Fieber der Gottesdienstgestaltung verführt, glauben, es käme in der Kirche auf die Befriedigung des Abwechslungsbedürfnisses der Menschen an. In der Liturgie vollzieht sich ein rational nicht erklärbares Mysteriengeschehen. Marie Noëls Worte über die Liturgie verdienen in extenso angeführt zu werden: «Gewisse neuerungssüchtige Geistliche sind bestrebt, sich immer mehr von der traditionellen Liturgie zu entfernen, um die Zukunft immer mehr einer wortreichen Religion zu öffnen, von der sie denken, durch besseres Sprechen mehr Frucht in der Seele des Volkes zu gewinnen. Mit diesem Vorhaben, den göttlichen Kult volkstümlich zu machen – und wie! –, entkleiden sie ihn seiner heiligenden, jahrhundertealten Schönheit ... Sie vergessen, daß seine mystische Kraft im Gegenteil darin liegt, die große Masse auf das Niveau des Über-Alltäglichen der ewig Auserwählten zu erheben. Ist es für den Gläubigen notwendig, alles zu verstehen? Es gibt im Wort Gottes verschiedene Weisen zu reden. Gott spricht zum Menschen nicht allein durch die mehr oder weniger überzeugende Ansprache des Menschen, sondern auch, wenn der Mensch schweigt, durch eine innere Berührung, die das Wort nicht kennt..»[62]

Man spürt es, daß Marie Noël nicht der Liturgiekommission angehörte und deshalb vielleicht mehr von der Liturgie verstanden hat als etliche ihrer Mitglieder. Sie war nicht gewillt, auf die Anbetung, die Lobpreisung und die Danksagung zu verzichten. Sie hielt die Fahne hoch, damals, als sie vielen Geistlichen aus den Händen gefallen war.

Abgesehen von der Liturgie, verehrte Marie Noël auch die Heiligen. Sie besaß ein überdurchschnittliches Verständnis für sie, und dies zu einer Zeit, da man sie als eine Gewohnheitsangelegenheit betrachtete und es nicht lange dauerte, bis sie ein Opfer der Entrümpelung der Kirche wurden. Die einsame Frau ließ sich nicht durch diese ephemeren Vorgänge irremachen. Sie besaß eine starke innere Beziehung zu den Heiligen: «Heiligkeit, das ist nicht eine Tugend; das sind nicht alle deine Tugenden... Die Heiligkeit, das bin Ich, Gott, in dir, dem Menschen.»[63] «Der Heilige ist nicht irgendein Vollkommener, nicht ein Mensch von Wert, er ist einer, der nichts wert ist, der nichts ist. Aber durch dieses Nichts geht Gott, wie das Wasser einer Quelle durch die große weite Öffnung einer Rinne, um den Seelen seine Gnade zum Trank zu geben.»[64] Nach Marie Noël haben die großen Heiligen alles zerbrochen: «Alle Heiligen sind von Gott verschlungen, zerstört worden – menschlich gesprochen – durch Gott.»[65] Ihr Verständnis der Heiligen war nicht intellektuell, das gibt es auch, aber dies greift bei Marie Noël daneben. Sie war tatsächlich persönlich am Heiligsein beteiligt, denkt man an die dritte Bitte des fünfzehnjährigen Mädchens: «heilig sein». Sie hatte ihre Minuten vor Gott gehabt; das scheint kurz zu sein und wiegt doch ein ganzes Leben auf. Sie hatte sich vorgenommen, «Gott verkünden durch Heiligkeit, Worte ohne Worte[66].» Schärfer

läßt sich das moderne Heiligenideal nicht mehr formulieren. Marie Noël hat es nicht nur ausgesprochen, sie hat es gelebt: «Im Verborgenen kämpfen, geduldig, demütig, still für die Göttlichkeit seiner Seele, das heißt die Welt retten.»[67] Sie fand noch eine Formulierung für «die unbekannte Heilige» und umschrieb sie mit den ungewöhnlichen Worten: «Es gibt eine Heiligkeit vor Gott, die Schönheit der Frau, die liebt, nicht oberflächlich, sondern schicksalhaft, die Art von Nächstenliebe, die der Liebe der Frau zum Mann am nächsten ist, ohne Vorwurf noch Furcht. Ich würde gern ein Wort geschrieben haben, irgendwo, ein solches Wort, daß man danach es wagen könnte, die dunkle Herrlichkeit einer solchen Liebe zu preisen – besser noch, nichts darüber zu sagen.»[68] Ich bin überzeugt, Marie Noël hätte nicht dieses tiefe Verständnis der Heiligen besessen, wenn sie nicht selbst in aller Verborgenheit und Unscheinbarkeit zu ihnen gehört hätte. Sie war, ich lasse es mir nicht nehmen, eine Heilige ohne Heiligenschein. Mag sich bei dieser Bezeichnung die ganze Ritenkongregation aufregen, das stört mich wenig. Seit eh und je sind die Heiligen in den undurchsichtigsten Kleidern der Welt aufgetreten. Zur richtigen Zeit und zur Unzeit erscheinen sie, weil wir sie nötig haben wie das tägliche Brot. Das Glaubensbekenntnis spricht es aus: «Ich glaube an die Gemeinschaft der Heiligen.» Das gilt auch für Marie Noël. Zeitlebens ist sie das Mädchen geblieben, das den Kopf auf den Altar gepreßt, und die Frau, die den «andern, furchtbaren Gott» mit eigenen Augen gesehen hat.
Zuletzt schaute sie zurück auf ihr Leben und sah dabei, daß «ich bis zum Ende immer, o mein Gott, von Deinen Händen wie eine Gelähmte getragen werde auf göttlicher Straße»[6]. Aus diesen Worten hören wir wieder die Sprache des kindlichen Glaubens, die so voller Vertrauen klingt, obwohl Marie Noël in die Nacht des Glaubens eingehüllt war. Auf

diese Sprache kann man nicht verzichten. Sie ist uns nicht in jeder Stunde gegeben, aber sie wird uns immer wieder geschenkt. Ohne sie wäre Marie Noëls ganzes Gott-Drama schlechterdings nicht vorstellbar.

Die im Alter fast erblindete Frau dachte selbstverständlich auch über den Tod nach: «Alle sterben. Keiner weiß zu sterben. Sterben ist das Werk, das man weder lernen noch erproben kann.»[70] Diese realistische Sprache entspricht der Wirklichkeit der Heiligen. Fromme Sprüche über den Tod nützen nichts, das wußte Marie Noël und erklärte vielmehr mit erstaunlicher Offenheit: «Niemand hat je gewußt noch wird je wissen, was der Tod ist... Nur der auferstandene Christus... Aber er hat geschwiegen.»[71] Der Tod ist ja kein intellektuelles Problem und darum auch gedanklich nicht lösbar. Alle Betrachtungen über den Tod helfen uns in der Stunde des Abscheidens wenig. Wir alle stehen dann zitternd, mit leeren Händen da und hoffen in jenem Moment wider alle Hoffnung nur auf das Erbarmen Gottes. Vor ihrem Tod fragte sich Marie Noël demütig, ob sie am Jüngsten Tag sich «Marie der verlorenen Gnade» nennen werde[72]. Wir verneinen entschieden diese Frage, weil sie in allem Hader mit Gott die Gnade nicht verloren hat. Stets behielt sie das Rettungsseil in den Händen. Nie ist es ihr entglitten. Wie könnte dies auch bei einer unkanonisierten Heiligen geschehen?

Wir müssen versuchen, uns über die aus der Reihe gefallene Marie Noël Rechenschaft zu geben, möchten uns aber nicht der Einstellung von François Mauriac schuldig machen, der aus einem Vorurteil heraus diese Frau nicht in sein Leben einließ und sich dabei doch zu der Feststellung genötigt sah: «Marie Noël hat sich genau so demütig und heimlich geopfert wie Thérèse im Karmeliterkloster... Die beiden kleinen Mädchen gingen in dieselbe Falle.»[73] Diese Formulierung ist nicht gerade schön, inhaltlich aber ist sie richtig:

Marie Noël und Thérèse Martin waren Geistesverwandte und erlebten ein ähnliches Gottesschicksal. Nach der allgemein verbreiteten Auffassung ergeben sich heilige Menschen bereitwillig dem Willen Gottes und erleben als Diener Gottes wunderbare Entrückungen. Dieses Schema läßt sich nicht ganz allgemein anwenden. Marie Noël arbeitete nicht an einem karitativen Werk und machte überhaupt nicht von sich reden. Sie wollte auch nichts wissen von einer heroischen Tugendausübung und hätte dies selbst lachend abgelehnt. Sie war eine einmalige Heilige; ihresgleichen ist in der langen Geschichte der Hagiographie nicht zu finden. Sie verlangt nach einem eigenen Maßstab: Marie Noël war ein Mensch, der dem Seelengewitter nicht zu entfliehen vermochte. Sie ist und bleibt die Heilige, die den Hauch Gottes gespürt hat, deren Seele ob diesem kostbaren Erleben zitterte und die es bis ans Ende ihrer Tage nie vergessen konnte. Schweigen wir darüber.
Marie Noël war ein von Gott berührter Mensch, ein von Gott umgeworfener Mensch, ein Mensch, den Gott an sich gepreßt hat. Diese unmittelbare Berührung stürzte Marie Noël zugleich in schwere Anfechtungen. Man darf diese nicht negativ bewerten, weil sie es mit Gott zu tun haben und der Mensch in ihnen unmittelbar zu Gott vorstößt. Auch die Bibel redet davon: «Mein Kind, willst du Gottes Diener sein, so schicke dich zur Anfechtung.»[74] War Hiob heilig? Gewöhnlich wird er als der fromme Dulder gepriesen, aber dies war er doch nur am Anfang. In seinem Dialog mit seinen Freunden enthüllte er sich als ein Mensch, der unaufhörlich mit Gott haderte und sich gegen ihn bis an die Grenze des Erträglichen auflehnte. Gerade darin war er Gott wohlgefälliger als seine drei frommen Freunde, die nicht recht von Gott zu reden wußten. Ähnlich verhielt sich der Prophet Jona, der, statt eine Bußpredigt in Ninive zu halten, vor Gott floh und zuletzt noch behauptete, «mit

Recht zürne ich bis zu meinem Tode»[75]. Auch Marie Noël haderte – wir haben es gehört. Sie kam damit nicht zu Ende, weil dies ihren Erfahrungen mit Gott entsprach. Höchst seltsam, doch ganz real waren diese Erfahrungen, die hundertmal mehr wert sind als alles bloße Gerede über Gott. Wegen dieser Erfahrungen war sie der von Gott berührte Mensch.
Marie Noël steht in stärkstem Gegensatz zu der gegenwärtigen Christenheit. Sie hat ihren Kampf durchgefochten, wie es den Heiligen beschieden ist, ihn durchzustehen, einsam, ohne von der Welt bemerkt zu werden. Um dieses Kampfes willen reihen wir sie bei den verhüllten Heiligen ein, selbst wenn sie keine Wunder bewirkt hat. Sie hat eine ganz anders geartete Heiligkeit vertreten, jedenfalls eine Heiligkeit ohne Selbstgeißelung und ohne Verzückung. Ja, was dann? Sie führte einfach ein von Gottes Wind durchblasenes Dasein, dauernd, immer wieder neu und ohne Ende. Gott war anwesend in ihrem Leben, und sie lebte in seiner ergreifenden Gegenwart. Sie verbrachte ihr Dasein in der Nähe Gottes, und gerade deshalb verdient diese äußerlich unscheinbare Frau unsere ganze Liebe, diese Frau, die innerlich trotz aller Auflehnung mit hohen Gnaden überschüttet worden ist. Begründen läßt sich dies nicht, zuletzt kann man über sie nur sagen: «Das Leben von jedermann von uns ist ein Geheimnis, zu dem Gott allein den Schlüssel besitzt und in dem sich ein Engel verbirgt.»[76]

Jakob Künzler – ein Krüppel geht ins Gottesreich ein

1871–1949

Schon immer war es mein Wunsch, einen ganz einfachen Menschen zu schildern, eine Gestalt aus dem Volk, einen Heiligen ohne große Talente, ohne Wunderwirkungen, der aber trotzdem im Lichte Gottes stand. Das müßte ein schönes, ansprechendes Bild ergeben und auf den durchschnittlichen Christen stimulierend wirken. Es gibt solche schlichte Wesen auf der Welt, Menschen, die nichts anderes wollen, als Gott zu dienen. Sie sind in aller Einfalt wie ein Kristall, durch den der Ewige hindurchschimmert. Dem Hagiographen ist es nicht erlaubt, eine Gestalt zu erdichten, und die Chronikschreiber hielten es nicht für nötig, ein Bild derart unscheinbarer, in Gott lebender Menschen in ihren Geschichtsannalen festzuhalten.

Da erinnerte ich mich Jakob Künzlers und fand in ihm jene Persönlichkeit, nach der ich immer gesucht hatte. Der erste Eindruck von ihm war der eines Durchschnittsmenschen, jedenfalls wurde der tiefere Hintergrund nicht sogleich sichtbar. Gänzlich unauffällig, wie er war, blieb er doch nicht innerhalb des Gewöhnlichen. Er war meilenweit entfernt von allem Intellektualismus und besaß doch die Klugheit des Herzens. Keineswegs war er nur eine fromme Seele, denn zwischen Frömmigkeit und Heiligkeit besteht ein qualitativer und nicht bloß ein quantitativer Unterschied. «Wie kommt Saul unter die Propheten?» So hätte Jakob Künzler lächelnd gefragt, wenn ihm zu seinen Lebzeiten jemand gesagt hätte, er werde nach seinem Tode im Buch der Heiligen ohne Heiligenscheine dargestellt. Die Welt der

Heiligen war ihm unbekannt, und er selbst nannte sich einen Lückenbüßer, der einspringen mußte, weil niemand anderer da war. Selbst wenn er nur ein Kopfschütteln für diese Einreihung übrig gehabt und sich niemals für dessen würdig erachtet hätte, zählt er trotzdem zu ihnen. Kein Heiliger hat sich je selbst für heilig gehalten, sonst wäre er es nicht gewesen. Sie alle haben sich ohne gespielte Demut zu den Sündern gezählt. Gerade weil sie für ihre eigene Person nicht von entfernt an die Möglichkeit, heilig zu sein, dachten, befanden sie sich in dieser Atmosphäre.

Dank seiner Selbstbiographie «Köbi, der Lückenbüßer im Dienste des Lebens» läßt sich ein gutes Bild von ihm malen. Jakob Künzler verfaßte sie auf Anregung einiger Freunde. Er begann mit den Aufzeichnungen im Alter von zweiundsiebzig Jahren, schrieb sie linkshändig, da er den rechten Arm eingebüßt hatte. Er war kein Mann der Feder, und dementsprechend waren seine Ausführungen nicht ganz druckreif. Der bedeutende und mit ihm befreundete Theologe Paul Schütz bearbeitete nach dem Tode Jakob Künzlers das Manuskript für den Druck, indem er es stilistisch verbesserte und inhaltlich nichts hinzufügte. Jakob Künzlers Autobiographie ist kein Kunstwerk, hatte er doch in dieser Beziehung nicht die geringsten Ambitionen. Er erzählte schlicht und ehrlich sein Leben, und gerade in dieser Einfachtheit liegt ihr Wert. Nichts ist darin aufgebauscht und auch nichts weggelassen. Er dichtete nichts dazu und berichtete nur die lautere Wahrheit. Jede Spur von Eitelkeit fehlte dabei. Es ist kein leichtes Unternehmen, eine Autobiographie zu schreiben, und doch gibt es einige großartige autobiographische Bücher, die zu lesen bleibender Gewinn bedeutet. Eine wahrheitsliebende Selbstbiographie hat mit ungeahnten Schwierigkeiten zu kämpfen, denn zu oft kommt es auf eine offene oder verkappte Selbstrechtfertigung hinaus. Mancher Autor hat dabei, ohne daß er es wollte, sich selbst Weihrauch gestreut. Wie viele sind unablässig um ihr Ich getanzt, bis es den Lesern schwindelig geworden ist. Manches wird dabei verschwiegen, zumal weil es wenig vornehm wäre, alle Intimitäten der Öffentlichkeit preiszugeben. Keine der zahlreichen Falltüren findet man beim einfachen Köbi. Trotzdem fesselt das Buch, und man schließt es zuletzt mit dem Gefühl: das war ein lebenswertes Leben. Gott hat sich in diesem Dasein bezeugt, und der Verfasser war sein auserwähltes Werkzeug.

Jakob Künzler war ein Sohn des Appenzellerländchens. Man muß dieses Ländchen lieben und seine Schönheiten kennen, wenn man darüber nur ein Wort sagen will. Die appenzellische Landschaft ist überaus reizvoll: die hügelige Gegend verleiht ihr einen ungemein belebenden Akzent. Die schmucken Dörfer liegen auf den Anhöhen, und die Täler sind kaum bewohnt. Dies färbt ein wenig auf die Leute ab, schauen sie doch oft gerne von oben auf die Dinge herab und grübeln nicht sonderlich über ihren Sinn nach. Die Appenzellerhäuschen haben ihren eigenen Stil; aus Holz gebaut, von der Sonne ganz dunkel gebrannt, sind sie hübsch anzusehen. Ist ihr Besitzer vermögend, läßt er sein Haus malen, freilich zuerst außen, und erst nachher denkt er daran, es auch innen hübsch zu machen. Man darf diese Vorliebe für die Äußerlichkeit nicht übersehen. Der Appenzeller liebt Ordnung; in der Regel sind die Häuser mit den getäferten Fassaden und den blitzblanken Fenstern, die Vorplätze und selbst die Straßen in mustergültigem Zustande. In seinem Wesen ist der Appenzeller freundlich, namentlich ins Angesicht, er liebt es, lustig zu sein, und nur zu schnell verliert er den Boden unter den Füßen, wenn etwas schiefgeht. Er hängt mit der ganzen Seele an seiner Heimat und kämpft geradezu gegen ein dauerndes Heimweh, wenn er außerhalb seines Kantons leben muß. Etwas von dieser Wesensart widerspiegelt sich in der Appenzeller Bauernmalerei, deren Inhalt sich meistens um das Bauerngut, das «Heimet», um die weidenden Kühe und die zur Alp fahrende Herde dreht. Jakob Künzler hat selbst in den fernsten Landen nie geleugnet, daß er aus dem Appenzellerland stamme, aber, war er nun ein typischer Appenzeller, angetan mit gelben Hosen und einer roten Weste, mit Bändern auf dem Hut und einem nach unten gedrehten Pfeifchen im Munde. Das wird man schwerlich sagen können. Schlicht, wie er war, wuchs er trotzdem über die engeren Grenzen seiner Heimat hinaus und bekam schließlich einen überdurchschnittlichen Weitblick.

Wer die schmucken Häuser von innen kennt, weiß, daß ihre Bewohner von mannigfachen Sorgen heimgesucht werden. Jakob Künzler wußte dies aus eigener Erfahrung. Er wurde in Hundwil geboren, wo alle zwei Jahre die Landsgemeinde stattfindet. Sie ist die urdemokratische Staatsform mit religiöser Weihe und steht noch heute in hohen Ehren. Sein Vater, ein Maurermeister, starb, als Jakob sechs Jahre alt war. Die Mutter blieb mit ihren sieben Kindern mittellos zurück. Es war der Witwe unmöglich, alle Kinder zu ernähren, weshalb sie einige ihren Verwandten anvertrauen mußte. Fünf Jahre später verlor Jakob auch seine Mutter. Er mußte erfahren, was es heißt, ohne elterlichen Schutz in der Welt zu leben, ein Waisenkind zu sein und dieses Schicksal allein zu bestehen. Die meisten Menschen geben sich darüber viel zuwenig Rechenschaft, was ein Kind erleidet, wenn es sich ohne Vater und ohne Mutter in der Welt zurechtfinden muß. Man fragt sich, ob die Jugend von heute die oft brutale Abwendung von den Eltern vollzogen hätte, wenn ihr nur ein Bruchteil des Schicksals eines Waisenkindes beschieden gewesen wäre?

Jakob kam zu seinem Paten ins Nachbardorf Stein, wo er nur eine notdürftige Schulbildung genoß, denn der Kanton Appenzell kannte auch die Halbtagsschule. Während der anderen Hälfte des Tages hatte der Knabe sein Brot selbst zu verdienen. Bei seinem Paten erlernte er den Beruf eines Zimmermanns, der ihm Freude bereitete, da er gerne beim Bau von Häusern mithalf. Ihm schien dies eine positive Arbeit zu sein, sah man doch am Ende des Tages, was man getan hatte.

Während seiner Lehrzeit besuchte er den Konfirmandenunterricht, der damals für die jungen Leute, die noch nicht durch die Massenmedien abgelenkt waren, ein ernstes und auch frohes Erleben bedeutete. An einem Vormittag der Woche liefen sie aus der weitverzweigten Gemeinde in das Unterrichtszimmer, das sich im Pfarrhaus befand, und lauschten mit sichtlicher Anteilnahme den Ausführungen ihres Seelsorgers. Wohl gab es auch damals einige kleine Schlingel, aber sie bewegten sich an der Peripherie der Schule. Jakob Künzler sagte später einmal, er habe das meiste des Unterrichts vergessen, aber ein Satz sei ihm fest im Gedächtnis geblieben: «Buben, werdet mir keine Kopfhänger!» Dieses Wort hatte Jakob entsprochen, er hatte es in sich aufgenommen und ist zeitlebens ein frohmütiger Mensch geblieben. Er war von einer ausstrahlenden Heiterkeit erfüllt, die sich niemals nur aus seiner appenzellischen Herkunft ableiten läßt. Beim ersten Abendmahl Jakob Künzlers ertrug er es schwer, daß ein Kirchenvorsteher, der ein notorischer Trinker war, ihm den Kelch reichte. Nach seinem Empfinden war dies höchst unpassend. Am Tage seiner Konfirmation faßte er den heiligen Entschluß, ein Christ zu werden, und zwar ein rechter Christ und nicht bloß ein Christ dem Namen nach[1]. Er hat dieses hohe Ziel damals in der Kirche gefaßt, hat es zum Zweck seines Lebens erhoben und ist seinem Vorsatz treu geblieben.

Nach Beendigung seiner Lehre wanderte Jakob Künzler als Zimmermannsgeselle nach Basel. Bevor er sein Heimatländchen verließ, besuchte er nochmals das Grab seiner

Mutter in Teufen. Es ist ein ergreifender Anblick, wie dieser Jüngling vor seinem Schritt in die fremde Welt hinaus an dieser Grabstätte stand und eine stille Zwiesprache mit seiner Mutter hielt, um ihren Segen für sein weiteres Leben zu erhalten. Jedenfalls ist ein solches Verhalten heute beinahe undenkbar, meinen doch viele Junge, ihre Eltern verstünden nichts, und schämen sich keineswegs, von ihnen hemmungslos Geld zu heischen. Der junge Jakob Künzler war von wesentlich anderen Gedanken erfüllt.
Die Rheinstadt war für den Appenzeller Jüngling ein ungewohnter Anblick. Er staunte über das große Häusermeer und ahnte freilich nichts von den wundervollen Schätzen im Kunsthaus. Auch blieb ihm die Geistigkeit eines Erasmus von Rotterdam und jene von Jakob Burckhardt völlig verschlossen.
Obwohl er seinen Beruf liebte, versuchte er in den Dienst seiner Mitmenschen zu treten. Er schwankte zwischen der Wahl zum Missionar oder zum Diakon. Er stellte sich vor, ein Missionar wandle im schwarzen Gehrock würdig einher und lebe meistens in gehobener Stellung in fremden Erdteilen. Diese Aussicht auf Erfolg verleitete den armen Zimmermannsgesellen, sich im Missionshaus anzumelden. Das Missionskomitee wies ihn jedoch wegen seiner mangelhaften Schulbildung zurück. Ach, diese hölzernen Komiteemitglieder treffen zu oft falsche Entscheidungen, weil sie nach statutarischen Vorschriften urteilen müssen und sich den vor ihnen stehenden Menschen gar nicht recht anschauen.
Während eines Spitalaufenthaltes, der wegen eines Bruchleidens nötig geworden war, erfaßte er unvermutet die Bedeutung der Krankenpflege. Kurz entschlossen trat er hernach in das Basler Diakonenhaus in der Aeschenvorstadt ein. Der Beruf eines Diakons war nicht sonderlich geachtet, trotzdem erlernte er ihn und hielt ihm auch die Treue.

Eines Tages mußte er bei der Amputation eines Beines helfen, und, da es ihm dabei in keiner Weise übel wurde, beschloß man, ihn fortan zur Mithilfe bei Operationen beizuziehen. Er beobachtete genau die verschiedenen Vorgänge und eignete sich dadurch auch gewisse Kenntnisse an. Er arbeitete mit Begeisterung in seinem neuen Beruf, der ihm zur Berufung werden sollte.
Um jene Zeit drangen furchtbare Nachrichten aus dem entfernten Armenien nach Europa. Das zwischen dem Schwarzen Meer und Mesopotamien gelegene Armenien war als Grenzland stets ein umkämpftes Durchgangsgebiet. Das fleißige und begabte Volk war durch die innere Uneinigkeit stark gefährdet. Früh drang das Christentum nach Armenien, und ebensofrüh war das Land den Christenverfolgungen ausgesetzt. Dieses harte Schicksal stärkte das Christentum, das sich schließlich mit dem Nationalbewußtsein verschmolz. Die Armenier sind darob zu einem der ältesten Christenvölker geworden; sie fühlten sich als Christen schlechthin, und dies durch Jahrhunderte hindurch. Schon zur Zeit der alten Kirche übersetzte man die Bibel ins Armenische und nannte sie mit dem ungewöhnlichen Ausdruck: «Odem Gottes» [2]. Diesen Odem Gottes muß der Leser der Heiligen Schrift spüren – spürt er ihn aber nicht, ist die Lektüre beinahe vergeblich. Nachdem es zu einer Trennung von der Reichskirche gekommen war, ging Armenien seinen eigenen Weg als orthodoxe Kirche.
Im fünften Jahrhundert geriet Armenien unter persische Oberhoheit. Eine schlimme Wendung nahm das armenische Schicksal, als die Türken das Land eroberten, waren diese doch höchst unduldsam gegen ihre armenischen Untertanen. Das Volk litt besonders im neunzehnten Jahrhundert unermeßlich. Vorübergehend kamen ihnen die Russen zu Hilfe, von denen sich die Armenier eine Befreiung erhofften und statt dessen eine ebenso unangenehme Russifi-

zierung erlitten. Als die türkischen Herrscher erkannten, daß die Armenier sowenig wie die Griechen bereit waren, den Islam anzunehmen, faßte die Regierung, die nur an die Macht und kaum an die Menschen dachte, den entsetzlichen Entschluß, das armenische Volk auszurotten. So kam es in den neunziger Jahren des vergangenen Jahrhunderts zum ersten großen Massaker, in dem Hunderte von Armeniern niedergemetzelt und armenische Dörfer zerstört wurden. Ahnungslose Männer wurden auf der Straße, in den Häusern oder wo sie gerade waren hingemordet und die Frauen geraubt. In Urfa flüchteten sie in die Kirche, doch der Feind zündete sie an, so daß die Armenier darin bei lebendigem Leibe verbrannten. Die türkische Parole lautete: «Die armenische Frage ist erledigt, wenn alle Armenier erledigt sind.»[3]

Diese furchtbaren Geschehnisse des Jahres 1895 entfachten in der Schweiz einen Sturm der Entrüstung. Natürlich war die Schweiz machtlos gegenüber der Türkei, aber eine echte Teilnahme am schweren Schicksal des armenischen Volkes breitete sich in unserem Lande aus.

Zu jener Zeit hatte Bruder Künzler schon einige Jahre als Diakon in Basel gearbeitet. Da kam Dr. Lepsius in die Rheinstadt und fragte ihn, ob er in die Türkei zu fahren bereit wäre, um den verfolgten und schwer mitgenommenen Armeniern zu helfen. Diese Anfrage entsprach seinem innersten Wunsch, und spontan sagte er zu. «Er nahm sich vor, allen Menschen im Orient recht zu dienen und sie womöglich auch zu lieben, auch die Gläubigen des falschen Propheten Mohammed»[4]. Er bereitete sich zunächst sprachlich auf die neue Arbeit vor und entdeckte zu seinem eigenen Erstaunen seine ungewöhnliche Sprachbegabung. Leicht lernte er fremde Sprachen, so daß er zuletzt deutsch, französisch, englisch, arabisch, armenisch, türkisch und kurdisch sprechen konnte. Dann zog der junge Mann, wie es appenzellischer Eigenart entspricht, mit einem leisen Heimweh im Herzen nach Asien. Er stürmte nicht hinaus in das fremde Land wie ein Mann, der das Fürchten lernen wollte, ihn bewegte nur der einfache Gedanke, den Menschen treu und hilfsbereit zu dienen. Endlich kam er nach Urfa, der alten Abrahamsstadt. Niemand nahm Notiz von seiner Ankunft. Wie sollte man auch eine aufsehenerregende Geschichte machen, wenn ein ganz untergeordneter Diakon ankommt? Bruder Jakob war von der orientalischen Stadt nicht angetan, sie war ihm zu schmutzig, und außerdem stießen ihn die herumliegenden toten Katzen und Hunde denkbar ab. Im Spital, in dem er als Diakon helfen sollte, sah es nicht besser aus, aber er fing zuunterst mit seiner Arbeit an und putzte, fegte und reinigte das ganze Haus, behob den unvorstellbar verwahrlosten Zustand und setzte die ganze Kraft ein, bis das Spital einen sauberen Eindruck erweckte.

Bruder Jakob war ein kontaktfreudiger Mensch, der ohne Schwierigkeit mit den Mitmenschen ins Gespräch kam. Dem ernsten und doch stets heiteren Mann half seine appenzellische Veranlagung: er war schlagfertig, verfügte über einen bezaubernden Mutterwitz und besaß einen unverwüstlichen Humor. Es fiel ihm leicht, sich in die Eigenart und in die Mentalität der Orientalen einzufühlen. Er wurde darob zu einem der besten Kenner des Vorderen Orients und galt selbst als ein «weißer Orientale». Da sein Familienname für die Orientalen nicht leicht auszusprechen war, nannte man ihn Jakob Effende, das heißt: Herr Jakob oder Bruder Jakob. Zwar hat er nicht nur eitel Freude unter den Armeniern und Türken erlebt, mehrfach hat ihr Verhalten ihn schwer enttäuscht. Mutig kämpfte er jede aufkommende Bitternis mit dem Gedanken nieder: «Alles, was ihr getan habt einem dieser Geringsten, das habt ihr mir getan.»

Bruder Jakob half nicht nur den Menschen unermüdlich, er schloß auch das Wohl der Tiere in sein Herz. Wie Franziskus, von dem er zwar keine Ahnung gehabt hat, betrachtete auch er die stumme Kreatur als Gottes Geschöpfe. Sie sind im Orient allen Grausamkeiten ausgesetzt, und wenn sie krank werden, treibt man sie in die Steppe hinaus, wo sie gewöhnlich vor Hunger und Durst elendiglich zugrundegehen. Es scheint, den Orientalen fehle jedes Gefühl für die Tiere. Um so mehr bemühte sich Bruder Jakob, den armen kranken Tieren zu helfen.

Mitten in seiner Arbeit als Diakon kam unerwartet eine ganz andere Aufgabe auf ihn zu. Während der dem Spital vorstehende Arzt einige Tage abwesend war, lieferte man einen Patienten ein mit einer akuten Blinddarmentzündung. Der Fall war dringend, die Operation mußte sofort ausgeführt werden. Eine Stellvertretung war nicht da. Bruder Jakob stand in einer schweren Gewissensnot. Früher hatte er einmal darunter gelitten, daß er wegen seiner Armut nicht hatte Arzt werden können, und nun stand er plötzlich vor der Notwendigkeit, eine ärztliche Entscheidung zu treffen. Vor ihm lag ein Mensch in Lebensgefahr, dem geholfen werden mußte. Bruder Jakob, der keine medizinischen Studien gemacht und nur bei vielen Operationen Handreichungen geleistet hatte, besann sich eine kurze Zeit, bat Gott um Hilfe, griff zum Messer und führte die Operation aus. Zwar zitterte er am ganzen Körper, aber er hat den notwendigen Schnitt ausgeführt und den Wurmfortsatz entfernt. Die Operation gelang. Das war sein erstes ärztliches Erlebnis. War das Wagnis nicht zu tollkühn, als Diakon eine Operation auszuführen? Nein. Der appenzellische Diakon maßte sich nicht etwas an, das ihm nicht zukam. Vielmehr bemühte er sich in aller Demut, das Leben eines Menschen zu retten. In den folgenden Jahren geschah es noch öfters, den Kranken chirurgisch zu helfen, weil einfach niemand anderer da war. Bruder Jakob führte manchmal sehr komplizierte Operationen aus, und stets war ihm ein Gelingen beschieden. Er besaß kein Arztdiplom, aber die Not hatte ihn über alle Schranken hinweg zum Arzt gemacht. Die bedrängenden Umstände waren ihm zur Hochschule geworden, und oft mußte er bei gewissen Notoperationen zu recht verwegenen Mitteln greifen, um ein Menschenleben zu retten. Ohne jede Absicht war er zum Bruderarzt geworden, wie man ihn nannte; er war es und hat sich nie etwas darauf eingebildet. Professoren der Universität Basel haben ihn später zu einer Prüfung in Chirurgie und innerer Medizin gebeten, die Bruder Jakob bestand. Ja, die Universität Basel verlieh ihm etliche Jahre nachher den medizinischen Ehrendoktor, eine Tat, die Bruder Jakob und die unzünftlerische Fakultät gleicherweise ehrte. Er hatte auf ärztlichem Gebiet Ungewöhnliches geleistet. Dabei blieb er selbst vor ansteckenden Krankheiten nicht verschont. Malaria und Fleckfieber befielen ihn, Krankheiten, die ihn damals an den Rand des Todes brachten.

Der Appenzeller war von Haus aus ein natürlich empfindender Mann, dem jedes geschraubte und gekünstelte Tun fremd war. Nach Bruder Jakob war es schwer, im Orient zu leben, ohne verheiratet zu sein. Er erinnerte sich, bei seiner Einreise ein Mädchen gesehen zu haben, namens Elisabeth Bender, dessen Benehmen ihm einen starken Eindruck gemacht hatte. Er forschte ihm nach und erfuhr, es sei inzwischen Krankenschwester geworden und lebe in Kanada. Er schrieb ihr, nahm die Beziehung auf, die dann später zur Vermählung führte. Es war eine von Gott gesegnete Ehe, aus der fünf Kinder hervorgingen. Die beiden Ehegatten waren eines Sinnes, und bald war Frau Künzler die Seele des Spitals. Bruder Jakob hob ihre Leistung in seiner Autobiographie stark hervor.

Der Diakon weilte schon anderthalb Jahrzehnte in Urfa, als

der Erste Weltkrieg ausbrach, bei dem die Türkei an der Seite Deutschlands kämpfte. Es war den Türken durchaus bewußt, daß sie die Armenier schlecht behandelt hatten, weshalb sie ihnen in jener kriegerischen Situation mißtrauten. Um sich vor einem eventuellen Verrat zu sichern, schritten die Türken zur Deportation der Armenier. Damit begann der zweite Teil der armenischen Tragödie. Bruder Jakob war einer der wenigen Augenzeugen, weil er während des ganzen Weltkrieges in Urfa geblieben war. Die Türken trachteten darnach, die Armenier zu liquidieren, wie der grauenhafte Ausdruck lautet. «Die Feder sträubt sich, das Gehörte und Gesehene niederzuschreiben. Man konnte in jener Zeit außerhalb Urfas keinen Ritt tun, ohne auf angefressene Leichen zu stoßen», schrieb Bruder Jakob[5]. Die Türken rissen auf brutalste Weise die Familien auseinander und transportierten angeblich die Leute ins Innere des Landes. In Wirklichkeit mußten die Armenier den Weg ins Nichts antreten. Der Todesgang endigte gewöhnlich mit einem entsetzlichen Massaker, indem die Armenier erbarmungslos niedergemetzelt oder über eine hohe Felswand in die Tiefe gestoßen wurden. Der Flecktyphus wütete unter den Deportierten und schuf eine absolut hoffnungslose Situation. Viele Armenier verdursteten in der Steppe oder suchten selbst den Tod. Die Deportation war eine Todesmühle, nicht anders wie sie später durch den Nationalsozialismus und den Kommunismus in den Konzentrationslagern errichtet wurde.

Das grausame Werk erfuhr eine Verschärfung, weil der Weltkrieg die Aufmerksamkeit der Menschen ablenkte. Den deutschen Christen waren durch die Verbindung ihres Landes mit der Türkei ohnehin die Hände gebunden, und die Alliierten hatten ihre eigenen Sorgen. Übrig blieben Skandinavien, Holland und die kleine Schweiz, die allerdings nur eine geringe Hilfe zu leisten vermochten. Bruder

Jakob war in Urfa und tat alles, was in seinen Kräften stand. Zahlreiche Armenier versuchten, dem drohenden Todesschicksal durch Flucht zu entgehen, und riefen Bruder Jakob um Hilfe an. «Als er einmal mit Brot erschien, riefen ihm die Frauen zu: ‹Brot bringst du uns? Uns, den Kindern des Todes? Nein, bring uns Gift, viel Gift! Sorge dafür, daß wir hier sterben können.›»[6] Was konnte der kleine Diakon nur tun? Sozusagen nichts. Er repräsentierte keine politische Macht; hinter ihm stand nicht einmal eine große Organisation. Verschlagen in einen fremden Erdteil, stand er allein einer grenzenlosen Not gegenüber. Das Elend läßt sich nicht beschreiben, das sich täglich vor seinen Augen abspielte. Die unsäglichen Entbehrungen und Leiden dieser armen Menschen übersteigen alle Vorstellungskraft. Bruder Jakob stand mitten in diesem brodelnden Hexenkessel! Tag für Tag, vom Morgen bis zum Abend operierte er, pflegte Kranke und half den Flüchtlingen weiterzukommen.
In Urfa kam ihm eine Frau zu Hilfe, Karen Jeppe, eine souveräne Persönlichkeit. Sie verdient es, an dieser Stelle wenigstens erwähnt zu werden. Karen Jeppe war eine Dänin, von Beruf Lehrerin. Eines Tages las sie in einer Zeitung einen Artikel über die Vorgänge in Armenien. Diese Schilderung veranlaßte das Mädchen, seinen gesicherten Beruf aufzugeben und nach Urfa zu reisen, um dort zu helfen. Karen Jeppe hat mit einem ungewöhnlichen Mut Außerordentliches geleistet. Diese unerschrockene Frau verdient einen Heldengesang, dessen erste Strophe Ingeborg Maria Sick mit ihrer Biographie angestimmt hat.
Für uns stellt sich die Frage: Wie hat Bruder Jakob dieses grauenhafte Geschehen der Ausrottung der Armenier seelisch verarbeiten können? Diese unvorstellbaren Ereignisse hatten sich vor seinen Augen abgespielt und bedrückten sein Herz. Es wäre doch naheliegend gewesen, innerlich an

ihnen zu zerbrechen. Die Greueltaten verfolgten ihn bis in den Schlaf hinein; es bedurfte eines seelisch überstarken Menschen, um ihnen nur einigermaßen gewachsen zu sein.
Bruder Jakob wäre nicht fähig gewesen, die erwähnte Frage theoretisch zu beantworten. Das überschreitet eines jeden Menschen Kraft. Er aber fand eine praktische Antwort, indem er ganz schlicht erwiderte: «Wenn es Menschen gibt, die rauben, muß es solche geben, die schenken. Wenn es Menschen gibt, die verfolgen und verschleppen, muß es solche geben, die beherbergen und aufnehmen.» [7] Das war die einzig richtige Antwort, und eine andere gibt es nicht. Sie besitzt Gültigkeit, heute nicht weniger als damals. Er war auf diese Antwort innerlich vorbereitet durch seine ausgesprochen christliche Einstellung. Das Armenierschicksal entstand, weil die Türkei nicht fähig war, das Minderheitsproblem anständig zu lösen. Bis zum heutigen Tag ist dies nur wenigen Staaten einigermaßen gelungen. Es wird auf rein staatlicher Ebene auch kaum gemeistert, erfordert es doch eine wahre Nächstenliebe, die der bloß national eingestellte Mensch nicht aufbringt. Die Vernichtung der Armenier wurde von der türkischen Regierung beschlossen, aber keineswegs von allen türkischen Menschen gutgeheißen. In Bruder Jakob lebte die Nächstenliebe. Er dachte nie politisch, und nationale Gesichtspunkte waren für ihn nie maßgebend. Er wollte nur dienen und blieb auch stets seinem Auftrag treu. Solchen Menschen begegnet man selten in der Welt, und deswegen bezeichnen wir sie als verhüllte Heilige.
Bruder Jakob sah in den schwer geprüften Armeniern seine christlichen Brüder. Aber nicht sie allein. Nie hat er gegen die türkischen Soldaten die Faust zum Himmel erhoben. Aller Haß und alle Rache waren ihm fremd. Er versuchte auch, den Türken Gutes zu erweisen. Einst hatte Dr. Lep-

sius zu ihm gesagt: «Vergessen Sie aber nicht, während Sie den armenischen Brüdern helfen, auch deren Feinde etwas zu lieben und an ihnen christliche Vergeltung zu tun.»[8] Diese nicht leichte Aufgabe stellte Bruder Jakob vor schwierige Probleme. Es schien ihm oft, als trage er eine Maske vor dem Gesicht, führe ein Doppelleben, indem er auf beiden Seiten Wasser trage, was doch gar nicht der Fall war. Ungeachtet aller Schrecknisse erwies er auch den Türken Liebesdienste: «Der Diakon hat gern für sie gearbeitet und unter ihnen gelebt und vieler Liebe und Achtung genossen.»[9] Er war wirklich ein Kind des himmlischen Vaters. Nie fragte er nach der nationalen Zugehörigkeit. Er half jedem Menschen, der mit der Bitte um Hilfe an ihn herantrat, half schrankenlos und ohne nach Würdigkeit zu fragen. Dies tat das einstige Appenzeller Bübchen, das zu einem liebenden Christen geworden war und, ohne viel Worte darüber zu machen, das Evangelium in sich aufgenommen hatte. Bruder Jakob redete nicht über die Liebe, er verkörperte die Liebe.

Die Christenheit hat ob dem Schrecken des Zweiten Weltkrieges die armenische Tragödie vergessen. Franz Werfel hat sie in seinem Roman «Die vierzig Tage des Musa Dagh» festgehalten. Bezeichnenderweise hat ein jüdischer Dichter den Leidensweg eines christlichen Volkes in seinem Werk geschildert. Werfels Roman steht im Dienst einer religiösen Idee und ist ein notwendiges Werk, das eine große Leserschaft verdient. Er darf nicht mit den Worten «romanhafte Phantasie» abgetan werden. Karl Meyer hat in seinem Buch «Armenien und die Schweiz» die Vorgänge als Historiker durchaus bestätigt.

Nach dem Ersten Weltkrieg bemühten sich die Politiker um neue Einflußbereiche und dachten nicht daran, den Armeniern zu ihrem Recht zu verhelfen. Man versprach ihnen zuerst einen eigenen Staat, aber im Vertrag von Lausanne von 1923 wurden sie nicht einmal erwähnt. Dies war der Verrat, den die Alliierten an Armenien begangen haben. Wie oft schon haben Machtpolitiker das Recht mit Füßen getreten!

Bruder Jakob hat in aller Unscheinbarkeit während des Ersten Weltkrieges in Urfa eine seltene Leistung vollbracht. Die Tageszeitungen haben davon nichts geschrieben, weil sie von den negativen Zeitereignissen geblendet sind und die guten Taten fast immer mit Stillschweigen übergehen. In der unsichtbaren Welt werden Bruder Jakobs Taten vermerkt, zumal da er sie nicht als sein Verdienst ausgab. Es freute ihn, daß er sie ausführen durfte und daß dadurch sein Leben eine tiefere Sinnerfüllung gefunden hatte.

Er hat außerdem eine zweite, beinahe noch größere Leistung vollbracht, wenn der Maßstab der Größe auf diesem Gebiet anwendbar ist. Bruder Jakob sah das Elend der durch die Deportation verwaisten Kinder, und zugleich war es ihm klar, daß er sie retten mußte. Eine solche Hilfe bedurfte finanzieller Mittel, und er besaß sie nicht. Der Diakon reiste nach Amerika und trat dort, wie er sich selbst ausdrückte, als «professioneller Bettler» auf[10]. Er hielt Vorträge, warb für die armenischen Waisenkinder und empfing vom amerikanischen Volk großzügige Spenden. Bruder Jakob bekam den Auftrag, die in der Türkei zerstreuten Kinder zu sammeln und sie aus dem Land hinauszuführen. Dies war jedoch leichter gesagt als getan. Bruder Jakobs ganzer Einsatz war erforderlich, um überall in der Türkei nach verschleppten Kindern zu suchen. Zunächst errichtete er Sammelstellen und brachte schließlich eine große Kinderschar zusammen.

Hierauf trat er mit ihnen den Marsch nach Syrien an. Es schien zunächst völlig unmöglich zu sein, so viele Kinder, die einem einzigen Haufen Elend glichen, nach dem fernen Syrien zu bringen. Bruder Jakob wagte es und begann den

Marsch zu Fuß. Bald aber stellte sich heraus, daß ein solches Unternehmen unausführbar und zugleich unmöglich war, weil die kleinen Kinder der weiten Wegstrecke durch die Steppe nicht gewachsen waren. Ihre Füße waren nach kurzer Zeit wund, und ihre Kräfte reichten für solche Anstrengungen nicht aus. Bruder Jakob sah dies sofort ein und beschloß, den Transport anders zu organisieren. Er trieb Fahrzeuge aller Art auf und forderte die Kinder auf, darin Platz zu nehmen. Selbst dann noch war es eine unsagbar mühselige Arbeit, Hunderte und Tausende von Kindern in tagelangen Reisen an den sicheren Bestimmungsort zu bringen. Bruder Jakob schaffte es und wurde darob zum Retter der armenischen Kinder. Er hat über achttausend Kindern geholfen und hat damit eine der größten Menschenrettungsaktionen durchgeführt, die die moderne Geschichte kennt. Seine Tat kann nur mit der Leistung eines Heinrich Pestalozzi in Stans oder des polnischen Arztpädagogen Janusz Korczak verglichen werden.
In Syrien angekommen, stand er vor der schweren Frage, wo und wie er die Kinder unterbringen konnte. Natürlich halfen ihm auch andere, gutgesinnte Menschen, ohne die er die ungeheure Arbeit nicht hätte bewältigen können. Er selbst übernahm mit seiner Gattin die Leitung eines Kinderheimes auf dem Libanon, das eintausendvierhundert Mädchen beherbergte. Es erforderte geradezu ein organisatorisches Talent, eine derart große Schar Kinder täglich zu ernähren und zu beschäftigen. Er führte die Teppichknüpferei ein, eine Arbeit, die die Armenierinnen sehr geschickt ausführten und die vielen heranwachsenden Mädchen Verdienst verschaffte. Bruder Jakob war nicht der Direktor im Hause, sondern vielmehr zusammen mit seiner Gattin Vater und Mutter aller Waisenkinder. Sie liebten in ihnen ihre Eltern. Der ehemalige Waisenknabe von Appenzell war zum Vater von Hunderten von Waisenkindern geworden.

Daneben startete Bruder Jakob noch andere Unternehmungen. Er kämpfte gegen das Barackenelend, denn viele Flüchtlinge waren in Syrien in diesen freudlosen Elendsstätten untergebracht. Mit Hilfe der schweizerischen Armenienfreunde erbaute der ehemalige Zimmermannsgeselle kleine Häuschen, in denen namentlich die armenischen Witwen menschenwürdig leben konnten.
Von außen gesehen, war Bruder Jakob ein unscheinbarer Diakon, und innen war er alles andere als ein gewöhnlicher Mensch. Er mußte einmal zum Konsul nach Aleppo und fuhr mit einem Reisewagen durch die einsame Steppe, nur begleitet von einem Diener und dem Kutscher. Als sie an einem Fluß biwakierten, tauchten plötzlich einige Räuber auf. Dem Kutscher fuhr der Schrecken in die Glieder, weshalb er nur noch daran dachte, so schnell wie möglich mit dem Wagen zu fliehen. Bruder Jakob lachte ihn aus und sagte zu ihm: «Fliehen! Um den Räubern zu zeigen, daß wir uns vor ihnen fürchten? Nein, nur das nicht.»[11] Er blieb ruhig sitzen und rief über das Wasser hinüber: «Kommt, eßt mit uns!» Einer der Räuber kam und nahm die Mahlzeit an. Um die ungewöhnliche Persönlichkeit Bruder Jakobs zu erfassen, muß man ihn in einer solchen Situation beobachten. Die meisten Menschen leben in einer großen Angst vor Dieben und Verbrechern und erbleichen nur schon beim Gedanken an eine Begegnung mit ihnen. Die Angst steckt dem Menschen im Blut, ein furchtbares Gefühl, das das Leben verpestet. Spürt der andere die Angst, ist man ihm gegenüber auch schon verloren. Der Christ aber hat keine Angst, weil er weiß, daß Angst nicht in der Liebe ist. Darum bleibt ihm die Angst fremd. Bruder Jakob gehörte zu diesen Christen; er kannte keine Angst und lebte aus seinem Urvertrauen heraus, das gar kein Furchtgefühl aufkommen ließ. Bruder Jakob war dazu ausersehen, mehrfach in schwierigen Situationen sein starkes Vertrauen ein-

drucksvoll zu beweisen. Zwar blieb auch er von schlimmen Erfahrungen nicht verschont, und trotzdem war ihm alle Angst fremd. Er war ein von Gott getragener Mensch, und als solcher hatte er ein grenzenloses Vertrauen, wie es Paulus beim Schiffbruch ebenfalls an den Tag gelegt hatte. Dazu sind nur in Gott verwurzelte Christen fähig. Dieser übernatürliche Mut ist auf höhere Ursachen zurückzuführen: Gott ist bei mir, und ich stehe unter seiner Führung.

Bei der Kinderbetreuung auf dem Libanon zog sich Bruder Jakob eine bösartige Infektion zu, der der herbeigerufene Arzt zuwenig Aufmerksamkeit schenkte. Die Kinder dagegen veranstalteten eine Prozession zur Kapelle und beteten um die Rettung ihres Wohltäters. In kurzer Zeit nahm die Blutvergiftung einen solchen Verlauf, daß man den rechten Arm amputieren mußte. Dies war ein schwerer Schlag für ihn, der ihn sehr bedrückte. Auch in ihm stieg die Frage auf: «Warum? Warum mußte ich dieses wertvolle Glied zum Opfer bringen, den rechten Arm, das Werkzeug meines Arztberufes? Warum gerade das?» [12] Er fügte sich schließlich in Gottes Anordnung, weil es nicht auf jedes Warum ein Darum gibt. Fortan schrieb er mit der linken Hand und gestattete es nicht, daß man ihm in den Mantel helfe. Bruder Jakob war jetzt ein Krüppel geworden, aber er nahm sich vor, «ein fröhlicher Krüppel» zu sein. Die meisten Menschen fürchten sich vor einem Leben als Krüppel, aber das Evangelium denkt anders darüber. Nach ihm ist es besser, «daß eines deiner Glieder verloren geht und nicht dein ganzer Leib in die Hölle kommt» [13]. Bruder Jakob ist tapfer als einarmiger Krüppel ins Himmelreich einmarschiert.

Er verrichtete seine Arbeit auch während des ganzen Zweiten Weltkrieges. In der zweiten Hälfte seiner Siebzigerjahre trat eine Herzkrankheit an ihn heran, der er nicht mehr gewachsen war. «Sollte ich einmal sterben», sagte er oft zu Frau und Kindern, «dann weint nicht um mich, gönnt mir

die Ruhe!»[14] Man begrub Bruder Jakob auf dem Libanon, in der Nähe des Kinderheims. Bei der Bestattungsfeier hob der armenisch-katholische Priester am Grabe dieses evangelischen Christen die Wurzeln seines unerschütterlichen Glaubens hervor und betonte, er habe «Christus so geliebt in seinen ärmsten Gliedern»[15]. Er sprach vom Leben eines Glaubensmenschen und bezeichnete ihn als einen Gottesmenschen, der erfüllt war von Christi Geist. Zuletzt führte der Priester das Psalmwort an: «Der Tod seiner Heiligen ist wertgehalten vor dem Herrn.»[16] Es ist bemerkenswert und entspricht der echten Ökumene, wenn ein katholischer Priester am Grabe eines evangelischen Christen solche anerkennende Worte findet. Auf ihr beruht die wahre Gemeinschaft der Heiligen, und nicht auf einem eilfertigen Überfliegen der theologischen Gegensätze. Auf dem Weg der Liebe allein gelangen die Christen zur Einheit des Glaubens. Sie wird ihnen von Gott geschenkt und läßt sich keineswegs künstlich herstellen.
Es ist geboten, diesem ungewöhnlichen Menschen noch einige Worte des Gedenkens zu widmen. Die Verpflichtung ist um so größer, als die offizielle Schweiz von diesem Diener Christi wenig Notiz genommen hat und ihn ohnehin nicht zu den großen Eidgenossen zählt. Tat sie dies nicht, weil sie nicht weiß, was wirklich groß ist? Wer zu den wirklich «Großen der Weltgeschichte» gehört, darüber haben die Menschen gerätselt und waren hernach so klug als wie zuvor. Die schlichte Antwort von Matthias Claudius ist von zeitloser Gültigkeit: «Nichts ist groß, was nicht auch gut ist.» An diesem Maßstab gemessen, zählt Bruder Jakob zu den ganz Großen, mag dies nun die öffentliche Meinung zur Kenntnis nehmen oder nicht, das tut nichts zur Sache. Es ist ein Unrecht, diesen bescheidenen Mann zu vergessen. Bei der Renovation der Kirche seiner Heimatgemeinde entfernte man seine Gedenktafel von der Außenwand der

Kirche und brachte sie im Innern der Kirche an mit der Begründung, man brauche sie nicht unbedingt zu sehen, weil doch niemand mehr Jakob Künzler kenne! Dieses Verhalten ist uneinsichtig und beschämend zugleich. Der Kanton Appenzell hat nicht so viele bedeutende Männer hervorgebracht, daß er leicht auf diesen oder jenen verzichten könnte. Wir treten bewußt der heutigen Geschichtsfeindlichkeit entgegen und weisen mit Nachdruck auf jene Christen hin, die ein gutes Zeugnis abgelegt haben, weil die Nachwelt sie unbedingt braucht. Wir sind überzeugt, daß sein Name in den Himmeln aufgeschrieben ist, und deshalb darf Bruder Jakob nicht vergessen werden.
Auch die Theologen haben sich nicht besonders für Bruder Jakob interessiert, weil er sich an ihren dogmatisch-ethischen Diskussionen nicht beteiligte. Es gibt ja so viele einflußreiche Leute, die ihnen viel interessanter zu sein scheinen. Doch der Schein trügt oft. Der schon erwähnte Theologe Paul Schütz – eine der hellhörigsten und bedeutsamsten Erscheinungen im evangelischen Raum – hat in seinem Buch «Zwischen Nil und Kaukasus» Bruder Jakob ein ehrenvolles Denkmal gesetzt. Bei seiner Reise in den Orient hat Bruder Jakob ihn begleitet. Paul Schütz konnte sich keinen besseren Führer vorstellen; er schrieb über ihn: «Dieser einzige Mann, der sein großes, kindliches Bergbauernherz niemals verloren hat, vollbrachte in diesem zornigen Menschenalter das Große, sein Herz zwischen jenen beiden Völkern zu teilen, sie beide darin wohnen zu lassen, die von allen Völkern auf der Erde am bittersten miteinander verfeindet sind: Türken und Armenier.»[17] Nach Paul Schütz stellt Bruder Jakob «ein einzigartiges Zeichen für die Souveränität eines christlichen Menschen» dar, hat er doch mitten in einer Welt der Vernichtung «Partei für Gott ergriffen»[18]. Er rühmt den Charme von Jakob Künzlers Persönlichkeit und nennt ihn «das seltene Beispiel eines charismatischen

Menschen»[19]. Tatsächlich war er ein Charismatiker, obwohl er sich selbst nie als Charismatiker bezeichnete. Sein Charisma lag darin, den Zugang zu den schwierigsten Menschen zu finden und deren Inneres ganz selbstverständlich zu öffnen.

Wir möchten noch eine Würdigung hinzufügen. Große Worte würden nicht zu Bruder Jakob passen; er hätte sie entschieden abgelehnt. Er war von Beruf Diakon. Das Amt des Diakons geht auf die erste Gemeinde zurück. Die Apostelgeschichte erzählt, wie es zur Einführung dieses Amtes kam, das sich bis zum heutigen Tag erhalten hat. Noch immer verrichten treue Diakone ihre dringend notwendige, von der Welt wenig beachtete Arbeit. Bruder Jakob hat ihr einen hellen Glanz verliehen, verstand er sich doch als «der von Gott geführte Diakon», ein Ausdruck, den er mehrfach gebraucht hat[20]. Dabei liegt die Betonung auf der Bezeichnung «der von Gott geführte». Bruder Jakob kannte eine Führung Gottes im Leben der Menschen. Weder Zufall noch Abenteuerlust führten ihn nach Armenien, vielmehr war es eindeutig Gottes Fügung. Es ist für einen Menschen entscheidend, ob er in seinem Dasein an eine Führung glaubt. Dieser Glaube läßt sich nicht beweisen, verleiht aber dem Menschen eine innere Gewißheit. Ohne diesen Glauben fällt er gerne dem Nihilismus anheim. Bruder Jakob fühlte sich stets als der «von Gott geführte Diakon» und wollte auch gar nichts anderes sein.

Der schlichte Appenzeller präzisierte seine Diakoniearbeit noch ein wenig näher und nannte sich «der Lückenbüßer im Dienste des Lebens». Bruder Jakob gab seiner Selbstbiographie «Köbi» diesen Untertitel und kam auch öfters darauf zurück. Lückenbüßer zu sein entsprach seinem eigenen Selbstverständnis. Während die meisten Menschen beleidigt sind, wenn man sie als Lückenbüßer behandelt, fand er in seiner Demut diesen Namen ganz in Ordnung.

Der Lückenbüßer war keinesfalls ein intellektueller Mensch. Theologische Probleme berührten ihn nicht. Weder ging er auf die religionsgeschichtlichen noch auf die religionsphilosophischen Fragen ein. Solche Probleme waren dem Lückenbüßer nicht aufgetragen. Er war für die Tat berufen und nicht für das Wort. Nach eigenem Geständnis vermochte er nicht in die geistige Welt des Orients einzudringen. Doch wiederholte er später nicht mehr das Wort vom falschen Propheten, das die Christen auf Mohammed anwenden. «Mehr und mehr kam ich zu der Ansicht, daß Mohammed ein von Gott ‹Berufener› war», schrieb er[21]. Einer solchen Erkenntnis begegnete man in den damaligen Missionskreisen nicht. Man beantwortete die Fragen nach dem Schema: Christus ist die Wahrheit, und das Außerchristliche ist Finsternis, im besten Falle Weg zu Christus. Bruder Jakob machte sich dieser allzu starken Vereinfachung nicht schuldig. Daß er in Mohammed auch ein Werkzeug Gottes erkannt hatte, verdankte er seiner Liebe zu den Mohammedanern und nicht seinem Intellekt. Die Liebe hat ihm das Tor zur neuen Sicht aufgestoßen.
Was das Religiöse betrifft, war Bruder Jakob von einer sichtlichen Verhaltenheit erfüllt. Es entsprach nicht seinem Wesen, über seine inneren Erlebnisse zu reden. Die religiösen Worte flossen ihm nicht, wie so vielen Christen, gleich Honigseim von den Lippen. Dies schien ihm ohnehin verdächtig zu sein. Bruder Jakob war nicht sofort bereit, mit einem Menschen zu beten. Nicht daß er das Gebet gering geachtet hätte, er wollte nicht gerne sein Innerstes preisgeben. Er war hierin von einer achtunggebietenden Verschwiegenheit erfüllt. Doch stand er in einer persönlichen Beziehung zu Christus, und man spürte bei ihm die deutliche Anwesenheit Gottes. Für ihn war es nicht notwendig, darüber zu sprechen, weil er seine Gottverbundenheit ohne alle Worte täglich lebte.

Bruder Jakob hat auf eine neue Weise die Mission ausgeübt. Viele werden fragen: Wo blieb bei ihm die Verkündigung? Sie ist nicht festzustellen, weil seine erste Aufgabe die Pflege war und nicht die Predigt. Er half den Orientalen, ohne auf ihre Religionszugehörigkeit zu schauen. Die christliche Liebe stand bei ihm an erster Stelle. Die Christen sind mit Worten nie durchgedrungen, sondern prallten an den Fremdreligionen wie an einer Mauer ab. Die Taten machen einen ganz andern Eindruck, und schließlich ist die selbstlose Tat des christlichen Menschen ein Werk, gegen das zuletzt aller Widerspruch verstummt.

In der wortlosen Verkündigung liegt die neue Heiligkeit. Man redet von den großen Heiligen, und wer wollte bezweifeln, daß es sie gibt? Daneben stehen die kleinen Heiligen, die innerlich nicht weniger groß sind. Ob groß, ob klein, es sind menschliche Urteile. Niemand kann beweisen, daß die kanonisierten Heiligen die wirklich großen Heiligen sind. Jene, die nicht der Ehre der Altäre teilhaftig geworden sind, können noch näher bei Gott sein. Jedenfalls hat Bruder Jakob, ohne es zu wissen, jene neue Heiligkeit gelebt, die vor Gott bestehen kann.

Wer Bruder Jakob nähertrat, bemerkte auf seinem Antlitz ein feines Lächeln. Mehr als ein Bekannter wunderte sich, woher dieses Lächeln komme. Wie brachte er es nur fertig, trotz des Jammers, so viel Elend mit ansehen zu müssen, immer noch zu lächeln? Warum ist es ihm nicht vergangen? Warum ist er nicht zu Stein erstarrt, wie Lots Weib? Es wäre doch naheliegend gewesen, in den Zynismus abzusinken und die Dinge der Welt als Unrat zu bezeichnen. Keine Spur davon ist bei Bruder Jakob vorhanden. Er behielt sein Lächeln, weil es in einer ganz tief verwurzelten Heiterkeit begründet war, jener Heiterkeit, die über die Abgründe des Lebens triumphiert. Es war das Lächeln eines Menschen, der um die Erlösung wußte und sie an sich erfahren hatte.

Dieses Erleben hatte in ihm jene unzerstörbare Freude ausgelöst, die sich in seinem Lächeln dokumentiert hat.
Dank diesem Lächeln focht es Bruder Jakob nicht an, darüber nachzudenken, ob sein Tun in der Welt des Hasses überhaupt eine Bedeutung habe. War er nicht nur ein Tropfen auf einen heißen Stein? Eine solche Frage empfand er als eine Einflüsterung des Bösen. Ihm lag nur das eine am Herzen: «Ein Zeichen von der Barmherzigkeit Gottes aufzurichten»[22].
Dieses Zeichen hat er gesetzt, unübersehbar gesetzt, und weil es ein Zeichen Gottes ist, kann es nie mehr ausgelöscht werden. Heilige errichten Zeichen, die in der Nacht der Welt leuchten und an denen die übrigen Menschen die Freundlichkeit Gottes erkennen. Wir müssen auf diese Zeichen Gottes achten, Tag und Nacht, denn sie stärken unseren Glauben und vermitteln uns die Kraft, offen, fest und zuversichtlich in aller äußeren und inneren Finsternis zu bleiben.

Léon Bloy, der bellende Hund Gottes

1846–1917

«Es gibt nur eine Traurigkeit auf dieser Welt: wir sind keine Heiligen.» Mit diesen Worten schloß Léon Bloy den Roman «Die arme Frau» [1]. Wenn von Bloy die Rede ist, wird gewöhnlich dieses Geständnis erwähnt. Nun aber stammt, nach Maritain, diese Aussage gar nicht von Bloy, sondern von seiner Gattin, und er legte sie auch im genannten Roman der weiblichen Hauptperson in den Mund. Der Gedanke seiner Lebensgefährtin entsprach auch Bloys Sehnsucht; die beiden Ehegatten waren in ihrem Lebensgefühl eins. Offenbar schmerzte es Bloy, kein Heiliger zu sein, ein Bewußtsein, das ihn mit einer sichtlichen Traurigkeit umgab. Die ausgeprägte Empfindung verrät Bloys geheimes Verlangen nach Heiligkeit. Nach seiner Überzeugung «gab es Heilige damals wie heute, annähernd ein halbes Dutzend auf hundert Millionen mittelmäßiger oder ruchloser Seelen» [2].

War Bloy weit entfernt von der Heiligkeit? Oder war er am Ende doch ein verborgener Heiliger? Gewiß sah man es ihm nicht an, wenn er in seiner Jacke und in den Manchesterhosen daherschritt, ähnlich wie ein Arbeiter noch heute nach Fabrikschluß durch die Straßen von Paris heimkehrt. Aber ist es gestattet, nach der äußeren Erscheinung zu urteilen? Nach einer Lithographie von Rouault hatte Bloy große, geheimnisvolle Augen. Die Entscheidung über die Heiligkeit eines Menschen hat sich die Kirche vorbehalten. Es sei erlaubt, sich einmal einen imaginären Heiligsprechungsprozeß vorzustellen und das äußerst komplizierte juristische

Verfahren der Ritenkongregation in Rom ein wenig zu vereinfachen. Es wird ein Spiel geschildert – wie Gott den Leviathan schuf, um mit ihm zu spielen[3] –, über das man lächeln darf, hinter dem aber doch ein sichtlicher Ernst steht.

Bei der feierlichen Sitzung der Ritenkongregation steht zunächst der Postulator auf, stößt einen tiefen Seufzer über die Verständnislosigkeit aus, die noch immer gegen eine neuzeitliche Form von Heiligkeit an den Tag gelegt wird, und stellt hierauf den Antrag auf Heiligsprechung Léon Bloys. Er begründet seine Bitte mit folgenden Überlegungen:

Es ist zunächst nötig, Ihnen, meine hochwürdigsten Zuhörer, das Leben Léon Bloys vor Augen zu führen, das in seinem Verlauf ungewöhnlich ist und aus dem üblichen Rahmen herausfällt. Unterscheidet sich das Leben des Heiligen nicht immer vom Normaldasein des Bürgers? Kam nicht durch den Bindestrich, «Heiligkeit gleich fromme Kirchlichkeit», die schiefe Blickrichtung in die Hagiographie hinein, an deren Beseitigung wir noch heute arbeiten? Ob alte oder neue Heilige, alle bedürfen eigener Kategorien, um sie zu erfassen, denn die alten Klischees sind unbrauchbar geworden. Jedenfalls sind sie bei einem Manne «von einer bärenhaften Wildheit» nicht anwendbar (Bremond).

Léon Bloy sprach nicht gerne über seine Jugend. Seine Mutter war Spanierin, der er seine düstere, glühende Seele verdankt. Zeitlebens war in ihm etwas von der spanischen Spiritualität zu spüren, die ihn vom französischen Naturell unterschied. Der Vater vertrat, entsprechend seinem Beruf, eine beamtenhafte Mentalität und hatte für seinen Sohn kein Verständnis. Früh kam es zwischen ihnen zu schweren Spannungen. Gewiß, Bloy war kein leicht erziehbares Kind; er war so anders geartet als die andern Kinder. «Ich

habe als Kind viel geweint, ich wußte nicht warum; wegen eines Verlustes oder wegen der Sehnsucht nach etwas, das nicht in Worte zu fassen ist?»[4]
Schon bei der Berufswahl traten die ersten Schwierigkeiten auf. In Paris geriet der junge Bloy auf Abwege. Er verlor den Glauben und den Halt. «Es gab einen Augenblick, wo der Haß gegen Jesus und die Kirche der einzige Gedanke in meinem Kopf und das einzige Gefühl in meinem Herzen wurden.»[5] Nach einiger Zeit lernte er den Dichter Barbey d'Aurevilly kennen, der zwar keinen tiefen Katholizismus vertrat, aber Bloy zum Glauben zurückführte. Durch den Umgang mit Barbey ging ein nachhaltiger Einfluß auf Bloy aus, der dies zeitlebens freudig zugab. Während einer langen Nachtwache las er zum ersten Male das ganze Neue Testament, das er als «unmittelbare, blitzjähe Wahrnehmung göttlicher Offenbarung» erlebte, worauf er sich geradezu auf Gott stürzte[6].
Auf der Straße in Paris begegnete er Anne-Marie Roulé, der er später den Namen Veronika gab. Ich komme damit auf ein überaus heikles Thema zu sprechen, das meine ehrwürdigen Zuhörer schockieren wird, weil es Ihrer moralischen Vorstellungswelt ins Gesicht schlägt, sehe ich doch schon Ihre mißbilligenden Stirnfalten. Zum voraus bitte ich um Entschuldigung, aber ich darf nicht aus Schicklichkeitsgründen von der Wahrheit abweichen. Bloy hatte mehrere Geliebte; die eine beging Selbstmord, indem sie aus dem Fenster sprang, die andere starb an entsetzlichen Krämpfen. Die tragischste Geschichte erlebte er mit Anne-Marie Roulé. Man nannte sie schon eine «stark sündhafte, dann übertrieben fromme und schließlich eine ganz tolle, unsinnige Geschichte». Die Begegnung mit diesem Mädchen erfordert gerade bei einem Heiligsprechungsprozeß eine sorgfältige Prüfung. Anne-Marie Roulé war ein frommes Mädchen, das wegen seiner unehelichen Geburt nicht als Chor-

schwester ins Kloster aufgenommen wurde. In Paris verdiente sie als Näherin und notgedrungen als Prostituierte ihren Lebensunterhalt. Unwillkürlich muß man dabei an Georges Rouaults Bilder von Prostituierten denken, deren anklagende Hilflosigkeit dem Betrachter ans Herz greift. Oder soll man in Veronika eine Schwester von Dostojewskis Sonja sehen? Bei der näheren Beziehung Bloys mit ihr stieß er nicht auf die bei den Dirnen übliche Geldgier, sondern auf eines jener unglücklichen Geschöpfe, die im Leben unter die Räder gekommen sind. In Bloy erwachte ein starkes, aber keineswegs reines Mitleid mit dem armen Wesen. Er nahm sich ihrer tatkräftig an, zog sie aus dem Sumpf und verfiel dabei selbst ihrer Sinnlichkeit. Immer wieder machte ihm der Kampf zwischen Geist und Fleisch zu schaffen, Sieg und Niederlage wechselten ab. Er war bereit, sie zu heiraten. Dadurch, daß er eine Liebschaft mit ihr begann, rettete er sie gleichzeitig, indem er sie zu einem geistlichen Leben führte, während sonst die meisten Menschen mit einer geistlichen Freundschaft anfangen und bei gemeinsamen Sinnenfreuden endigen. Der unbürgerliche Bloy dachte beim Anblick Veronikas an die Jesusworte: «Die Zöllner und Huren gehen eher ins Reich Gottes ein als ihr.» Er sah in ihr nicht nur ein gestrandetes Mädchen, dem das Leben übel mitgespielt hatte, sondern auch eine verborgene Heilige, die er mit den überschwenglichsten Worten überschüttete. Aus der sündigenden Magdalena war wirklich eine leidenschaftlich bereuende Magdalena geworden, in die der Blitz Gottes hineingefahren war. Bloy steigerte ihre pathologischen Visionen, die der armen Veronika den Kopf verdrehten. Bei diesem Mädchen mit der traurigen Vergangenheit brach der Wahnsinn aus, doch Bloy deutete noch lange die teils scharfsichtigen, teils verwirrten Reden positiv, bis er sie doch einer Irrenanstalt übergeben mußte. Bloy hat sie nicht in die Umnachtung hineingetrieben, da wahrscheinlich eine Anlage vorhanden war. Die verdunkelnden Dämmerungszustände waren auf eine Angstneurose zurückzuführen. Das heimgesuchte Geschöpf lebte noch fünfundzwanzig Jahre lang in der Anstalt, ohne die Klarheit des Verstandes wieder erlangt zu haben. Sanft und fromm dämmerte sie dahin, umgeben von einer unergründlichen Traurigkeit. Bloy hat sich zu ungestüm in ein überaus dramatisches Abenteuer eingelassen – man kann sich dieses Eindruckes nicht erwehren, wenn man heute die «Briefe an Veronika» liest. Allein, es wäre Pharisäismus, wollte man deswegen den Stab über ihn brechen und behaupten, ein solches Erlebnis schließe die Heiligkeit aus. Ist denn Maria Magdalena, Augustinus, Margarete von Cortona, um nur einige Heilige zu nennen, nicht ähnliches widerfahren? Wo kämen wir hin, wenn wir Heilige allein mit dem Maßstab der landläufigen Moral beurteilen wollten?

Léon Bloy aber wurde dadurch aus der Bahn geworfen; er verstrickte sich in den folgenden Jahren in ein pamphletistisches Tun, das seiner Seele nicht gut bekam. Er hatte die Empfindung, «daß wir alle in der Irre wandern, daß die ganze Menschheit auf Irrwege geführt und der menschliche Geist endgültig in die tiefste aller Finsternisse hinabgestoßen ist»[7]. Bloys Polemik, die ihn viel Kraft kostete und die die Nachwelt nicht mehr in der gleichen Weise interessiert, darf nicht nur negativ bewertet werden. Polemik muß sein; die Propheten polemisierten, ja, der Herr selbst polemisierte gegen die Schriftgelehrten. Bloy war mit seiner Polemik nichts anderes als der bellende Hund Gottes. Er machte sich jedenfalls nicht des Vergehens schuldig, dessen Jesaja die Wächter des Volkes bezichtigte, «stumme Hunde zu sein, die nicht bellen können»[8].

Bloy besaß einige Freunde. Zu ihnen zählte in erster Linie Ernst Hello, der «erschreckend große Bruder in Gott»[9]. Nach Bloy steckte in Hello «etwas von einem Seher»[10]. Sie waren die einzigen, welche «die große, geheimnisvolle Stimme hörten»[11].

Auch beschäftigte sich Bloy intensiv mit einigen Vorbildern. Zu ihnen gehörten vor allem die Wüstenväter, die damals völlig verkannt wurden. Er nannte Anna-Katharina Emmerich eine wunderbare Seherin, «welche mir schon immer als einer der größten Menschen des Jahrhunderts erschienen ist»[12]. Noch stärker wandte er sich La Salette zu. Damals war jenes Ereignis noch stark umstritten, und Bloy hat als einer der ersten seine Bedeutung erkannt. Vielleicht war er hierin etwas zu unkritisch, doch hat sich ihm das Bild von der weinenden Gottesmutter unauslöschlich in die Seele gesenkt.

Bloy verdankt dem Erlebnis von La Salette sein Geschichtsverständnis. Nach ihm ist «die Geschichte wie ein unauslotbarer liturgischer Text, worin die Jotas und die Punkte ganzen Versen oder ganzen Kapiteln ebenwertig sind»[13]. Bloy deutete die Geschichte wesentlich symbolisch und scheute sich nicht zu bekennen: «Ohne das Zwischenspiel des Teufels ist auf der Welt alles unerklärlich».[14] Er besaß einen Einblick in den Untergrund der Dinge, weil er von einer immerwährenden und unstillbaren Sehnsucht nach Gott verzehrt worden ist. «Es gibt nur eine Art, Geschichte zu lesen, und die heißt: sterben.»[15] Unsere Geschichtsbücher würden in ein ganz neues Licht gerückt, schriebe man sie von diesem Gesichtspunkt aus.

In seiner schlimmsten Zeit begegnete Bloy der hellblonden Dänin Jeanne Molbech, die aus einer gebildeten Familie stammte und zu der er bald eine tiefe Zuneigung faßte. Wir können uns über diese Liebe ein klares Bild machen, weil Frau Bloy-Molbech nach dem Tode ihres Gatten seine an sie gerichteten Briefe veröffentlichte. Karl Pfleger, der viel zum Verständnis Bloys in Deutschland beigetragen hat, nannte diese Briefe «ein Dokument der Liebe»[16]. Diese unvergeßlichen Liebesbriefe zeigen Bloy von einer unbeachteten Seite. Er verheimlichte seiner Braut weder seine Vergangenheit, noch seine düstere Veranlagung. Sie wußte, was ihrer wartete, und trotzdem heiratete sie voller Mut diesen seelisch nicht ausgeglichenen Mann. Bloy war während der ganzen Ehe ein sehr fein empfindender, zärtlicher Gatte, voll vornehmer Rücksicht. Natürlich war die protestantische Religiosität seiner Braut für ihn untragbar, weshalb er systematisch an ihrer Konversion arbeitete. Es ist seltsam, daß Bloy bei seinen unflätigen Beschimpfungen des Protestantismus und Dänemarks nie auf den Gedanken gekommen ist, daß diese nicht alltägliche Frau aus dem nordischen Luthertum hervorgegangen ist und also beide Phänomene nicht so gottlos sein können, um dauernd verlästert zu werden. Bloy sah in der Liebe zur Frau kein Tabu; er bekannte sich freimütig zum Liebesleben und nannte es «eine Art göttlicher Kinderei». Für ihn war die geschlechtlich-eheliche Liebe eine ganz große Sache und ein Ehrfurcht gebietendes Geheimnis. Er teilte nicht die Unterscheidung von erotischer und religiöser Liebe innerhalb der Ehe: «Sie haben mir geschrieben: ‹Ich liebe Gott mehr als Sie.› Liebskind, was wissen Sie davon? Ich könnte Ihnen so etwas nicht schreiben, einfach deshalb nicht, weil ich so eine Teilung nicht vornehmen kann. Ich liebe Gott in Ihnen, durch Sie hindurch, wegen Ihnen, ich liebe Sie vollkommen inGott, wie ein Christ seine Gattin lieben soll; die Idee, diese zweieinige Flamme der Liebe auseinanderzureißen, das ist für mich eine Klügelei.» [17] Es war sicher nicht leicht, Bloys Frau zu sein, jedenfalls ist Jeanne Molbach ihrer Aufgabe großartig nachgekommen. Sie teilte getreulich, ohne jede Klage, all die schrecklichen Hungerjahre mit Bloy, stand tapfer an seiner Seite und ließ ihm jede nur mögliche Aufmunterung zuteil werden. Diese Frau verdient es, daß man ihrer ehrenvoll gedenkt.

Die Ehe war bei aller glücklichen Übereinstimmung stets beschattet durch Bloys äußerst prekäre finanzielle Lage. Er wollte aus seiner Schriftstellerei leben, die jedoch höchstens das Salz in die Suppe abwarf. Zwei seiner Kinder starben an Unterernährung, fehlte doch zu oft der Familie das Nötigste zum Leben. Die Not zwang ihn, Bettelbriefe zu schreiben, die er nicht immer in einem angenehmen Ton verfaßte. Er betrachtete den Bettler als eine zum Christentum gehörende Gestalt und überwand sich, betteln zu gehen, da sich «Gott selbst gerühmt hat, ein Bettler zu sein» [18]. Unser Heiliger in spe schrieb nicht nur eine tiefsinnige Schrift «Über die Armut», er führte auch selbst zeitlebens das Dasein eines Armen. Bloy mußte sogar einmal seine Möbel zersägen und spalten, um seine Zimmer notdürftig zu heizen. Montmartre war damals noch ein Dorf am Rande von Paris; dort hatte er ein dürftiges Zuhause, eine feuchte und verwahrloste Wohnung. In seiner äußerst schweren Existenz wurde er von Leid und Qual, von Hunger und Kälte, von Traurigkeit und Einsamkeit heimgesucht. Er tröstete sich jeweils mit dem Gedanken: «Sind wir nicht die ewigen Zigeuner des Heiligen Geistes, die unstet wandernden Nomaden des Paraklets?» [19] Tatsächlich lebte er geistig von der Eucharistie und der Vulgata. Er ging täglich in die Frühmesse und schöpfte daraus die Kraft, sein hartes Leben auszuhalten.

Bloy war eine komplizierte Persönlichkeit, die Stolpe «für den Tertullian des neunzehnten Jahrhunderts hielt» [20]. Nicht umsonst waren viele Menschen bei der ersten Lektüre erschüttert und sind hernach plötzlich seiner Bücher überdrüssig geworden. Bellte Bloy zu heftig? War er zu schwer verständlich? Keineswegs. Ich bin überzeugt, die Leser sind zuwenig tief in ihn eingedrungen. Bloy war ein brennender Mensch, der beleidigte und beleidigt wurde, der intolerant war gegenüber seinen Mitmenschen und sich oft die Wirkung seiner Worte nicht überlegte. Bloy tat einmal eine Äußerung, die man auf ihn selbst beziehen darf: «Alles ist Geheimnis, Menschen und Dinge. In der Seele eines jeden Menschen gibt es einen Grund, den man nicht kennt»[21], und fügte hinzu, «daß man ohne Brot, ohne Dach, ohne Glück, aber nicht ohne das Geheimnis leben kann.»[22] Es lebten in ihm zwei sehr verschiedene, einander entgegengesetzte Persönlichkeiten. Er ist nicht auf eine Formel zu bringen. Einmal bezeichnete er sich als «Hiob auf dem Misthaufen»[23], und dann fühlte er sich wiederum als ein Mann einer früheren Zeit, der Autorität, Gehorsam und Disziplin verlangte[24]. Er war im Freundeskreis ein überaus hilfsbereiter Mensch, und doch war er ein Melancholiker: «Ich bin von Natur aus traurig, so wie man klein oder blond ist von Natur. Ich bin traurig geboren, traurig in einer tiefen und fürchterlichen Art.»[25] Deswegen weinte er auch viel, nicht nur als Kind, sondern auch als erwachsener Mensch. Er fand, «weinen heißt leben»[26]. Die Tränen spielten in seinem Dasein eine große Rolle. Ohne zu übertreiben, darf man sagen: «Er hatte die Gabe der Tränen, ein Zeichen der Prädestination nach Meinung der Mystiker. Diese Tränen waren verhüllte Fröhlichkeit.»[27] Er weinte zuhause, weinte auf der Straße und weinte in der Kirche. «Es gibt nichts als sie! Alles ist eitel außer den Tränen.»[28] Bloy schrieb einen Roman unter dem Titel: «Der Verzweifelte». Liest man das Buch in seinem Sinn, so war er allein der Verzweifelte. Dabei spielte er nicht nur mit der Verzweiflung, wie es in der dialektischen Theologie Mode war, indem man daneben das Leben genoß. Bloy war von der hellen Verzweiflung erfaßt, war von ihr umgetrieben, und sie drohte ihn zu verschlingen. Man darf darin kein Anzeichen für die Fragwürdigkeit seiner Frömmigkeit sehen, im Gegenteil, nach Kierkegaard ist «die Verzweiflung die Krankheit, von der gilt: es ist das größte Unglück, sie nie gehabt zu haben»[29]. In Bloy brach die heilige Verzweiflung auf und trieb ihn direkt in die Arme Gottes hinein. Darob ist er zum wirklich glaubenden Menschen geworden, der nicht den geringsten Zweifel kannte. Er glaubte nicht nur etwas, der Glaube durchdrang seine ganze Person und schenkte ihm die Kraft, aus der er lebte. «Ich werde immer auf eine rätselhafte, unbegreifliche Art über Wasser gehalten, aber nur genau so viel, als nötig ist, um nicht zu ertrinken.»[30] Er gehörte zu den großen Glaubenden, die den andern Menschen Beispiel und Vorbild sind. Dieser wilde Kämpfer lebte aus dem Sakrament, anders kann man es kaum sagen. Als ein stürmischer Beter riß er mit seinen Worten das Himmelreich an sich. «Wir sollen beten. Alles, was sonst noch ist, ist eitel und blöde. Beten sollen wir, um das Grauen dieser Welt zu ertragen.»[31] Einzig und allein ein Betender wollte er sein und sah im Gebet nicht etwa ein Mittel zur Erfüllung seiner Wünsche. Er notierte in sein Tagebuch: «Menschen gibt es, die ihr Gebet wortwörtlich in Stücke zerreißt.»[32] In seinem ganzen Wesen war Bloy ein Homo religiosus, eine Bezeichnung, die ihm niemand streitig machen kann, und das ist doch nur ein anderes Wort für «ein Heiliger». Freilich war er kein Heiliger nach dem üblichen Schema. Es darf uns an diesem ungewöhnlichen Heiligen nicht irremachen, daß er viele Auswirkungen der Kirche heftig kritisierte. Er litt namentlich unter der Gleichgültigkeit der mittelmäßigen Christen und noch mehr unter der Nachlässigkeit der Priester. Es brachte ihn in Harnisch, wenn der Priester während der Beichte sein Bargeld zählte und dabei die Menschen mit der Geschwindigkeit eines D-Zuges abfertigte. Die Liebe zur Kirche gab ihm die scharfen Worte in die Feder, denn Bloy war ein Mann des Christentums, der ein Sehender in absoluter Finsternis und ein Blinder im hellsten Lichte war, der das Sichtbare als die Spur der Schritte des Unsichtbaren auffaßte.

Dementsprechend war auch sein Sterben. Er schleppte sich bis in die letzten Tage in die Kirche, weil ihm dies guttue, wie er sagte. Ein Freund fragte ihn auf dem Sterbebett: «Was fühlen Sie, Bloy, im Angesicht der letzten Dinge?» Und Bloy antwortete ohne jedes Furchtgefühl: «Eine ungeheure Neugierde.»[33]

Doch ist es an der Zeit, fährt der Postulator mit seiner schon heiser gewordenen Stimme weiter, daß wir uns Bloys Werken zuwenden. Er war ein Mann der Feder; es wäre zu oberflächlich und würde niemals mit der Gründlichkeit unserer Untersuchungsmethoden übereinstimmen, wenn wir seine schriftstellerischen Erzeugnisse unbeachtet ließen und sie nicht auf vorhandene Irrtümer prüfen wollten.

Gelegentlich rühmte sich Bloy als Dichter und freute sich am Urteil Maeterlincks, der den Roman «La femme pauvre» das einzige Werk unserer zeitgenössischen Literatur nannte, dem deutliche Züge von Genialität anhaften[34]. Bloy fragte sich nicht, ob Maeterlinck zu einem solchen Urteil befugt war, und klammerte sich an das Lob, wie das Menschen gerne tun, die unter einer starken Verkennung zu leiden haben. Gewiß wurde Bloy von seinen Zeitgenossen verkannt. Um der Besonnenheit willen muß ich gestehen, daß Bloy kein großer Dichter war, denn seine beiden Romane sind, näher besehen, gar keine Romane. Formal gesehen, leiden sie an einer überladenen Sprache und an jener mangelhaften Psychologie, die entweder nur gute oder nur böse Menschen kennt. Alle Zwischentöne sind Bloy unbekannt. Auch fehlt bei den Romanen die Poesie, die unbedingt zu einer wesentlichen Dichtung gehört. Dies werden heute auch die begeisterten Leser von Bloys Werken feststellen müssen. Im übrigen handelt es sich bei Bloy gar nicht um Literatur im üblichen Sinn. Es war ihm Ernst, vollkommener Ernst mit dem, was er zu sagen hatte. Allerdings hatte er gar nichts zu tun mit jenem Schrifttum, das aus «der Milch der frommen Denkungsart» (Nietzsche) entstanden ist. Der bloße Anblick jener Bücher, die in den konfessionellen Buchhandlungen ausgestellt sind, brachte Bloy in eine wahre Raserei. Nach seinem Urteil war Kunst nicht sein «unmittelbares Anliegen, sondern lediglich ein Werkzeug und ein Hilfsmittel»[35]. Das religiöse Zeugnis war ihm wichtig. Seine Ausführungen gehören dem christlichen Schrifttum an. Ein religiöses Kunstwerk ist nach ihm eine offene Tür in das verborgene Paradies. Bloys Bücher sind ein Stück Leben und flüstern dem Leser bedeutsame Worte zu.

Wenn auch Bloy der Dichtername aberkannt worden ist, so ist er doch zweifellos ein guter Schriftsteller. Er schrieb gewandt und brauchte in seiner Polemik zuweilen Sprachbilder, bei denen man sich des Lachens nicht erwehren kann. Vor allem aber muß man bedenken: Die Theoretiker des Christentums pflegen ihre Kommentare, Dogmatiken und Traktate zu schreiben, die schon von der Form her gesehen starr und langweilig sind. Sie werden auch nur von den Fachgenossen gelesen, und ein Laie greift höchstens aus Versehen darnach. Was der Allmächtige über diese Sorte von theologisch-wissenschaftlichen Büchern denkt, sei dahingestellt; es ist kaum anzunehmen, daß er daran eine besondere Freude hat. Bloy brachte auf religiösem Gebiet eine ganz neue Form von Literatur hervor. Sie ist bedeutungsvoller, als man bis dahin angenommen hat. Der mutige Schriftsteller schrieb über «Das Blut der Armen», «Die Seele Napoleons», «Das Heil der Juden» usw. Bücher, die ohne weiteres den Laien zugänglich sind und ihnen auch heute noch etwas zu sagen haben. Die wichtigste Leistung auf diesem Gebiet waren die Tagebücher, von denen Bloy mehrere Bände unter verschiedenen Titeln herausgegeben hat. Damals war das eine ganz neue Form der literarischen Mitteilung. Bloy hat zuerst diesen Weg beschritten; seine

Tagebücher sind für die Kenntnis seiner Persönlichkeit unentbehrlich. Natürlich schrieben auch Menschen vor ihm Tagebücher, aber sie veröffentlichten sie nicht bei Lebzeiten. Bloys Tagebücher enthalten viele persönliche, allzu persönliche Notizen und wirken deshalb oft etwas peinlich. Sie zeugen aber von einem Manne, in dem ein Feuer gebrannt und der eine glutvolle Seele besessen hat. Er hat mit Gott gerungen wie Jakob mit dem Engel. Es gibt um die Jahrhundertwende nicht viele Bücher, die an religiöser Kraft, Tiefe und Höhe ihnen an die Seite gestellt werden können. Um diesen Satz nicht als bloße Behauptung hinzustellen, möchte ich auf einige bedeutsame Einsichten Bloys hinweisen. Seine Erkenntnisse haben die richtige Einschätzung des Verstandes zur Voraussetzung, dem doch im neunzehnten Jahrhundert kritiklos gehuldigt wurde: «Ach, der Verstand! Wüßtest Du nur, wie ich den meinigen verachte, verhöhne, wie ich ihm die Peitsche zeige, wenn er sich erfrecht, mein Herz zu kommandieren, wo er doch, nach allen Regeln der Natur, nichts zu sein hat als sein alleruntertänigster und ergebenster Diener.»[36] Bloy war kein Denker; die Philosophie machte ihn gähnen, und die Theologie langweilte ihn, sein Verstand war unbeholfen, und er setzte ihm bewußt die Einfalt gegenüber, von der heute kaum noch jemand etwas weiß und die doch vom Evangelium gepriesen wird. Man kann nicht ohne Einfalt ein echter Christ sein. Bloy durfte wirklich sagen: «Ich weiß um Dinge, die sonst niemand weiß.»[37]

Bloy war ein Mensch, der von Christus unmittelbar getroffen wurde, und darum erblickte er eine ungewöhnliche Christus-Ikone. «Ich sehe immer nur Jesus in Agonie, Jesus am Kreuz, und kann ihn gar nicht anders sehen.»[38] Die Unermeßlichkeit der Schmerzen Christi und seine schreckliche Passion zogen Bloy hauptsächlich an. Für ihn war Christus der Erlöser, der seit neunzehn Jahrhunderten ans

Kreuz geschlagen ist. Nicht nur damals, unter Pontius Pilatus, hing er am Kreuz, er hängt noch heute daran. Bloy drückte dies ganz drastisch aus: «Jesus erleidet zum zweitenmal den Tod ... erstickt vor Ekel, auf der Schwelle seiner eigenen Kirche.»[39] Für Bloy war das Kreuz kein bloßes Symbol, das sich schmucksüchtige Damen in Gold um den Hals hängen. «Das wahre Kreuz, das einfach scheußlich ist, unsagbar scheußlich und voll rasender Schmach ... das schwarze, geduckte Kreuz inmitten einer Wüste von Angst, die so weit ist wie die Welt»[40], schrieb Bloy und stellte damit die neutestamentliche Situation wieder her. «Vor allem und über allem ist Jesus der Verlassene. Die ihn lieben, müssen Verlassene sein, aber Verlassene wie er, verlassene Götter! Das ist die Not, die keinen Namen hat.»[41]
Bloy verdankt seine Christus-Sicht der eifrigen Bibellektüre, die damals bei den katholischen Menschen alles andere als selbstverständlich war. «Die Worte der Bibel nähren die Seele und sogar die Einsicht nach Art der Eucharistie, ohne daß es notwendig wäre, die Worte zu begreifen.»[42] Von Paulus lernte er, daß die Menschen «alles in einem Spiegel, das heißt mit vertauschten Seiten sehen ... Wir sehen demnach stets und genau das Umgekehrte dessen, was ist.»[43] Bloy konnte die Vulgata nicht aufschlagen, ohne daß sich eine unendliche Weichheit, eine wundersame Ruhe und eine stille Trunkenheit in sein Herz senkten. Diese wundervolle Empfindung trieb ihn geradezu den Sternen entgegen. Die Bibelverse flammten gleich Blitzen vor ihm auf. Er betrachtete einmal eine Kreuzwegstation, sah darauf einen scheußlich gemalten Kerl, der mit einem dicken Stock auf Jesu Haupt schlug, und erblickte plötzlich sich selbst darin. «Die einzig wirklich förderliche Art, die Psalmen oder das Buch Hiob zu lesen, besteht darin, daß man sich selbst an die Stelle dessen denkt, der spricht.»[44] In dieser Weise las Bloy die Bibel.

Sie wäre jedoch nie so lebendig in ihm geworden ohne sein leidvolles Leben. Er war das Gegenteil von einem Ästheten. Das Christliche fordert vom Menschen Leiden, legt ihm Leiden auf, doch Bloy war bereit, Leiden zu ertragen. Er empörte sich nicht dagegen, sondern nahm im buchstäblichen Sinne sein Kreuz auf sich und folgte seinem Herrn nach. Bloy kannte keine Diskrepanz zwischen Lehre und Leben. Von ihm läßt sich nicht sagen, er habe zwar außergewöhnliche Erleuchtungen erfahren, aber habe nicht entsprechend gelebt. Der Verfasser der «Femme pauvre» war kein bloßer Theoretiker des Christentums, sondern wußte, daß das Evangelium Leben ist, und wenn es dies nicht ist, dann ist es nichts.

Auch Bloys Ausführungen über die Tiere verdienen vermerkt zu werden, waren sie doch für ihn «ebenso geheimnisvoll wie der Mensch, und man weiß überhaupt nicht, daß ihre Geschichte eine Schrift in Bildern ist, in denen das göttliche Geheimnis ruht»[45]. Noch ist kein Genie gekommen, um das symbolische Alphabet der Schöpfung zu entziffern.

Bloy empfand den Antisemitismus als einen schrecklichen Schlag in das Gesicht des Herrn. Für ihn war ein Jude immer der nahe Stammesverwandte Jesu Christi.

Nach Bloy kann kein Mensch sagen, was die Armut eigentlich ist; er nannte sie einmal das angespiene Antlitz Christi und ein anderes Mal das Mittel, um mit Gott in Berührung zu kommen. Gott hat den Stand der Armut geheiligt, und Bloy zählte zu den ersten Menschen der Neuzeit, die wieder um das Mysterium der Armut Bescheid wußten.

Ebenso fühlte sich Bloy ununterbrochen mit den Toten verbunden; sie waren ihm näher als die Lebenden.

Über das Paradies sagte er beachtenswerte Dinge: «Nicht morgen oder übermogen oder in zehn Jahren tritt man ein ins Paradies, man tritt heute ein, wenn man arm und gekreuzigt ist.»[46]

Meine Zuhörer, ich könnte noch einige Einsichten Bloys geltend machen, aber ich fürchte, Ihre Aufmerksamkeit schon übergebührlich beansprucht zu haben. Es ist nicht leicht, Bloys Bedeutung in einige Sätze zusammenzufassen. Man nannte ihn schon den «Schrei Frankreichs» und sagte, er gehöre zu den wenigen Schriftstellern, die die Verwirrung der Menschen nicht vergrößern, ihnen aber zur Klarheit verhelfen wolle. Ganz gewiß war er ein von Gott Gerufener, einer, der dem Ruf geantwortet hat. Es ist ihm gelungen, in Frankreich eine «neue Strömung von christlichem Spiritualismus anzubahnen»[47]. Julien Green vermerkt in seinem «Tagebuch»: «Liest man Bloy, dann fühlt man sich sogleich in übernatürliche Bereiche versetzt, dort wandert er wie auf einer Landstraße dahin, daß seine Nagelschuhe hallen.»[48]

Es ist heute Mode geworden, jeden nur ein wenig über das Mittelmaß hinausragenden Mann einen Propheten zu nennen. Ich möchte mich dieser Begriffsverwirrung nicht schuldig machen. Aber bedeutsam bleibt, daß es Bloy gegeben war, tief in die Zeit hineinzublicken, und dies in einer Phase, da jedermann gedankenlos von Fortschritt und Demokratie sprach. Er hat die wahre Tendenz der Zeitströmung durchschaut, den «abgrundtiefen Verfall aller Frömmigkeit, den völligen inneren Zusammenbruch der religiösen Orden unserer Zeit. Sie gehen an ‹Weltlichkeit› zugrunde. Sie verachten die Armut, und Jesus Christus verläßt sie.»[49] Auch betrachten wir heute seine politischen Aussagen ganz anders als damals: «Rußland überfällt gleich einem apokalyptischen Drachen von den slawischen Steppen her das alte, mit Müdigkeit geschlagene Abendland.»[50] Während er selbst «wartete in Erwarten», sah er einer erschreckenden Zukunft entgegen, die nach ihm «schon begonnen hat». «Er spürte deutlich», daß etwas zu Ende gehe, ja, er erflehte ein Ende, «und dennoch wird das Ende kommen, und wahrscheinlich schon bald»[51]. Er fand für das Vorspiel eines unerhörten Dramas die berühmt gewordene Formulierung: «Ich erwarte die Kosaken und den Heiligen Geist.»[52]

Bloy sah die großen Gefahren der heutigen Christenheit. Er signalisierte sie mit einer seltenen Schärfe und Klarheit und machte dabei nicht den geringsten Versuch, sie abzuschwächen. Die Gleichgültigkeit scheint die Christenheit zum Auslöschen zu bringen. Wegen der Mittelmäßigkeit ist sie nicht mehr bereit, folgerichtig zu handeln und zu leben. Bloy klagte über «die Blutleere der modernen Seelen», die namentlich in den höheren Ständen verbreitet ist, Mißstände, die durch «die Industriespinne, die Goldgräbersüchte, die Prostitution und die zivilisatorische Verblödung bedingt sind»[53]. Wie alle Menschen leben auch die heutigen Christen dumpf in den Tag hinein, denken an das Geld und an das Vergnügen, machen sich keine Gedanken über die Erlösung und die Auferstehung und sind zum Schweinetrog bürgerlicher Klugheit zurückgekehrt.

Bloy begnügte sich nicht damit, nur die Gefahren zu nennen, er zeigte auch Wege, sie abzuwenden. Er war dazu befähigt, weil er ganz aus dem Absoluten lebte. Die meisten Menschen denken, es sei ja alles bloß relativ, und meinen, damit ihr lahmherziges Wesen entschuldigt zu haben. Bloy dagegen war «ein Pilger des Absoluten» und fand für seine Haltung herrliche Worte: «Das Absolute ist ohne Rückkehr. Man kommt von dort nicht mehr zurück, denn es ist eine Reise ohne Ende... Man denke einmal darüber nach! Immer dasselbe wollen, immer in derselben Richtung gehen, Tag und Nacht wandern, ohne ein einziges Mal nach rechts oder nach links, und sei es auch nur für einen Augenblick, abzubiegen, das ganze Leben ...»[54] Alle Halbheit war Bloy fremd; sein Wille ging auf das Ganze und das Vollkommene. Dieser Mann des Absoluten gelangte folgerichtig an die Schwelle der Apokalypse und stand im schärfsten Gegensatz zur Lebensauffassung, die «mein Pfeifchen im Antlitz Gottes rauchen will».

Bloy kannte noch nicht das Schlagwort «Pluralismus», mit dem man die verschiedensten Weltanschauungen rechtfertigen will, für ihn gab es noch die unbedingte, verbindliche Wahrheit. Das Absolute gab ihm Kraft, sein schweres Leben zu ertragen und zu meistern. Er war von seiner Realität überzeugt und unterstellte ihm auch sein ganzes Dasein. «Das Notwendige, das heißt das Absolute, das Wunder, die Erleuchtung ist überhaupt nicht zu beweisen, und die wahren Freunde Gottes sind in Häusern daheim, die zu begreifen ihnen ganz und gar unmöglich ist.»[55] Dazu gehörte nach Bloy freilich auch ein Körnchen Heroismus. Seine Pilgerschaft zum Absoluten verlieh ihm das Aussehen eines Riesen unter Zwergen; er war Gulliver unter den Liliputanern.

Bloy wurde mit seinem Gebell zum großen Erwecker der Christenheit um die Jahrhundertwende. Er verdient diesen Ruhmestitel durchaus. Bloy züchtigte die Christenheit und prangerte sie unermüdlich an; er stellte der sich ausbreitenden Verflachung ganz bewußt die christliche Existenz gegenüber. «Sich verkaufen oder sich nicht verkaufen, das ist die Frage»[56], sagte er und stellte fest, «Christen müssen sich beständig über Abgründe neigen.»[57] Die Ehrenbezeichnung eines Erweckers der Christenheit kann niemand bestreiten. Bloy fand wenige Leser, seine Worte aber fuhren diesen wenigen in die Knochen, haben sie wachgerüttelt, so daß sie nach der Lektüre seiner Schriften, und ganz besonders nach der persönlichen Begegnung mit ihm, nicht mehr die gleichen Menschen waren wie vorher. Daher möchte ich meine Ausführungen mit dem Antrag schließen, Léon Bloy in das Verzeichnis der Heiligen einzutragen und ihn der Ehre der Altäre für würdig zu erachten.

Auf diese Weise trat im Sitzungszimmer der Ritenkongregation eine Stille ein. Die Herren schauten einander an und wußten im ersten Augenblick nicht, was sie sagen sollten. Sie mußten das Gehörte zunächst ein wenig verkraften, und erst nach geraumer Zeit erhob sich der Promotor fidei, bei den Gebildeten Advocatus Diaboli genannt, und verlangte das Wort zur Entgegnung. Der Generalglaubensanwalt hat dafür zu sorgen, daß die Dinge innerhalb der Kirche im Lot bleiben, und begann nun mit seinen Ausführungen:

Wenn ich auch die Ehrlichkeit der Überzeugung meines Vorredners, des Herrn Postulators, niemals anzweifeln möchte, kann ich doch mein Erstaunen, ja, meine Befremdung über seine Darlegungen nicht länger unterdrücken. Auf eine solche Art wurde während meiner langjährigen Zugehörigkeit zur Ritenkongregation noch nie ein Heiliger auf dem Präsentierteller angeboten. Im heiligen Interesse unserer Kirche muß ich es offen sagen, daß ich meinen Ohren nicht zu trauen glaubte, als er allen Ernstes den Antrag stellte, Bloy unter die Zahl der Heiligen aufzunehmen. In unseren Tagen der Verwirrung werden allerlei unverdaute Ideen in den Raum der Kirche hineingetragen, aber einer solchen Zumutung bin ich bis heute nicht begegnet und habe sie auch nicht für möglich gehalten. Es fällt mir leicht, einige Gründe zu nennen, die entscheidend gegen Bloys Heiligkeit sprechen.

Zunächst war Bloy ein großer Schimpfer, woran sogar Ida Görres Anstoß genommen hat, die ja in dieser Hinsicht alles andere als zimperlich veranlagt war. Sie konnte die «hemmungslos kotige, grobianische Art seines Schimpfens» nicht ertragen[58]. Auch Karl Pfleger schrieb, er sei «des unaufhörlichen Donnerwetters von Lieblosigkeiten, von offenbaren Ungerechtigkeiten, von büffelmäßigen Grobheiten» überdrüssig geworden[59]. Liest man Bloys Tagebücher, begegnet

man auf Schritt und Tritt unflätigen Worten, die er voller Wut gegen seine Mitmenschen schleudert. Da bei ihm sachliche und persönliche Argumente immer wieder durcheinandergerieten, kam er nicht dazu, sich mit seinen Brief- und Gesprächspartnern ruhig auseinanderzusetzen. Entsprachen sie seinen Wünschen nicht, übergoß er sie mit einer Flut von Schimpfworten. Sie flossen ihm überaus leicht über die Lippen, und er unternahm gar keinen Versuch, ihnen Einhalt zu gebieten, ja, er wurde ein ähnlicher Grobian wie der späte Luther, den er doch so leidenschaftlich ablehnte. Heilige pflegen sich nicht so flegelhaft gehen zu lassen, und wollte man ihn heiligsprechen, wovor uns Gott bewahren möge, so müßte man ihn den schimpfenden Heiligen nennen, was mehr als seltsam wäre.
Dann verrät diese Schimpferei einen großen Zorn, dem gegenüber der zürnende Prophet Amos sich wie ein Waisenknabe ausnimmt. Bloy selbst wußte dies und pflegte zu sagen, «mein Zorn ist das Aufschäumen meines Mitleidens»[60]. Das aber ist nichts anderes als eine fadenscheinige Selbstrechtfertigung, die ich ihm niemals abkaufe. Bloy war der Mann des Zornes; er glühte und bebte vor Zorn und ließ sich von ihm hemmungslos mitreißen. Mich wundert, daß er vor Zorn nicht auseinanderbarst. Von früher Jugend an lebte in ihm nicht Liebe, sondern Zorn, und er hat auch gar keinen Versuch gemacht, ihn zu überwinden. In der Bibel aber steht: «Lasset die Sonne nicht über eurem Zorn untergehen.» Der mehr als temperamentvolle Franzose hat sie aber stets über seinem Zorn untergehen lassen.
Ferner muß ich sein übertriebenes Nationalbewußtsein rügen. Bloy war ein Chauvinist bis in die Knochen. Er hat Napoleon mit zu überschwänglichen Worten gepriesen und hat die Deutschen geradezu gehaßt, indem er Gift und Galle auf sie spie. Er hat nicht einmal den kleinsten Versuch unternommen, ihnen gerecht zu werden. Die Deutschen

hatten die Franzosen im Siebziger-Krieg besiegt, ein Faktum, das er einfach nicht ertrug. Heilige aber waren nicht nationalistisch, sie liebten die Menschen, auch jene, die außerhalb ihrer Landesgrenzen lebten.
Schließlich war Bloy schrecklich ichbezogen. Mochte die kleine Thérèse auch reichlich viel das Wörtchen «ich» gebraucht haben, so drehte sich bei Bloy alles um seine Person, und dies sogar in oft peinlicher Weise. Seine Person, und nicht die Sache stand an erster Stelle. Dies entspricht wiederum nicht der Art der Heiligen. Bei unseren Heiligen stand das Du im Vordergrund, das Ich erst an vierter oder fünfter Stelle, weil die Nächstenliebe ausschlaggebend war. Bloy hat dies alles umgekehrt, und deshalb bewerten wir ihn negativ.
Die Heiligen unterscheiden sich von den Dichtern, Künstlern, Komponisten, überhaupt von den großen Persönlichkeiten dadurch, daß bei ihnen zwischen Werk und Persönlichkeit eine fugenlose Einheit besteht. Nun betonte Bloy selbst seine christliche Existenz. Er lebte in Armut und besaß zu oft nicht einmal etwas, das er ins Leihhaus hätte tragen können. Ich vergesse seine Tagebucheintragung nicht: «Kein Hemd mehr, keine Schuhe mehr, keinen Hut mehr, keinen Anzug mehr! Die Not wächst mit jedem Tage, und nirgends zeigt sich ein rettender Ausweg.» [61] Er befand sich fortwährend in den schlimmsten Geldnöten und wurde von Schulden erdrückt. «Sorgen, Sorgen, nichts als Sorgen», notierte er sich an seinem sechsundvierzigsten Geburtstage[62]. Diente denn die Grundtendenz seines Lebens, «die Verherrlichung des Ärmsten», nicht seinem eigenen Dasein? War er an seiner Armut nicht selbst schuld, weil er sich in den Kopf gesetzt hatte, von seiner Schriftstellerei zu leben, die nun einmal nichts eintrug? Arm sind viele Leute auf der Welt und sind nicht deshalb schon in der Nähe der Heiligkeit. Es ist mir beim besten Willen nicht möglich, die

Übereinstimmung zwischen religiöser Einsicht und heiliger Lebensführung festzustellen. Die Ritenkongregation kann ihn sowenig wie Péguy oder Bernanos zur Heiligsprechung vorschlagen, abgesehen davon, daß auch keine Wunder geschehen sind.
Nach diesen Worten setzte sich der der Advocatus Diaboli mit einer gewissen Genugtuung. Wiederum trat eine Stille ein, doch dauerte sie diesmal nicht so lange, und man begann mit der Duplik.
Sie haben mit diesen Worten, wandte sich der Postulator an die Anwesenden, nach dem üblichen Heiligenschema geurteilt, das jedoch heutzutage in allen Fugen kracht. Müssen wir immer die alte Melodie singen, und dürfen wir auf diesem Gebiet gar nie der Aufforderung des Psalmisten folgen: «Singet dem Herrn ein neues Lied?» Es bedarf dringend anderer Kategorien, wenn wir zu einer neuen Sicht der Heiligen gelangen wollen. Ich möchte nicht auf die Einzelheiten meines Vorredners eingehen, zumal sie allgemein bekannt sind. Ich will auch nicht rechthaberisch sein, sondern gebe ohne weiteres die Flecken auf Bloys Mantel zu, wenn ich sie auch anders bewerte. Die Unzulänglichkeiten Bloys lehren uns eindrücklich, daß Heiligkeit nicht der Fehlerlosigkeit gleichzusetzen ist. Es ist ein eingefleischtes, beinahe nicht auszurottendes Vorurteil, ein Heiliger müsse tadellos und tugendhaft sein. Diese Meinung hat die schiefe Betrachtung der Heiligen verursacht. Bloy vermag uns wegen seines sturmgepeitschten Lebens davon zu befreien. Seine Gottesleidenschaft war dermaßen groß, daß diese Fehler und Fehlerchen in ein Nichts zusammensinken. Fehler beeinträchtigen die Heiligkeit nicht. War nicht David der Mann nach dem Herzen Gottes und ist hingegangen und hat mit Bethseba Ehebruch begangen? Wurde nicht Petrus vom Herrn «der Fels» genannt, und hernach verleugnete er ihn dreimal. Lebte nicht Augustinus jahrelang zusammen

mit einer Konkubine und zeugte mit ihr einen Sohn? Alle diese Menschen hatten ihre Schwächen und haben gesündigt, aber sie wurden im Feuer Gottes ausgebrannt. Bloy war kein «Kleinhändler in christlicher Moral», die ihm nur ein zurechtgemachtes Wort Gottes zu sein schien.

Bei Bloy ist es nicht anders, und deswegen nennen wir ihn den Heiligen in der Erniedrigung, steht er doch nicht in einer triumphalen Gebärde vor uns, sondern gebeugt und flehend. Durch alles hindurch schimmert seine verborgene Heiligkeit und zieht uns an, ohne uns loszulassen. Bloy lebte in der Gemeinschaft der Heiligen und hat dafür oft Zeugnis abgelegt. Für ihn war ein wahrer Christ ein Heiliger, und um dies zu erkennen, bedarf es «eines ganz zarten Herzens in einem ehernen Panzer»[64]. Er litt unter dem schreckenerregenden Mangel an Heiligen, der ihm ein untrügliches Zeichen der jetzigen Auszehrung des Christentums zu sein schien. Bloy nahm die Aufforderung zur Heiligkeit ernst, und nach ihm «gibt es keinen Menschen, der nicht der inneren Mächtigkeit nach ein Heiliger ist[65]». Jedenfalls beschäftigte er sich fortwährend mit den Heiligen, und dies aus innerem Bedürfnis und nicht aus wissenschaftlichen Gründen. Er selbst sagte: «Ich hätte ein Heiliger werden können, ein Wundertäter. Ich bin ein Literat geworden[6]», der Gott nichts als Papier vorzuweisen hat. Haben wir es demnach mit einem papierenen Heiligen zu tun? Nein, das Wort ist seiner Demut gemäß, und diese Tugend spricht für seine Heiligkeit, deren Feuer alles Mangelhafte an ihm verbrannte.

Nach dieser kurzen Duplik erhob sich der Promotor fidei und erklärte ruhigen Tones, auf eine Replik zu verzichten. Darauf ergriff der greise Kardinal als Vorsitzender der Ritenkongregation das Wort: Es entspricht nicht unserer katholischen Kirche, überstürzt zu handeln, und wir pflegen die Fragen nach dem Grundsatz, «gut Ding will Weile haben» zu erdauern. Die Frage bedarf der weiteren Abklärung, ehe wir dem Papst die Angelegenheit unterbreiten, dem bekanntlich bei jeder Heiligsprechung der letzte Entscheid zukommt. Aus diesem Grunde unterbreche ich jetzt das Gespräch und werde auf einen vorläufig noch ganz unbestimmten Termin eine weitere Sitzung anberaumen. Bis dahin bleibt Léon Bloy ein unkanonisierter Heiliger, deren es mehr gibt, als wir ahnen. Um Sie, meine Herren, nicht allzu unbefriedigt zu entlassen und um Ihnen zugleich zu beweisen, daß auch ich, trotz meiner Zurückhaltung, die mir mein Amt als Vorsitzender auferlegt, mich oft mit Bloy beschäftigt habe, gebe ich Ihnen ein Wort von ihm mit auf den Weg, das mir überaus nachdenkenswert erscheint: «Suchen Sie noch weitere Lektüre? Wenn ja, so stürzen Sie sich auf die Lebensbeschreibungen der Heiligen! Trinken Sie sich voll daran, berauschen Sie sich an diesem köstlichen Born! Verschlingen Sie vorzüglich all das, was Ihnen daran am törichtsten, am ungereimtesten erscheinen mag! Alsdann werden Sie sehen!»[67]

Quellennachweis

Motto: G. Bernanos: Vorhut der Christenheit, 1950, S. 194

Der Heilige von heute

[1] G. Bernanos: Tagebuch eines Landpfarrers, 1936, S. 83
[2] Simone Weil: Das Unglück und die Gottesliebe, 1953, S. 87
[3] H. Lubac: Geheimnis, aus dem wir leben, 1967, S. 155
[4] Phil 2,7–8
[5] N. Leskow: Erzählungen, 1961, S. 190
[6] N. Struwe: Die Christen in der Sowjetunion, 1965, S. 223
[7] Coretta Scott King: Mein Leben mit Martin Luther King, 1970, S. 103
[8] ibid., S. 179
[9] M. Muggeridge: Mutter Teresa, 1972, S. 57
[10] ibid., S. 97
[11] A. de la Gorce: Der Heilige der Heimatlosen, 1952, S. 248
[12] Bernanos: Johanna, 1934, S. 81
[13] Hugo von Hofmannsthal: Prosa, 1955, Bd. IV, S. 13

Abbé Stock

[1] Hanns Bücker: Abbé Stock, Ein Wegbereiter der Versöhnung zwischen Deutschland und Frankreich, 1964, S. 69
[2] ibid., S. 77
[3] Dostojewski: Aufzeichnungen aus deinem Totenhaus, 1964, S. 18
[4] Anton Albert SJ: Das war Abbé Stock, 1960, S. 50
[5] Bücker: a.a.O., S. 119
[6] René Closset: Er ging durch die Hölle, 1967, S. 48
[7] ibid., S. 106
[8] Erich Kock: Zwischen den Fronten, 1964, S. 90
[9] Bücker: a.a.O., S. 81
[10] B. Shaw: Die heilige Johanna, 6. Szene
[11] Albert: a.a.O., S. 91

[12] ibid., S. 113
[13] Bücker: a.a.O., S. 92
[14] Albert: a.a.O., S. 11
[15] G. Bernanos: Europäer, wenn ihr wüßtet, 1962, S. 29
[16] ibid., S. 41
[17] Kock: a.a.O., S. 137
[18] Closset: a.a.O., S. 237
[19] Albert: a.a.O., S. 19
[20] R. Schneider: Verhüllter Tag, 1954, S. 193
[21] J. F. Görres: Der karierte Christ, 1964, S. 160
[22] Closset: a.a.O., S. 249
[23] Franz von Assisi, ed. O. Karrer, 1945, S. 223
[24] Koch: a.a.O., S. 80
[25] Joh 14,16
[26] Koch: a.a.O., S. 86
[27] Görres: a.a.O., S. 162
[28] Albert: a.a.O., S. 168
[29] Bücker, a.a.O., S. 24
[30] ibid., S. 79
[31] Ps 137,5–6
[32] Closset: a.a.O., S. 8

Wladimir Solowjew

[1] F. Stepun: Mystische Weltschau, 1964, S. 14
[2] ibid., S. 90
[3] Solowjew: Drei Gespräche, 1961, S. 32 u. 94
[4] Schestow: Spekulation und Offenbarung, 1963, S. 34
[5] E. M. Lange: W. Solowjew, 1923, S. 3
[6] Solowjew: Übermensch und Anti-Christ, ed. Müller, 1958, S. 12 u. 13
[7] H. U. von Balthasar: Herrlichkeit, 1962, Bd. II, S. 645–716
[8] Übermensch, a.a.O., S. 14
[9] ibid., S. 19 u. 38
[10] Solowjew: Werke, 1953, Bd. III, S. 368
[11] Lange: a.a.O., S. 25
[12] F. Muckermann: W. Solowjew, 1945, S. 99
[13] Drei Gespräche, a.a.O., S. 285
[14] P. Evdokinov: Christus im russischen Denken, 1977, S. 125 u. 127
[15] Solowjew Werke, Bd. VII, S. 191
[16] Stepun, a.a.O., S. 13
[17] Schestov, a.a.O., S. 35
[18] Th. G. Masaryk: Zur russischen Geschichts- und Religionsphilosophie, 1913, Bd. II, S. 252
[19] Muckermann: a.a.O., S. 14
[20] Solowjew: Bd. IV, S. 552
[21] ibid., S. 585
[22] L. Müller: Solowjew und der Protestantismus, 1953, S. 125
[23] Solowjew: Werke, Bd. III, S. 31
[24] Solowjew: Werke, Bd. IV, S. 74
[25] Mereschkowski: Vom Krieg zur Revolution, 1919, S. 111
[26] Solowjew: Werke, Bd. III, S. 71
[27] ibid., Bd. II, S. 344/5
[28] ibid., Bd. III, S. 206
[29] ibid., Bd. III, S. 191
[30] Müller: a.a.O., S. 26 u. 27

[31] ibid., S. 15
[32] Solowjew: Werke, Bd. IV, S. 600
[33] ibid., Bd. IV, S. 97
[34] Muckermann: a. a. O., S. 101
[35] Übermensch, a. a. O., S. 23
[36] Evdokinov: a. a. O., S. 123
[37] Solowjew: Werke, Bd. II, S. 359
[38] ibid. Bd. II, S. 321
[39] Evdokinov: a. a. O., S. 124
[40] Schestow: a. a. O., S. 62
[41] Übermensch: a. a. O., S. 29
[42] Solojew: Werke, Bd. IV, S. 303
[43] F. Lieb: Sophia und Historie, 1962, S. 201
[44] Solowjew: Übermensch, S. 144
[45] Stepun: a. a. O., S. 68
[46] ibid., S. 16
[47] Solowjew: Drei Reden über Dostojewski, 1921, S. 30
[48] Muckermann: a. a. O., S. 196
[49] A. Leventin-Krasnov: Böse Jahre, 1977, S. 277

Florence Nightingale

[1] Cecil Woodham-Smith: Florence Nigthingale, 1952, S. 250
[2] Lytton Strachey: Florence Nightingale, 1952, S. 3
[3] Woodham: a. a. O., S. 481
[4] I. F. Görres: Aus der Welt der Heiligen, 1955, S. 326
[5] Woodham: a. a. O., S. 102
[6] ibid., S. 54
[7] ibid., S. 84
[8] ibid., S. 58
[9] ibid., S. 59
[10] ibid., S. 27
[11] ibid., S. 88
[12] ibid., S. 88
[13] ibid., S. 68 u. 69
[14] ibid., S. 99
[15] ibid., S. 185
[16] Strachey: a. a. O., S. 16
[17] ibid., S. 18
[18] Woodham: a. a. O., S. 253
[19] ibid., S. 276
[20] Dostojewski: Die Brüder Karamasov, 1964, S. 528
[21] Woodham: a. a. O., S. 270
[22] ibid., S. 276
[23] ibid., S. 277
[24] ibid., S. 277
[25] ibid., S. 468
[26] ibid., S. 378
[27] ibid., S. 495
[28] ibid., S. 316
[29] ibid., S. 366
[30] Görres: a. a. O., S. 320
[31] Woodham: a. a. O., S. 131
[32] Görres: a. a. O., S. 298
[33] Woodham: a. a. O., S. 477
[34] ibid., S. 499
[35] ibid., S. 499
[36] ibid., S. 116
[37] ibid., S. 502
[38] Joh. 5,44
[39] Görres: a. a. O., S. 354

Alfred Delp

[1] A. Delp: In Gottes Kraft, ed. Otto Ogiermann SJ, o. J., S. 133
[2] A. Delp: Kämpfer, Beter, Zeuge, 1955, S. 27
[3] Bavaria Sancta, ed. Schwaiger, 1971, Bd. II, S. 417
[4] Delp: Kämpfer, S. 94
[5] Bavaria Sancta, a.a.O., S. 425
[6] ibid., S. 425
[7] Männer des Glaubens im deutschen Widerstand, 1959, S. 50
[8] Otto Betz: Das Wagnis mit der Welt, 1966, S. 71
[9] Berdiajew: Der Sinn des Schaffens, 1927, S. 173
[10] Delp: In Freiheit und in Fesseln, 1965, S. 148
[11] Stimmen der Zeit, Jahrg. 1936/7, S. 219
[12] Delp: In Freiheit, S. 31
[13] In Gottes Kraft, a.a.O., S. 87
[14] Delp: Kämpfer, a.a.O., S. 12
[15] Delp: In Freiheit, a.a.O., S. 37
[16] ibid., S. 38
[17] ibid., S. 44
[18] Delp: Im Angesicht des Todes, 1965, S. 129
[19] ibid., S. 132
[20] Annette Thoma: Alfred Delp in Wolferkam, o. J., S. 11
[21] Delp: Kämpfer, a.a.O., S. 40
[22] Vgl. Freya von Moltke: Helmut von Moltke, 1975
[23] In Gottes Kraft, a.a.O., S. 28
[24] Delp: Im Angesicht, a.a.O., S. 51
[25] Sie lebten den Glauben, ed. Semmelroth, 1976, S. 41
[26] In Gottes Kraft, a.a.O., S. 82
[27] Bavaria Sancta, a.a.O., S. 425
[28] In Gottes Kraft, a.a.O., S. 51
[29] ibid., S. 62
[30] Delp: In Freiheit, a.a.O., S. 17
[31] ibid., S. 18
[32] Delp: im Angesicht, a.a.O., S. 13
[33] ibid., S. 17
[34] Delp: Kämpfer, a.a.O., S. 49
[35] Delp: Im Angesicht, a.a.O., S. 20
[36] ibid., S. 25
[37] ibid., S. 72/3
[38] ibid., S. 91
[39] H. von Moltke: Briefe, 1971, S. 58/9
[40] Ps 94,15
[41] Delp: Kämpfer, a.a.O., S. 84
[42] Freya von Moltke, a.a.O., S. 303
[43] Delp: In Gottes Kraft, a.a.O., S. 47
[44] ibid., S. 93
[45] ibid., S. 124
[46] Delp: Kämpfer, a.a.O., S. 106
[47] ibid., S. 73
[48] ibid., S. 106
[49] ibid., S. 117
[50] Delp: In Gottes Kraft, a.a.O., S. 116
[51] Delp: Kämpfer, a.a.O., S. 21
[52] Röm 12,1
[53] Delp: In Gottes Kraft, a.a.O., S. 16
[54] ibid., S. 107
[55] ibid., S. 90
[56] ibid., S. 93
[57] Joh 12,24

[58] Delp: Kämpfer, a.a.O., S. 88
[59] Delp: Im Angesicht, a.a.O., S. 139
[60] ibid., S. 142/3
[61] ibid., S. 212
[62] Delp: Kämpfer, a.a.O., S. 66
[63] ibid., S. 52
[64] Delp: In Gottes Kraft, a.a.O., S. 712
[65] Delp: Im Angesicht, a.a.O., S. 53
[66] ibid., S. 134

Friedrich von Bodelschwingh

[1] Die symbolischen Bücher der evang.-lutherischen Kirche, ed. Müller, 1882, S. 223
[2] Gustav von Bodelschwingh: Friedrich von Bodelschwingh, 1966, S. 12
[3] Marin Gerhardt: Friedrich von Bodelschwingh, 1950, Bd. I, S. 379
[4] ibid., S. 202
[5] Gustav von Bodelschwingh, a.a.O., S. 41
[6] Gerhardt: a.a.O., Bd. I, S. 276
[7] ibid., Bd. I, S. 289
[8] Gustav von Bodelschwingh, a.a.O., S. 55
[9] 1 Mos 28,17
[10] Gustav von Bodelschwingh, a.a.O., S. 89
[11] ibid., S. 64
[12] ibid., S. 69
[13] Gerhardt: a.a.O., Bd. II, S. 68
[14] 2 Kor 3,3
[15] Gerhardt: a.a.O., Bd. II, S. 688
[16] ibid., Bd. II, S. 51
[17] ibid., Bd. II, S. 86
[18] ibid., Bd. II, S. 350
[19] ibid., Bd. II, S. 63
[20] Fünfzig Briefe an Schwestern, o.J., S. 44
[21] ibid., S. 68 u. 63
[22] Gerhardt: a.a.O., Bd. II, S. 515
[23] Gustav von Bodelschwingh: a.a.O., S. 161
[24] Gerhardt: a.a.O., Bd. II, S. 408/9
[25] ibid., Bd. II, S. 344
[26] ibid., Bd. II, S. 131
[27] ibid., Bd. II, S. 293
[28] ibid., Bd. I, S. 516, u. Bd. II, S. 215/6
[29] ibid., Bd. II, S. 133
[30] Gustav von Bodelschwingh: a.a.O., S. 121
[31] Gerhardt: a.a.O., Bd. II, S. 311
[32] ibid., Bd. II, S. 312
[33] H. Kutter: Sie müssen, 1910, S. 11 u. 21
[34] Gustav von Bedelschwingh: a.a.O., S. 221
[35] Maria Veronika Rubatscher: Genie der Liebe, 1954, S. 10
[36] Gustav von Bodelschwingh: a.a.O., S. 80
[37] ibid., S. 166
[38] Gerhardt: a.a.O., Bd. II, S. 402
[39] ibid., Bd. II, S. 403
[40] Gustav von Bodelschwingh: a.a.O., S. 53
[41] Gerhardt: a.a.O., Bd. II, S. 565

[42] ibid., Bd. II, S. 692
[43] Gustav von Bodelschwingh: a. a. O., S. 180/81
[44] Gerhardt: a. a. O., Bd. II, S. 594
[45] ibid., Bd. II, S. 693
[46] Rubatscher: a. a. O., S. 5
[47] Gerhardt: a. a. O., Bd. I, S. 200
[48] ibid., Bd. II, S. 580
[49] ibid., Bd. II, S. 457
[50] ibid., Bd. II, S. 147
[51] ibid., Bd. II, S. 703
[52] ibid., Bd. I, S. 425

Marie Noël

[1] Marie Noël: Erfahrungen mit Gott, 1961, S. 190
[2] ibid., S. 65
[3] ibid., S. 142
[4] ibid., S. 7
[5] ibid., S. 166
[6] ibid., S. 239
[7] Ps 55,7
[8] Noël: a. a. O., S. 9
[9] ibid., S. 89
[10] ibid., S. 258
[11] ibid., S. 192
[12] ibid., S. 209
[13] André Blanchet: Marie Noël, S. 91/2
[14] Noël: a. a. O., S. 191
[15] ibid., S. 123
[16] ibid., S. 21
[17] ibid., S. 23
[18] ibid., S. 91
[19] ibid., S. 246
[20] ibid., S. 65
[21] ibid., S. 244
[22] ibid., S. 144
[23] ibid., S. 144
[24] ibid., S. 144
[25] ibid., S. 218
[26] ibid., S. 66
[27] ibid., S. 75
[28] ibid., S. 88
[29] ibid., S. 214
[30] ibid., S. 174
[31] ibid., S. 174
[32] ibid., S. 105
[33] ibid., S. 197
[34] ibid., S. 56
[35] ibid., S. 33
[36] ibid., S. 66
[37] ibid., S. 71
[38] ibid., S. 71
[39] ibid., S. 140
[40] ibid., S. 127
[41] ibid., S. 70
[42] ibid., S. 82
[43] ibid., S. 244
[44] ibid., S. 82
[45] ibid., S. 31
[46] ibid., S. 33
[47] ibid., S. 42
[48] ibid., S. 66
[49] ibid., S. 150
[50] ibid., S. 145
[51] ibid., S. 118
[52] ibid., S. 126
[53] ibid., S. 106
[54] ibid., S. 207
[55] ibid., S. 166
[56] ibid., S. 124
[57] ibid., S. 129
[58] ibid., S. 107

[59] ibid., S. 37
[60] ibid., S. 18
[61] ibid., S. 47
[62] ibid., S. 128/9
[63] ibid., S. 69
[64] ibid., S. 238
[65] ibid., S. 79
[66] ibid., S. 45
[67] ibid., S. 46
[68] ibid., S. 232
[69] ibid., S. 260
[70] ibid., S. 38
[71] ibid., S. 250
[72] ibid., S. 170
[73] F. Mauriac: Die verborgenen Quellen, 1967, S. 69
[74] Jesus Sirach 2,1
[75] Jona 4,9
[76] Julien Green: Dem Unsichtbaren zu, 1975, S. 78

Jakob Künzler

[1] Jakob Künzler: Köbi, der Lükkenbüßer im Dienste des Lebens, 1953, S. 15
[2] Karl Meyer: Armenien und die Schweiz, 1974, S. 22
[3] ibid., S. 37
[4] Künzler: a.a.O., S. 23
[5] Meyer: a.a.O., S. 94
[7] Künzler: a.a.O., S. 280
[8] ibid., S. 146
[9] ibid., S. 214
[10] ibid., S. 269
[11] ibid, S. 143
[12] ibid., S. 226
[13] Mt 5,30
[14] Künzler: a.a.O., S. 273
[15] ibid., S. 281
[16] Ps 116,15
[17] Paul Schütz: Zwischen Nil und Kaukasus, 1953, S. 106
[18] Künzler: a.a.O., S. 283
[19] ibid., S. 286
[20] ibid., S. 215 u. 244
[21] ibid., S. 273
[22] K. Schenkel: Jakob Künzler, o.J., S. 10

Léon Bloy

[1] Bloy: Die Armut und die Gier, o.J., S. 374
[2] Bloy: Der Verzweifelte, 1954, S. 154
[3] Ps 104,26
[4] Pieter van der Meer de Walcheren: Alles ist Liebe, 1961, S. 39
[5] Bloy: Briefe an Veronika, 1948, S. 122
[6] Bloy: Der Verzweifelte, S. 43
[7] Bloy: Der undankbare Bettler, 1954, S. 42
[8] Jes 56,10
[9] Bloy: Die heilsame Verfolgung, 1958, S. 204
[10] ibid., S. 256
[11] Bloy: Bettler, a.a.O., S. 226
[12] Bloy: Verfolgung, a.a.O., S. 116

[13] Bloy: Die Seele Napoleons, 1954, S. 12
[14] Bloy: Die Stimme, die in der Wüste ruft, 1951, S. 306
[15] Bloy: Verfolgung, a.a.O., S. 72
[16] Bloy: Briefe an seine Braut, 1955, S. 5
[17] ibid., S. 56
[18] Bloy: Bettler, a.a.O., S. 59
[19] Bloy: Verfolgung, a.a.O., S. 221
[20] Stolpe: Die christliche Falance, o.J., S. 19
[21] Bloy: Stimme, a.a.O., S. 70
[22] ibid., S. 111
[23] Bloy: Vier Jahre Gefangenschaft, 1951, S. 64
[24] ibid., S. 225
[25] Bloy: Briefe an seine Braut, S. 117
[26] Bloy: Vier Jahre, a.a.O., S. 295
[27] Bloy: Der Verzweifelte, a.a.O., S. 42
[28] Maritain: Der beständige Zeuge Gottes, 1955, S. 367
[29] Kierkegaard: Die Krankheit zum Tode, 1954, S. 22
[30] Bloy: Briefe an Braut, a.a.O., S. 103
[31] Bloy: Bettler, a.a.O., S. 171
[32] Bloy: Vier Jahre, a.a.O., S. 191
[33] K. Pfleger: Geister, die um Christus ringen, 1936, S. 123
[34] Bloy: Verfolgung, a.a.O., S. 66
[35] Bloy: Vier Jahre, a.a.O., S. 226
[36] Bloy: Briefe an Braut, a.a.O., S. 92/3
[37] Bloy: Bettler, a.a.O., S. 32
[38] Bloy: Das Blut des Armen, 1936, S. 21
[39] Bloy: Verfolgung, a.a.O., S. 82
[40] Bloy: Das Blut, a.a.O., S. 27
[41] Maritain: Der Zeuge, a.a.O., S. 396
[42] Bloy: Vier Jahre, a.a.O., S. 68
[43] Bloy: Verfolgung, a.a.O., S. 194
[44] Bloy: Bettler, a.a.O., S. 217
[45] Bloy: Armut, a.a.O., S. 82
[46] ibid., S. 373
[47] Bloy: Briefe an Braut, a.a.O., S. 46
[48] Julien Green: Tagebücher, 1954, Bd. II, S. 14
[49] Bloy: Vier Jahre, a.a.O., S. 139
[50] Bloy: Der Verzweifelte, a.a.O., S. 31
[51] ibid., S. 389
[52] Bloy: Das Heil und die Armut, 1951, S. 116
[53] Bloy: Der Verzweifelte, a.a.O., S. 38
[54] Maritain: Der Zeuge, a.a.O., S. 62
[55] Bloy: Verfolgung, a.a.O., S. 228
[56] ibid., S. 21
[57] Maritain: Der Zeuge, a.a.O., S. 396
[58] J. F. Görres: Zwischen den Zeiten, 1960, S. 404
[59] Pfleger: Geister, a.a.O., S. 81
[60] Bloy: Bettler, S. 144
[61] ibid., S. 208
[62] ibid., S. 61
[63] ibid., S. 92
[64] ibid., S. 258
[65] Maritain: Der Zeuge, a.a.O., S. 250
[66] ibid., S.329
[67] Bloy: Verfolgung, a.a.O., S. 226